KB212189

근대한국
개벽운동을 다시읽다

종교와
공공성
총 서 3

근대한국
개벽운동을 다시읽다

원광대학교
원불교사상연구원 편

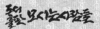

근대한국의 인문사회 개벽운동을 조망하며

　원광대학교 원불교사상연구원이 2016년에 한국연구재단 대학중점연구소로 선정되어, '근대 한국종교의 공공성과 새로운 문명'의 키워드를 '개벽'으로 설정하고, 전문 연구와 대중화 사업을 시작한 지도 벌써 3년이 지났다. 1년차에는 역사적 전환의 시대를 맞이하여 근대 한국종교가 개벽을 선언하였음을 밝혔고, 2년차에는 개벽을 어떻게 되살리려고 노력하였는가를 검토하였으며, 3년차에는 인문과 사회 영역에서 어떻게 개벽을 구체화하였는가를 분석하였다. 3년에 걸친 이러한 작업을 통해 우리는 근대 한국종교에서의 개벽 선언과 되살림, 그리고 구체적인 적용 가능성을 확인하였고, 향후 2단계(3년)에서는 개벽의 세계화와 우주적 공공성의 실현을 위한 본격적인 작업에 돌입하게 된다. 그러므로 1단계 3년차 작업은 1단계의 마무리이자 2단계로 도약하기 위한 준비작업인 셈이다.

　이미 개벽을 키워드로 근대 한국종교의 공공성 구축과 새로운 문명으로 전환하려고 하였으니, 시저가 루비콘 강을 건넜다고 선언한 것처럼 우리 연구팀은 이제 돌이킬 수 없는 길로 들어섰다. 그 길은 선인(先人)들 그 누구도 가지 않은 전인미답의 길이다. 그렇지만 우리는 감히 그 어려운 길을 걸어가고자 한다.

　현대 세계는 문명에 대한 서구적 패러다임과 자본의 운동력으로 인간과 자연, 생명과 평화의 위기 현상이 전 지구적 규모로 전개되고 있다. 이러한 상황이 계속되는 한 머지않아 하나뿐인 지구가 파멸에 이르게 됨은 불을 보듯 자명한 상황이다. 이에 우리는 인간과 자연 모두 우주적 생명력이 넘쳐나고 착취가 아닌 외경과 사랑으로 함께 보듬고 나아가는 새로운 문명과 종교 건설을 위해 물러설 수 없는 길을 가려고 한다.

이러한 문제의식 하에 3년차에서는 인문개벽과 사회개벽에 걸쳐 근대 한국종교에서 추구해 온 다양한 운동의 대안 가능성을 검토하였다. 인문개벽 운동에서는 토착적 근대성을 기초로 생명평화와 신인조화, 생태문명의 대중화와 홍익인간의 전통을 살펴보았고, 사회개벽운동에서는 국가와 민족, 개인의 정치적, 경제적, 사회적 주체 확립과 시민적 공공성, 평화운동을 고찰하였다. 본서는 지난 1년 동안의 연구를 1부 '인문개벽운동', 2부 '사회개벽운동'으로 나누어 수록하였다.

제1부 인문개벽운동 부분은 다섯 가지 주제로 구성되어 있다. 먼저 안효성은 '동학의 토착적 근대성과 생명평화사상'을 주제로, 동학의 성격과 위치를 서양과는 다른 한국의 토착적 근대성으로 자리매김하고, 동학이 지향한 생명평화사상의 역사적 의의와 현재적 가치를 논의하였다. 동학의 근대적 가치를 평가하는 데 단일하고 유일한 '보편적 근대성'이라는 관점을 거부하고, 다원적이며 토착적인 근대성의 패러다임으로 동학의 근대성을 해명하고 있다.

조성환은 '최시형의 생태철학과 지구도덕-동학에서의 철학의 창조와 도덕의 전환'을 통해 동학사상의 본질과 의미를 '지구'와 '생태'라는 키워드로 접근하였다. 동학은 만물이 '우주적 생명력을 모시고 있다'는 생태적 존재론과 지구를 하나의 생명체로 생각하는 생태적 우주론을 두 축으로 하는 한국적 생태철학의 출발로, 자연과 인간이 상호 협력하는 천인상여(天人相與)의 관계를 맺음으로써 천인공화의 세계를 건설하고자 하는 신문명운동이었다는 것이다. 이 운동은 1980년대의 한살림운동을 거쳐서 2000년대의 생명평화 운동으로 이어졌는데, 2017년의 촛불혁명도 이러한 축적의 결과라고 본다. 실제로 한살림운동의 창시자인 장일순은 설령 정치적 입장이 다르더라도 상대에게 폭력을 사용하지 않는다고 하는 '보듬는 혁명'을 제창하였는데, 이 것은 동학에서 촛불에 이르는 개벽운동의 공통되는 정신이라고 한다.

허남진은 '강증산의 신인조화사상과 상생문명'이라는 주제로, 강증산의 개벽사상을 문명론적 관점에서 해석하였다. 한말 개화기에 서구 문명이 확 산되는 상황에서 강증산은 개화파와는 달리 이성 중심의 서구적 근대를 비 판하면서 신인공공(神人公共) 문명을 제시하였다. 이는 사회적 차별과 억압 에 저항하여 조화와 상생의 사회를 지향하면서, 물질 중심주의와 인간 소외 를 비판하고 민중들을 구제하는 제생의세의 실천으로, 묵은 하늘에 대한 새 하늘의 선언이자 새 문명을 건설하려는 노력이었다. 이후 무극도·태극도 의 상생운동으로 이어졌다.

이주연은 '수사학으로 읽는 원불교'에서, 원불교 창시자인 소태산의 언행 을 담은 『대종경』은 인류의 성불제중을 위해 일원(一圓)의 진리를 '개인'에 서 '대중'으로 확장시킨 대공사(大公事)라는 견해를 피력하였다. 『대종경』은 익숙한 의미로 전이시켜 동기유발을 유도하는 수사학적 특징을 통해서 원 초적이고 낯선 기분을 느끼게 하고, 독자로 하여금 능동적으로 의미를 구성 하도록 유도하여 언어로 설명할 수 없는 현묘한 진리에 도달하기 위한 '교 량' 역할을 한다. 이와 같이 『대종경』이 독자를 중심에 두는 구성방식을 취 한 것은 대중 친화적 종교를 지향하는 원불교의 교리적 특징에서 기인한다 는 것이다.

김석근의 '홍익인간과 한국정치-이념과 현실 그리고 국가정체성'에서는 홍익인간의 이념에 기초하여 70여 년의 근대한국정치를 거시적으로 논평하면서, 현재 시점에서 한국정치가 나아가야 할 길을 모색하였다. 일연의 『삼국유사』와 이승휴의 『제왕운기』에서 처음으로 문자화된 홍인인간 이념은 구한말과 1920년대, 그리고 1945년 해방을 거치면서 이념적으로 새롭게 재조명되었다. 특히 1920년대 신민족주의 이론가들이 사상적, 계급적 대립을 해소하고 인류공영을 보장하는 이념으로 현대적인 해석을 시도하였고, 1949년 교육법에서 민주주의 기본정신과 부합하는 교육이념으로 자리 잡았다. 한국사회는 거시적으로는 서구중심주의에서 벗어나 국가와 민족의 정체성과 주체성을 확립해 가야 하는 문제, 미시적으로는 현실정치에 대한 불신, 식민지 지배하에서 비롯된 비주체적 측면, 이데올로기 대립과 남남갈등, 독재와 군부통치의 후유증, 압축적 근대화에 수반된 부작용과 후유증, 권력과 도덕의 이중성 등 해결해야 할 과제가 적지 않은데, 홍익인간의 세계관에는 이러한 문제를 해결할 수 있는 보편적 요소들이 내재하기 때문에, 과감한 현대적 재해석과 현실적 응용을 통해서 문제를 해결할 수 있는 새로운 세계관을 정립해 나가야 한다는 것이다.

이어서 제2부에서는 사회개벽운동의 측면에서 근대한국 종교가 어떻게 시민적 공공성과 사회개혁운동을 추진하였는가를 검토하였다. 야규 마코토는 '천도교의 3·1독립운동과 시민적 공공성'에서, 3·1독립운동을 통해 식민지 공공성이 진정한 공공성으로 발전해 나가는 과정을 고찰하였다. 일반적으로 '시민적 공공성'이란 근대 법치국가의 시민사회에서 자유롭고 평등한 인민이 공개적인 의사소통 절차를 통해 공공복리를 논의하는 가운데 이루어지는 것이지만, 식민지 공공성은 정상적인 시민사회가 성립되지 않은 상태에서 생겨나는 공공성으로, 식민지시대 한국의 종교운동이야말로 전형적인 식민지 공공성의 사례라는 것이다. 이러한 공공성은 「3·1독립선언서」에 잘 표현되어 있는데, 조선의 독립이 자기의 건설에 있지 타자를 파괴하는 데에 있지 않다고 선언하면서, 그것이 한·중·일을 아우르는 동아시아 전체의 흥망이 걸린 문제라고 지적함으로써, 3·1운동이 민족주의-국가주의 차원을 넘어서 세계시민적 공공성의 이념과 가치를 지향했다고 보았다.

김봉곤은 '근대한국 개벽종교의 건국철학과 시민적 공공성'에서 원불교와 천도교의 건국철학의 차이점과 시민적 공공성과의 상관관계를 분석하였다. 원불교에서는 약자가 강자가 되는 진화상의 요법과 계급 간의 화합을 통해 정치, 교육, 국방, 건설, 경제의 방책을 구체적으로 제시하였으며, 천도교에서는 민족자주의 노선에서 계급 대립을 해소하고 국민들이 주권자가 되어 불합리한 정치, 경제, 사회, 문화 등의 제도적 개혁을 추구하였다는 것이다. 이러한 건국철학의 차이가 시민적 공공성의 차원에 반영됨으로써 원불교에서는 계급 간의 협력과 상호간의 의사소통과 공론을 중시하게 되었고, 천도교에서는 계급 대립을 해소함으로써 동귀일체적 민주·평등·평화·자유의 참된 행복을 추구하였다고 평가하였다.

박맹수는 '정산 송규의 계몽운동과 민족운동'에서 원불교의 제2대 종법사인 정산 송규의 활동이 새로운 정신세계 창도를 통한 구국운동 내지 민족운동의 길이었음을 밝혔다. 경상북도 성주군의 유학자 집안에서 태어난 정산은 개화나 척사가 아닌 창조를 통한 구국의 길을 모색하다가, "물질이 개벽되니 정신을 개벽하자"는 소태산 박중빈의 새로운 종교공동체 운동에 공감하였다. 그래서 원불교 초기 교단 활동인 저축조합운동, 방언공사, 나아가서 1924년에 설립된 불법연구회 활동에 적극 참여하였는데, 이러한 활동의 궁극적 목적은 민중들의 자력양성과 자기구제, 사회공헌에 있었다는 것이다. 해방 이후에는 『건국론』을 저술하여 일원상의 진리에 입각한 사회개혁 및 국가 건설의 방략을 제시하였고, 전재동포구호, 한글보급운동, 교육 사업에 전념하였는데, 이 또한 무산대중의 자력양성과 자기 구제를 위한 독립운동의 일환이었다고 보았다.

김민영의 '근대한국 종교의 경제자립운동'은 1920~30년대에 전개된 경제적 실력 양성론 가운데 특히 물산장려운동의 전개를 둘러싼 주요 논점 등을 종교계와 연계하여 검토하였다. 물산장려운동은 기독교에서 적극 참여하여 전국적인 민족운동으로 발전시켰고, 보천교 역시 조선물산장려회 이사에 참여하여 기관지인 『산업계』 간행에 협조하고 토산품 애용을 장려를 하였다. 천도교는 이종린 등이 창립총회를 비롯하여 1934년까지 참여하였다. 이러한 종교계의 물산장려운동은 식민지 자본주의에 대한 민족자본의 대응이라는 측면뿐만 아니라, 종교적 공공성의 실천을 통한 정신문명과 물질문명의 병행이라는 특징을 지니고 있다는 것이다.

마지막으로 원영상은 '원불교의 평화운동과 교단변혁'에서, 최근 몇 년 동안 사회적으로 첨예화되었던 사드(THAAD, 고고도미사일방어체계) 철폐운동에 대한 원불교의 참여와, 이를 계기로 확대되고 있는 원불교 평화운동의 의미 및 원불교 교단 변혁의 필요성을 검토하고, 이를 통해 공공종교(公共宗敎)와 시민종교로서의 원불교의 속성을 밝혔다. 구체적으로는 원불교가 참여불교(Engaged Buddhism)로서 자신의 교의 속에 이미 불법을 삶 속에서 구현한다는 사회 참여적 요소를 가지고 있으므로 사드 배치에 적극적으로 대응하는 것이 당연하며, 국가의 한계에 대해서 시민종교이자 공공종교로서 종교적 방식으로 개입할 수도 있다고 보았다. 또한 지난 원불교 반백년 및 백주년 기념대회나 소태산 박중빈 탄생 백주년 기념대회 때에 선포한 사회적 메시지를 구현하기 위해서, 적극적인 사회교의 제정과 사회참여, 교단 내부의 조직정비와 개방적이고 대중적인 종교문화 창출, 개혁을 위한 대 결사가 필요하다고 주장하였다.

이번 '종교와 공공성 총서' 제3권『근대한국 개벽운동을 다시읽다』는 원광대학교 원불교사상연구원이 수행한 〈2016년 한국연구재단 대학중점연구소 사업〉(과제명: 근대문명 수용과정에 나타난 한국종교의 '공공성' 재구축) 1단계 3년차의 연구 성과를 망라한 것이다. 각 연구자의 개별적인 연구성과는 물론이고, 연구원 차원에서 실시한 수요 공부모임과 월 1회의 콜로키움 및 월례발표, 동산원로수도원에서 실시한 시민인문강좌 그리고 은덕문화원에서 개최한 개벽포럼의 성과가 집대성되어 있다.

오늘의 결과가 있기까지 연구에 진력해 주신 원불교사상연구원의 김봉곤, 원영상, 조성환, 허남진, 야규 마코토, 이주연 연구원과 김석근, 김민영 공동연구원, 그리고 원불교사상연구원 학술대회의 원고를 실어 주신 안효성 선생님께 깊은 감사를 드린다. 앞으로도 우리는 150년 전에 한국사회에서 일어났던 개벽파의 '다시개벽'의 염원을 되살려, 인간과 자연 모두가 생명력이 넘쳐나고 사랑과 공경의 대상이 되는 새로운 문명과 종교를 건설하기 위해 부단히 연구하면서 대중들에게 지속가능한 문명의 비전을 제시하고자 한다.

2020년 3월 다시개벽을 꿈꾸며
원광대학교 총장실에서
박맹수 모심

제2부 사회개벽운동

제1부

인문개벽운동

동학의 토착적 근대성과 생명평화사상

안효성 대전대학교 리버럴아츠칼리지 강의전담교수

Ⅰ. 머리말

근래 개벽에 대한 새로운 담론이 뜨겁게 달아오르면서 근대성 문제 등을 비롯해 동학과 개벽의 가치에 대한 재조명이 활발히 이루어지고 있다. 돌이켜보건대 동학의 개벽사상은 서양 근대의 새 시대 개척의 특성과 가치, 장점을 상당 부분 공유하면서도, 서양 근대에 내포된 편협함과 폭력성, 반평화적 성격은 가지고 있지 않았고, 성속분리의 세속화가 아닌 성속결합적 영성 회복의 방향을 추구하였다. 본고는 한국의 근대성 인식에서 동학의 성격과 지위를 어떻게 판정해야 적합한지를 검토하고, 서양과는 다른 한국의 토착적 근대성을 대표하는 동학의 생명 본위 평화사상의 역사적 의의와 현재적 가치를 평가해 본다.

이를 위해 2장에서는 서양의 근대성 담론을 의식하거나 비판하는 태도에서 한국의 근대성을 고찰하면서, 동학을 한국 근대의 중요한 기점으로 보는 대표적인 국내 학자들의 입장 유형을 세 가지로 구분하여 살펴볼 것이다. 이 세 유형은 한국 역사에서 근대성의 징표를 동학에서 찾는다는 점에서는 동일하지만, 첫 번째 유형은 보편적인 근대성의 요인들을 염두에 두면서 여러 모로 동학에서 서구적 근대화의 징표를 확인할 수 있기에 한국적 근대의 기점으로 동학을 인정하는 입장이고, 두 번째 유형은 서구중심적 근대화 담론을 비판하고 복수적 근대성의 존재를 가정하면서 동학을 동아시아적 근대성의 담지체로 해독(解毒)된 유교의 연장선상에서 취급하고 가치를 부여하는 입장이다. 그리고 세 번째 유형은 서구중심적 근대화 담론을 비판하고 복수적 근대성의 실재와 함께 근대성의 내용 자체가 문명마다 제각각일 수 있음을 주장하면서도, 동학이 유교를 혁명하고 유교 이전의 한국 문화 전통으로의 르네상스를 시도했다는 점에서 동학을 한국적 근대의 기점으로 파악하는 입장이다. 동학에 관한 해당 논의에 참여한 국내 학자들의 수는 꽤 많은 관계로 필자가 보기에 각 유형을 대표한다고 여겨지는 세 학자, 송호근, 김상준, 조성환의 경우를 중심으로 그 입론과 논리의 장단점을 정리해 볼 것이며, 그중 어느 쪽 관점이 동학의 근대성을 포착하고 논의하기에 보다 더 합당한가를 판별해 보인 후, 그에 기초하여 3장에서는 동학의 근대성의 핵심을 이루는 사상의 내용과 성격을 다시개벽과 생명평화의 측면에서 논하고, 그 의미를 밝혀 볼 것이다.

II. 한국의 근대성과 동학의 근대성

하나의 역사적 시기로서의 '근대(近代, modern)'와 그 시대 정신 내지는 시대 특성으로서의 '근대성(modernity, modernism)'의 문제는 여전히 우리 시대의 가장 중대한 화두이자 논란거리이다. 사실 서양의 중세까지와 총체적 측면에서 근본적으로 달라진 새로운 문명으로 진입한 근대에 대한 규정과 특성은 이미 대략 공인되어 있다. 인간중심주의, 이성중심주의, 과학혁명과 산업혁명, 상업과 자본의 발달, 물질주의, 개인과 시민의 등장, 국민국가와 대의민주주의의 등장, 성속 분리와 세속화 등이 그것이고, 그것들의 장단점에 대해서도 우리는 명확하게 인지하고 있다. 근대성의 주요 표지들에 대한 철저한 반성과 해체적 응전 또는 비판적 연장을 추구하는 사조로서 포스트모더니즘이 등장하기까지 하였다. 그런데 문제는 서양적 경험에 근거한 근대의 출현과 근대성 추출이 비서구 사회를 포함한 전 세계에 공히 보편적으로 통용될 수 있는가 하는 것이다.

그간 비서구권에서는 서양의 특수한 문명사, 서양사의 유별난 연대기적 전개과정을 유일의 보편적 기준으로 받아들여 온 데서 발생한 문제와 그에 대한 논란이 있어 온 것이 사실이다. 근대의 체험으로 인해 서구에서는 고대-중세-근대-현대로 이어지는 시간 항렬이 직선적 발전의 형태를 가진 것으로 간주되었고, 특히 중세에서 근대로 넘어가는 시기에는 단층적 지각변동과도 같은 문명적 대전환이 발생하면서 전례 없는 비약적인 발전에 도달하게 된다는 신념이 생겨났다. 그리고 그런 교과서적인 역사의 도식이 서구로부터 비서구 사회에 강제되면서, 그러한 역사의 도식과 온전히 일치하는 연대기를 갖지 못한 비서구 사회는 후진적 문명이라는 멍에를 짊어져야만 했다. 그 때문에 비서구 사회는 자괴감에서 벗어나기 위해 서구적 근대성의 개념에 맞추어 자신들의 역사를 재구성하고 서구적 근대성의 요소들을 자신들의 역사에서 억지로 발굴하는 방식으로 대처하기에 급급했다.

한국도 예외는 아니었으니, 서구적 근대의 맹아로서의 실학의 존재와 그것의 개화파로의 연결을 들어 한국의 근대를 설명하는 방법이 한때 유행했다. 그러나 주자학의 대립물로서 근대적 진취성을 가진 실체적 학문과 학파로서의 실학이 존재한다는 것의 허구성은 이제는 폭넓게 승인되고 있는 분위기다.[1] 따라서 그에 대한 반성의 산물로서 근대성에 대한 논의의 기준을

---

1   김용옥, 『독기학설: 최한기의 삶과 생각』, 서울: 통나무, 1990; 김용옥, 『도올심득 동경대전 1』, 서울: 통나무, 2004; 조성환, 『한국 근대의 탄생: 개화에서 개벽으로』, 서울: 모

서구 모델로 한정하지 않으려는 시도들이 등장하는데, 김상준의 경우 서양에서 촉발된 성찰적 근대성 이론, 다중근대성론, 대안근대성론 등을 비판적으로 발전시킨 '중층근대성론(근대성의 역사적 중층 구성론)'을 제시한 바 있다. 그에 따르면, 근대성이란 역사적으로 몇 개의 중첩된 층으로 구성되어 있고 '원형근대성'이란 1층위, '식민-피식민근대성'이란 2층위, '지구근대성'이란 3층위에 걸쳐 연속적이고 누적적으로 중첩되어 있다. 그리고 후기 단계로 갈수록 그 전개가 가속적으로 진행된다. 이런 구조상에서 제2층위가 시작되기 전 어느 시점에서 '초기근대'가 여러 문명권에서 다양한 방식으로 개시되고, '본격근대'는 제2층위가 시작된 대략 1~2세기 이후에 개시된다는 것이 김상준의 주장이다.[2]

주목할 것은 원형근대성은 성(聖)이 속(俗)을 통섭하는 구조를 띠면서 출현하고, 그 후 초기근대는 속이 성을 통섭하는 구조하에 성속 통섭 전도 방식으로 출현하는데 이것이 (원형근대성을 뛰어넘은) 일반적인 근대적 통섭 구조라는 견해다. 김상준은 야스퍼스가 언급한 소위 기축시대(Axial Age)에 성이 속을 통섭하는 세계 질서가 나타났으며, 불교 · 유교 · 유대-기독교 · 이슬람 · 힌두교 문명과 같은 세계윤리 종교문명이 원형근대성의 담지체였다고 간주한다. 그리고 성속 통섭 전도의 초기근대가 유럽에서는 종교개혁 시

시는사람들, 2018. 사실 유학은 태동기부터 실학을 자처해 왔고, 조선 후기에 등장한, 우리가 소위 실학이라 지명하는 분파들은 성리학의 시무론(時務論)적 변형에 불과하다는 점에서 '실학'은 용어적으로도 새롭지 않고 실체성도 모호하다. 성리학의 바깥에 별도의 실학을 위치시키는 구분법은 다분히 허구적이다.
2 김상준, 『맹자의 땀, 성왕의 피』, 서울: 아카넷, 2011, 34-50쪽. 김상준은 다른 곳에서 동아시아의 경우를 '내장근대'로 서구의 경우를 '팽창근대'로 구분하여 정의하기도 하는데, 이것은 특징상 성장 과정에서 식민지화를 수반하는 근대와 식민지화를 동반하지 않는 근대라는 두 개의 대비되는 근대가 존재함에 초점을 맞춘 것이다. 김상준, 「동아시아 근대의 고유한 위상과 특징」, 『사회와 이론』 제26집, 2015.

대에 발생했고, 중국에서는 송원 연간에 시작되었으며, 한국에서는 성리학이 꽃피던 16~17세기에 해당한다고 판단한다.[3] 또한 그는 한국의 초기근대성은 조선 후기 사회에서 유교적 근대의 모습으로 전개되었으며, 막판에는 유교적 자원에 크게 의존한 '동학(東學)'으로 이어져, 동학을 통해 유교이면서 탈유교인 '대중유교'의 형식과 성격으로 초기근대의 한계를 내파하고 근대적 지평을 활짝 열게 되었다고 본다.[4] 역사적 근대를 서구적 표준 유형, 특히 자본주의와 등치시키는 관점을 거부하면서, '성속 통섭 전도'를 판단의 준거로 삼는 중층근대성론을 통해 비서구 문명에 근대성을 일괄적으로 부여하고, 동아시아 원형근대 및 초기근대까지의 근대성을 유교―원시유교와 성리학―의 탄생과 부침으로 개관하면서, 탈유교적 성격을 갖고 본격근대로 향해 갔던 동학마저 유교의 연장과 변용으로 규명함으로써 한국의 역동적 근대성에 일관성을 부여한 것이 김상준의 독특한 관점이라 할 수 있다.[5]

---

3   김상준, 앞의 책, 56-70쪽.
4   위의 책, 538-543쪽.
5   김상준은 유교는 반근대, 반유교는 근대라고 간주하는 공식을 거부한다. 그는 동학마저도 유교적 자원에 크게 의존했기 때문에 비로소 매우 근대적일 수 있었다고 보면서, 근대성이 전통과의 단절에서만 발생하는 것은 아니고 오히려 전통과의 연속성에서 전통에 의지하여 발아하고 성장할 수도 있는 것임을 강조한다. 그는 유교와 동학, 인민주권을 하나로 엮어주는 개념으로 '대중유교'를 제시하며, 대중유교가 근대적 대중운동의 효시였고 근대적 인민주권의 모체였다고 주장한다. 또한 동학과 동학운동에 내포된 근대성의 요소들도 유교적 사유 체계와 언어, 그리고 상징 자원에 크게 의존해 발생하고 전개되었다고 본다. 위의 책, 538-571쪽. 윤사순, 조경달, 나종석 등도 그런 입장에 서 있는 대표적인 학자다. 그들은 동학이 유학에 반대하는 사상은 결코 아니었으며, 기본적으로 유학의 전통 속에서 등장한 종교였다고 평가한다. 가령 사람들 사이의 차별을 부정하고 평등을 옹호하는 동학의 사상은 사실 유학 전통에 내재한 만민 평등사상의 급진적 표현으로 간주해야 한다는 식이다. 특히 윤사순은 동학의 시조 최제우의 저작들에 등장하는 주요 개념들이 모두 유교 경전에 연원한다는 것을 들어 동학이 짙은 유교적 성격을 지니고 있다고 조목조목 지적하였다. 윤사순, 「동학의 유교적 성격」, 『동학사상의 재조명』, 경산: 영남대학교 출판부, 1998; 조경달, 『이단의 민중반란: 동학과 갑오농민전쟁 그리고 조선 민중의 내셔널리즘』, 박맹수 역, 서울: 역사비평사, 2008, 48-49쪽; 나종석, 『대

이에 반해 송호근은 『시민의 탄생』에서 한국의 근대를 직접 동학과 관련 지어 설명한다. 그는 조선의 유교적 봉건질서를 깨고 신질서의 도래를 이끈 근대인의 원형이 동학도였다고 지명한다. 문자 해독력을 갖춘 '문해인민'에서 양반처럼 백성도 인격체라는 것을 깨달은 '자각인민'으로 진화한 주체들이 주로 동학교문에서 배출되었다는 것이다. 동학은 '인즉천(人卽天)'의 논리로 양반의 전유물처럼 여겨지던 하늘을 인민의 것으로 인격화했고, '수심정기(守心正氣)'로 자신을 하늘과 일치시킬 수 있다는 믿음과 수양을 통해 천의 내면화와 자기화를 가져온 종교개혁의 일종이었다. 지배층이 전유한 진리[天理]를 만인의 사적 신념 또는 공공의 섭리로 전환시켜 공론장의 주체인 근대적 개인을 출현시켰고, 모든 인간을 하늘처럼 대하라는 '사인여천(事人如天)'의 계율은 인간의 존엄성과 실질적 평등을 동시에 드높이는 혁명적 사고를 퍼트렸다. 그리고 동학의 확산에 힘입어 평민 공론장의 영향력이 신장되었다. 동학은 기본적으로는 종교였으나 정치적 저항을 함축하고 있었기에 동학의 공간과 운동은 정치 공론장으로 기능하기도 하였으며, 『동경대전(東經大全)』이나 『용담유사(龍潭遺詞)』와 같은 경전 교리문과 가사 문학을 유행시켰다는 측면에서 문예 공론장의 역할도 함께 수행했다. 이런 배경 하에서 송호근은 동학이 천개념의 세속화, 주체적 자각인민의 탄생, 평민 공론장의 발전과 같은 혁명성을 발휘함으로써 한국의 근대를 견인했다고 보았다.[6]

김상준이나 송호근의 경우 모두 허구적인 실학보다는 다른 경로로부터 한국의 근대를 해명하려 한다는 점과, 그 비중에 대한 판단 차는 있으되 한국적 근대성의 징표를 동학에서 찾는다는 점에서는 공통점을 보인다. 그

동민주 유학과 21세기 실학』, 서울: 도서출판 b, 2017, 542-543쪽.
6   송호근, 『시민의 탄생: 조선의 근대와 공론장의 지각 변동』, 서울: 민음사, 2013, 5-153쪽.

런데 김상준은 동학을 유교의 연장과 내부로 간주하고 유교를 본원으로 삼아 동양적·한국적 중층근대성을 설명하였다는 점에서, 동학 자체를 근대인의 원형을 탄생시킨 토착적이고 자생적인 한국 근대의 견인차로 보는 송호근의 견해와 차이를 보인다. 그럼에도 불구하고 양자 간의 한가지 공통점이 있다면 그것은 양자 모두 의식적이든 무의식적이든 서구적 근대성의 내용과 결별하지 못하고 그것을 계속 활용하고 있다는 점이다. 먼저 송호근의 경우는 본인이 직접 밝히고 있듯이 하버마스의 담론장 및 공론장 이론에 입각해 인민의 탄생 및 시민의 탄생을 추적해 가는 방식으로 한국의 근대화 과정을 조명한다.[7] 한편 김상준은 본인이 기존의 서구 중심 근대성 이론을 강하게 비판하면서도 근대성의 요인과 패턴을 특정한 방식으로 새로이 설정함으로써, 비록 근대성의 함의는 확장되었다 하더라도 새롭게 고안된 준거틀에 대한 논의 과정에서 '근대성=모종의 합리성'이라는 대전제를 은연중에 견지하고 있는 듯이 보인다는 점과 여전히 '근대성'이란 표현으로 모든 문화권에 고루 적용할 수 있는 역사적 구조를 피력한다는 점에서 기존의 근대론을 닮아 있다.[8] 즉 송호근도 김상준도 서구의 주류 근대성 이론을 답습하든

---

7 위의 책; 송호근, 『인민의 탄생: 공론장의 구조 변동』, 서울: 민음사, 2011.
8 김상준이 그가 제시한 새로운 근대성론, 곧 중층근대성론에서 전통적인 의미에서의 서구적 합리성을 좇고 있거나 중층근대성론에서 정립하고자 하는 근대성의 본질을 '합리성'이라는 직접적 명칭으로 딱 찍어서 호칭하는 것은 아니다. 분명 그는 근대성을 생각하는 근본적인 틀을 바꾸고자 하는 아주 적극적인 사고 지점에 서 있다. 하지만 그는 정주학(程朱學)의 '천즉리(天卽理)'설이 초월적이고 불가지한 힘의 지배로부터 인간을 해방시켜 인간 자신의 이성으로 세계를 인식하기 시작한 것을 의미한다면서 그것이 "이성의 시대를 열었다는 점에서 '사건'적"이라고 본 미조구치 유조의 관점을 지지하고(김상준, 앞의 책, 321-322쪽), "'통섭 II'의 질서는 막스 베버가 말했던 세계의 합리화를 수반한다. 속의 세계, 현상의 물질세계, 신의 세계와 절연된 인간세계의 합리화를 말한다. 송대 여러 분야에서 전개되었던 사회경제적 혁명이란 이러한 의미의 세계 합리화와 무관하지 않았다."(위의 책, 324쪽)라고 언급을 하는 등 중층근대성의 주요 요소로 일정한 합리성을 의식하고 있다고 보인다. "미조구치는 어떤 단서도 없이 아주 단도직입적으로

그렇지 않든 적어도 어떤 통일된 근대성의 개념과 가치가 있어야 한다고 여기고 있는 셈이다.

그에 비해 근래 조성환은 근대성 문제에 대한 색다른 견해를 제출하였다. 근대는 세계적으로 동일한 시대나 하나의 모습이 아니며, 어떤 특정한 속성을 보편적으로 가져야 할 필요도 없고, 다만 한 나라나 문명이 오랜 역사적 전통을 확 뒤집어 새로운 가치체계로 전환하는 시기를 맞이할 수 있는데, 그것을 굳이 공통된 이름으로 지칭하자면 편의상 '근대'라 할 수 있다는 것이다. 게다가 '근대'는 서양의 'modern'에 대한 번역어에 불과하므로 각 나라에서 그런 격변기의 특성이나 비전을 담은 다양한 개념어를 쓸 수 있다는 것이며, 한국에서는 조선 후기에 등장한 신종교들이 한결같이 제창한 용어 '개벽'이 그에 해당한다는 것이 조성환의 주장이다. 또한 조성환에 따르면 동학을 필두로 증산교, 원불교, 천도교, 대종교 등이 모두 '개벽'이라는 슬로건을 들고 나와 유교적 질서와의 긴장 속에서 그와는 다른 새로운 질서를 모색하려는 혁명적 대응을 보였기에, 1860년 동학의 탄생을 한국적 근대의 시작으로 볼 수 있다는 것이다.[9] 번역어로서의 '근대'보다는 토착어로서의 근대

정주학의 천즉리 발상이 '이성의 시대를 열었다'고 했다. 이는 송대에 근대성의 계기가 태동하였다는 것, 즉 이 시기에 역사적 근대의 최초 단계가 개시되었음을 에두르지 않고 아주 곧바로 표현한 것이다. 필자는 이 대목을 2008년에 읽었는데, 그 순간 '내가 혼자가 아니구나! 외롭지 않구나! 라는 생각에 너무나도 기뻤다."(위의 책, 328쪽)라는 대목도 우리에게 그런 인상을 주는 대표적 구절이며, 전체적으로 김상준의 중층근대성론이 찾고 있는 (유럽의 근대성이 아닌) 근대성 개념 일반, 재개념화된 근대성의 내용은 비록 서구 근대화 과정에서 돌출된 계산적 · 효율적 합리성, 이성중심적 합리성을 배척하는 모양새라곤 하더라도 여전히 모종의 합리성이 견지된 형태란 인상을 주기에 충분하다.

9 조성환, 앞의 책 참고. 한편 황태연은 또 다른 측면에서 동학의 '개벽' 사상에 대해 흥미로운 의미 부여를 하였다. 황태연은 동학이 왕권을 약화시키는 『정감록』 버전의 역성혁명적 '왕조개벽사상'을 청산하고 그것을 '존왕개벽론'으로 탈바꿈시킨 '혁명사상의 혁명'이요 '개벽사상의 개벽'이라고 평가한다. 즉 역성혁명적 왕조개벽사상에서 '개벽'만 취하고 왕조교체설과 도참설적 요소는 털어내는 방식으로 존왕적 자세를 견지하면서, 회복

에 해당하는 용어로 개벽을 사용하자고 제안하는 조성환은 동학에서 서구식 근대의 성격을 발견하는데 급급하기보다는 동학의 개벽사상에 담긴 서구 근대의 성격과는 차별화된 특색을 주목하면서 오히려 그것이야말로 한국적 근대, 즉 한국의 토착 근대의 중대한 가치라고 주장한다. 즉 이성적 합리성이 아닌 시천주(侍天主)의 하늘 지향적 영성과 생명 중시 사상이 우리식 근대, 곧 개벽의 중심 가치라는 것이며 그 점이 한국 역사의 독특함이라는 것이다.[10]

아마도 서양의 근대와 같은 역사상의 일대 문명 전환적 사건이 발생한, 비교적 우리 시대와 가까운 시기를 기왕이면 '근대'라고 호명하는 것은 큰 무리가 없을 것이다. 그렇게 본다면 강력한 문명 교류의 영향력을 고려할 때 서로 시간 차가 있고 천편일률적이지는 않겠으나 대략 두텁게나마 일정한 시간 폭 내에서 많은 나라들이 공히 근대의 시기를 거쳤다고 간주해도 좋을 것이다. 다만 필자는 그 시기에 나타나는 시대 정신이나 내용적 특성에

된 강력한 왕권에 의거하여 세도정치와 신분제를 타파하고 정치·경제·사회적 개혁을 추진하고자 한 새로운 혁명이념이 동학의 개벽사상이었다는 것이다. 다만 그는 한국의 근대화 동력을 극동 유교국가에 공통된 근대적 잠재력과 더불어 조선중화론·신존왕주의·민국(民國)사상·구본신참론(舊本新參論)이라는 한국 특유의 내재적 사상동력, 곧 4대 근대화 사상에서 주로 찾고 있다는 점에서, 동학보다 더 폭넓은 범위에서 한국의 근대성을 논하고 있다. 물론 황태연은 조선중화론·신존왕주의·민국사상·구본신참론이 모두 동학에 응결되어 있다고 보고 있기도 하다. 황태연, 『한국 근대화의 정치사상』, 서울: 청계, 2018, 5-13, 432-434쪽.

10 반면에 김용옥은 근대성에 관한 한국의 논의들이 서구 모델을 기준으로 삼아 진행되고 있는 현실을 매우 혹독하게 비판하면서, 동학의 개벽이론은 인류 역사를 굳이 목적론으로 파악하지 않으면서도 얼마든지 역사에 의미를 부여하고 미래지향적인 역사의 구심을 만들어 낼 수 있음을 보여준 훌륭한 예시라고 격찬한다. 김용옥은 개벽 이론에 대해 '근대'라는 단계적 개념 설정을 가하려는 것을 무의미하다고 보며 동학을 근대의 기점으로 파악하려는 논의 자체에 아예 동의하지 않는다. 김용옥, 『도올심득 동경대전 1』, 통나무, 2004, 7-21쪽.

있어 모든 나라나 문화권에 일괄적으로 적용되어야 할 표준이 있어야 한다고까지 보지는 않는 다원주의적 입장에 서 있다. 따라서 우리 시대에 가까운 문명적 전환의 시기를 근대로 간주하고, 근대성의 내용, 곧 근대의 얼굴이 나라마다 제각각일 수 있으며, '한국의 경우' 동학의 출현 시기가 토착적 근대요 동학의 개벽사상이 한국의 근대성을 대표한다고 주장하는 조성환의 견해가 가장 지지할 만하다고 생각한다.

조성환과 같은 관점으로 동학을 기축으로 놓고 한국의 근대와 근대성을 포착한다는 것은, 이미 각계각층에서 일종의 일반적 통약 개념으로 쓰이는 '근대(성)'를 무리해서 배척하지 않으면서도, 서구적 근대에 억지로 포획되지 않고 순수하게 우리의 역사적 맥락에서 우리의 특수한 문명사적 전환의 지점과 특색을 자연스럽게 설명할 수 있다는 장점과 의미가 있다. 또 강박 관념에 갇혀 동학을 굳이 서구적 근대성의 요소들로 평가하는 주객전도도 피할 수 있을 것이다. 개벽 이론이나 동학이 서구적 근대와 결이 다르다는 일각의 일리 있는 지적을 수용하면서도, 개벽 이론이나 동학을 근대와 결부시키려는 시도 자체를 거부하는 김용옥의 태도에 비해 '동학'과 '한국적 근대' 양자 개념 및 존재 모두에 대한 이해와 소통의 가능성을 높이는 선택이 됨은 물론이다. 동시에 동학을 유교의 연장과 변용으로 치부하는 견해와 맞서는 진보적 논리를 견지하는 데에도 효과적일 수 있다. 관건은 역시 동학에 깃든 한국적 근대의 특성이 무엇인가를 밝히는 일일 것이다. 본고는 동학적 근대성의 주된 의미와 가치를 대전환의 사상으로서의 개벽과 생명 본위 평화사상의 맥락에서 정리함으로써 동학의 근대성에 관한 논의에 일견을 더하고자 한다.

Ⅲ. 동학 사상의 재조명: 다시개벽과 생명평화

1. 영성의 개벽

동학은 조선 왕조의 명운이 쇠하고 서세동점하는 시대를 맞아, 뿌리 깊은 봉건적 불의를 극복하고 외세의 도전에 응전하기 위해 동양의 전통적인 사상자원을 되살려내고 서양종교와 사상까지를 포함하여 서양의 근대 문명과는 다른 차원의 새 문명—후천개벽(다시개벽)[11]—을 열고자 하였다. 동학이 천명한 '개벽'이란 그야말로 아주 철저하고 근본적인 변혁을 의미하는데, 사고방식의 개벽, 삶의 방식의 개벽, 문명 자체의 개벽을 망라한다.[12] 특히 모든 개벽의 저변에는 생명을 소중히 여기고 살리는 정신이 깔려 있다는 점에서, 동학의 후천개벽은 생명의 개벽이고 살림의 개벽이라 할 수 있다.

동학은 주자학의 헤게모니가 실효성을 다해 가던 조선 후기에, 기존 체제에 저항하고 비판하던 민초들이 각성을 거쳐 역사와 생명의 주체요 변혁의 주체로 성장한 결과로 등장했다. 동학은 사람을 하늘과 동일시하고 나아가 모든 존재를 같은 하늘이라 여기며 존중하는 높은 인권의식과 만민·만물 평등의식을 바탕에 깔고 있으며, 천 년 이상을 지탱해 온 지배 패러다임과 결별하는 파천황적 사상체계이고, 보국안민(輔國安民)과 광제창생(廣濟蒼生)

---

11 최제우의 '(다시)개벽' 사상을 이어 최시형이 '후천개벽'으로 명시하였다. 동학에서 일컫는 개벽은 하늘과 땅의 열림이되, 우주천지만물이 최초로 시작되는 천지창조를 말하는 것이 아니라 하늘과 땅을 지배하는 이치와 질서가 뒤바뀌는 다시 열림을 의미하므로, '개벽' 두 글자만을 단독으로 언급해도 언제나 그 뜻은 다시개벽, 후천개벽이다.
12 박길수는 최제우와 최시형의 개벽사상을 이어받은 손병희의 인물개벽(人物開闢)의 내용을 영성개벽, 제도개벽, 문명개벽으로 정리하기도 한다. 박길수, 「개벽하는 마음: 개벽의 수양학을 준비하며」,《개벽신문》83호, 2019년 4월 제2면.

의 기치 아래 민중의 역량을 집중시킨 사회혁명의 일환이었으며, (침탈적 성격에 대한) 반외세적 항거[13]와 함께 서양은 물론 종래의 중화문명으로부터도 독자성을 내세우는 확고한 한국적 '동(東)'의 정체성 정립을 추구하였다는 점에서 서양의 근대성과도 상통하는 보편성을 갖는다.

  그럼에도 불구하고 동학은 인격화된 하늘을 전면에 내세운다는 점에서 성속 분리와 함께 세속화와 인간중심주의로 나아갔던 서양의 근대와는 정반대의 길인 종교화, 영성화[14]의 길로 나아갔다는 결정적 차이를 보인다. 게다가 동학은 만물이 우주적 생명체로서의 하늘—동학의 하늘[15]은 외재적 절대신이 아니다—임을 자각하는 데에서 출발하여 적극적인 타자 공경의 태도를 키워나가는 생명 살림의 자기 수양적 문명 전환 운동이라는 점에서도 독특하다. 최시형의 직접적 언설은 그와 같은 하늘관과 수양론을 잘 드러내고 있는데, 먼저 『해월신사법설』, 「천지인·귀신·음양」의 다음과 같은 말은 특히 동학의 하늘관을 잘 반영하고 있다.

---

13 박맹수는 동학을 단순히 서학에 대립하기 위해 성립된 대항 이데올로기로 보는 것을 왜곡된 관점이라 비판한다. 동학의 '동'은 동쪽이라는 방위로서의 '동'의 의미와 한민족의 땅을 특정하는 '동'의 의미를 가지면서도, 서학과 동학의 관계에 있어 최제우 본인이 "운도 하나고 도도 같지만, 다만 그 이치에 있어서만 다르다."고 밝혔듯이 서학에 대해 활짝 열린 개방성을 가지고 있었던 것이 동학이라는 점을 강조한다. 박맹수, 『생명의 눈으로 보는 동학』, 서울: 모시는사람들, 2015, 81쪽.
14 영성(靈性, spirituality)은 인간에 내재한 초월적 생명성으로서, 유한한 인간의 자기 초월적 근거(싹)이자 힘이 된다. 영성화란 우주의 원천적 생명인 영성 회복을 추구하는 것이다.
15 동학의 '하늘'에 대한 표기로는 천도교의 영향하에 '한울', '한울님'을 사용하는 경우도 많지만, 이에 대해서는 최제우의 의도와 동학의 본래적 맥락, 한글 표기의 문헌학적 전거 등에 입각하여 볼 때 '하늘' 혹은 '하늘님'이란 표기가 옳으며, '한울(님)'이란 표기는 야뢰 이돈화의 빈한한 학문 바탕과 자의적 해석에서 연원한 잘못된 표기라는 것을 표영삼과 김용옥이 밝힌 바 있다. 이에 근거하여 본고에서는 '한울(님)'이란 표기를 혼용하지 않으며, '하늘'이나 '하늘님'이란 표기를 일관되게 사용한다. 또한 '하늘'이라고만 쓰더라도 거기에는 '님'의 뜻이 내포되어 있음을 전제한다. 표영삼, 『동학1』, 서울: 통나무, 2004, 111-112쪽; 김용옥, 앞의 책, 147-159쪽.

천지는 한 기운 덩어리이다. 천·지·인은 모두 하나의 이치고 기운일 뿐이다. 사람은 바로 하늘 덩어리요, 하늘은 바로 만물의 정기이다. 푸르고 푸르게 위에 있어 일월성신이 걸려 있는 곳을 사람들이 모두 하늘이라 부르지만, 나는 그것을 하늘이라 부르지 않는다.……사람이 바로 하늘이요 하늘이 바로 사람이니, 사람 밖에 하늘이 없고 하늘 밖에 사람이 없다.[16]

위와 같은 하늘관을 바탕으로 최시형은 동학 특유의 수양론을 설파하기도 하는데 가령 다음과 같은 언급들이 그것이다.

화생하는 것은 기운이요 작용하는 것은 마음이다. 마음이 화하지 못하면 기운이 그 도수를 잃고 기운이 바르지 못하면 마음이 그 궤도를 이탈하니, 기운을 바르게 하여 마음을 편안히 하고 마음을 편안히 하여 기운을 바르게 하라. 기운이 바르지 못하면 마음이 편하지 못하고, 마음이 편하지 못하면 기운이 바르지 못하니, 사실은 마음도 또한 기운에서 생겨나는 것이다.[17]

마음은 어느 곳에 있는가? 하늘에 있다. 하늘은 어느 곳에 있는가? 마음에 있다. 마음이 곧 하늘이고 하늘이 곧 마음이니, 마음 밖에 하늘이 없고 하늘 밖에 마음이 없다. 하늘과 마음은 본래 둘이 아닌 것이니 마음과 하늘이 서로 화합해야 바야흐로 모심[侍]·자리잡음[定]·앎[知]이라 할 수 있다. 마음과 하늘이 서로 어기면, 사람들이 모두 하늘님을 모신다고 말할지라도

---

16 『海月神師法說』,「天地人·鬼神·陰陽」.
17 『海月神師法說』,「天地人·鬼神·陰陽」.

나는 하늘님을 모신다고 말하지 않을 것이다.[18]

동학에서는 인간 내면에 존재하는 신령, 곧 영성은 마음의 형태로 존재한다고 보았기 때문에 하늘로서의 마음을 지키는 공부가 곧 시천주(侍天主)요 영성의 보존과 계발이 된다. 아울러 마음을 지키는 공부는 우주를 하나로 관통하면서 만물을 창조 변화시키는 혼원한 기운과 긴밀하게 관계 맺고 소통하는 것으로 이어짐으로써, 인간 각자를 우주 만물의 주인이자 일체 창조와 변화의 주인공이 될 수 있게 만든다. 또한 최시형은 "누가 나에게 어른이 아니며 누가 나에게 스승이 아니리오. 나는 비록 부인과 어린아이의 말일지라도 배울 수 있고 그들을 스승 삼을 수 있다."[19]라고 말하는 등 적극적인 타자 공경의 수양론적 태도를 피력한다. 동학은 서양과는 반대로 성속 분리가 아닌 성속 통합적 회귀를 통해 직전 시대와 결별하였고 그러면서도 극히 인본주의적인 영성화[20]를 기획했다는 점에서 서양의 근대와는 확실히 대별된다. 또한 만물에 평등하게 자리한 총체적 지고의 생명 영성인 인격적 하늘의 존재를 자각하여 계급 성별 나이에 무관하게 모든 사람이 존엄한 상호-주체로 발전하고자 한다는 점에서 유학의 수양학과도 다른 차원의 수양학을

---

18 『海月神師法說』, 「天地人·鬼神·陰陽」. 동학은 천지인을 하나로 관통하여 하늘과의 관계는 '모심'으로, 만물 창조의 조화인 음양과의 관계는 하늘의 덕에 합하고[合其德] 하늘의 마음에 자리잡는[定其心] 방식으로 '(만물과의 조화에) 자리잡음'으로, 사람의 마음이 하늘의 마음이 되어 성인으로 솟구치는 과정과의 관계는 '앎'—모르는 것이 없는 마음으로 신성한 하늘의 마음이고 성인의 마음에 해당한다—으로 각각 실천코자 하였다.
19 『海月神師法說』, 「待人接物」.
20 동학은 인격적 하늘을 정점에 놓고 성속을 통합하려 하면서도 인즉천의 관점에서 인간의 존엄성을 강조하고 모든 인간 상호 간의 평등을 역설한다. 동학에서는 기성 사회에서 억압과 무시의 대상이던 천민, 여성, 어린이도 똑같이 존귀하고 평등한 사람으로서 대우하였다.

지향한다.

합리적 이성을 강화한 유학인 성리학 시대의 끝자락에서 유교적 영성은 매우 쇠약해져 있었고, 동학은 한국에서 유교적 영성을 대체하는 재영성화를 기획한 것이라 할 수 있는데 그것이 바로 개벽이다. 양반 사대부에게만 더 이상 자신들의 운명을 맡겨 두지 않고 민중 스스로가 지속적인 정신 수양과 사회개혁을 위해 노력하면서 새로운 세상을 주체적으로 열어 밝히는 대변혁의 과정이 동학이 말하는 개벽이다. 동학은 영성의 영역을 민중의 생활 속으로 밀고 나간 사상운동이다. 동학은 하늘을 단순한 천체적·우주적 하늘이나 섭리적 하늘이 아닌 신적인 하늘로 해석하였고, 그런 하늘을 '모시는' 행위를 통해 만민을 영적 주체로 각성시키고자 하였다. 동학의 핵심 교의인 '시천주(侍天主)'가 그 모든 생각을 압축하고 있는바, 천지만물과 자기 안에서 발생하는 우주 생명의 생성을 지고의 님으로 모심은 서로 높이고 공경할 수 있는 최적의 탁월한 실천 전략이다. 시천주 사상을 통한 영적 주체의 각성은 한마디로 동학적 근대의 원 바탕이라 할 것이다.

동학이 새로운 시대적 요청에 부응해, 우리에게 맞는 사상문화를 우리 손으로 만들었다는 점에서 술(述)이 아닌 작(作)이라고 말할 수 있고, 동아시아적 우주론과 윤리관을 계승하면서 한국적 하늘 개념과 영성적 인간관을 바탕으로 새 시대를 준비했다는 점에서 창조적 근대를 지향했다는 평가를 할 수 있다면 아마 그 때문일 것이다.[21] 조성환은 동학이 추구한 한국적 근대의 모습을, "안으로는 기존의 유교적 세계관을 탈피함과 동시에[22] 밖으로는 서

---

21 조성환, 앞의 책, 61쪽.
22 조성환은 동학을 결코 유교의 단순한 연장과 변용에 그친다고 보지 않고 유교적 세계관의 극복이자 그에 대한 전환이라고 보는데, 이 점에서 앞에서 거론한 김상준, 윤사순, 조경달, 나종석 등과 시각 차를 보인다. 실제로 최시형은 『海月神師法說』, 「其他」에서 당

학이라는 새로운 도전에 반응하면서, 동방의 하늘공동체라고 하는 오래된 이상의 실현을 추구한 새로운 형태의 한국학"[23]이자, "폭정에 대한 항거이자 외세에 대한 저항이기 이전에 하나의 생명운동",[24] 생명을 가치 중심으로 삼는 "일종의 살림운동"[25] 내지는 "살림문명"[26]으로 기술한다.

　동학이 한국적, 토착적 근대로서 우리에게 주는 시사점이 있다면, 주체적이고 자생적인 대중 인문학 운동 혹은 사상체계 구축의 가능성을 분명한 선례를 통해 보여준다는 것이 그 한 가지일 것이다. 하지만 무엇보다도 내용적으로 볼 때, 하늘과 인간의 상호 관계를 전제로 한 영성의 회복과 함양, 우주적 생명의 가치를 중심에 두는 공공성의 윤리 질서 구축,[27] 수양을 통한 자기변화와 그로부터 출발하는 사회변혁[28]을 아우르고 있다는 것이 가장 중요하다. 그리고 이것은 서양의 혁명과 근대 전통을 일면 포함하면서도 상당히 다른 방향이기 때문에, 혁명과 근대라는 용어를 그대로 적용해 일컫기엔 무

대의 상황을 두고 "인심을 인도하는 선천도덕이 때에 순응치 못"하고 있다고 선언하였는데, 조성환이 최시형이 언급한 선천도덕이 "종래의 사상, 그중에서도 특히 유교를 가리킨다고" 해석한다. 조성환, 「'개벽'으로 다시 읽는 한국 근대―「삼일독립선언서」에 나타난 개벽사상을 중심으로」, 『종교교육학연구』 제59권, 2019, 7쪽, 각주 19.

23 조성환, 앞의 책, 51쪽.

24 위의 책, 52쪽.

25 위의 책, 55쪽.

26 위의 책, 58쪽.

27 우주를 하나의 생명체로 보는 전일적이고 세계주의적인 입장에서 남녀, 노소, 신분, 계급, 국가, 종교, 문화 등 모든 종류의 차별과 불평등을 해소하고 열린 마음으로 상호 소통하면서 인간과 자연이 하나로 어울리는 천하공동체를 지향한 것, 서구 과학문명과 동양의 도덕문명을 통합하려 한 것이 동학의 포부였다. 우주적 생명의 가치를 중심에 두는 공공성의 윤리 질서를 구축하려는 의식은 구체적으로 생명 살림의 평화 사상과 운동으로 이어지는 바, 이에 대해서는 다음 절에서 자세히 논한다.

28 자기완성을 목표로 하는 수양은 동아시아 학문의 공통요소이나, 새 운명의 개척과 자기 건설을 민중 자신의 수양을 통해 도모하려 했다는 데에 동학의 혁명성이 있을 것이다. 조성환, 앞의 글, 7쪽.

리이며 그야말로 '개벽'이 참으로 적당하다. 동학이 꿈꾼 (말하자면) 근대를 일컫자면 그것은 다름 아닌 '개벽', 그것도 '다시개벽(후천개벽)'이 될 것이다.

2. 생명 살림의 평화

동학의 개벽에는 서양의 근대와는 달리 하늘과 자연을 사람의 발밑에 두고 인간의 물질적 번영을 위한 이용 대상과 수단으로 삼는 오만과 편견이 없다. 동학의 개벽은 서양의 근대가 걸어간 폭력과 혼란의 자취와 그에 대한 정당화 논리를 강하게 부정한다. 동학은 하늘 안에서 만물을 보고 만물 안에서 다시 하늘을 보는 방식의 생명관을 가지고 있고, 그러한 생명 체계에 입각해 만물 개체 안에 깃들어 있는 우주적 생명력으로서의 하늘님을 정성껏 모시고 섬기며 살 것을 권고하는 살림의 실천 철학이기에, 필연적으로 생명 보전의 평화로운 세상을 지향한다.[29] 동학의 최고 명제인 '시천주' 사상을 비롯하여, 시천주의 구체적 실천 방법으로서의 '수심정기(守心正氣)', '내유신령 외유기화(內有神靈 外有氣化)'의 생명원리를 존중하는 시천주의 인식과 태도를 대변하는 '사인여천(事人如天)'과 '동귀일체(同歸一體)'의 언명, "만사를 아는 것은 밥 한 그릇을 먹는 데 있다[萬事知 食一碗]."는 가르침[30]은 모두 생

---

29 "만물이 하늘님을 모시는 것 아님이 없으니, 이 이치를 알 수 있으면 살생은 금하지 않아도 저절로 금해질 것이다. 제비 알을 깨트리지 않은 뒤에야 봉황이 와서 거동하고, 초목의 싹을 꺾지 않은 뒤에야 산림이 무성하리라. 손수 꽃가지를 꺾으면 그 열매를 따지 못할 것이고, 폐물을 버리면 부자가 될 수 없다. 날짐승 삼천도 각각 그 종류가 있고 털벌레 삼천도 각각 그 목숨이 있으니, 사물을 공경하면 덕이 만방에 미칠 것이다."(『海月神師法說』, 「待人接物」)

30 '동귀일체'는 현상적 다양성의 바탕에는 하나의 궁극적인 통일성이 놓여 있음을 의미한다. 또한 '동귀일체'와 '만사지 식일완'은 서로 통하는 개념이다. 삼라만상이 동귀일체이기에 궁극적으로는 만사지 식일완일 수 있는 것이다.

명과 영성의 본질을 깨우치고 그것을 우리의 내면, 일상과 세계에서 회복시키고자 한 동학의 핵심 사상이다.

또한 우리(만물) 안의 하늘님인 생명력을 기르는 구체적인 방법과 개념으로 제시되는 '양천주(養天主)', '삼경(三敬: 敬天, 敬人, 敬物)', '이천식천(以天食天)',[31] '향아설위(向我設位)', '일하는 하늘님' 등은 동학이 오직 생명의 살림과 평화를 추구하며 인간의 존엄성과 평등도 그 안에서 실현하고자 했음을 선명하게 보여준다. 동학이 노동 활동을 하늘의 생명 활동과 동일시한다거나, 빈부귀천을 가리지 않고 여성과 아동에 대해서도 어떤 폭력과 불평등도 없이 존중하며 평등하게 대하려 했던 것은 오늘날의 노동자, 여성, 아동 인권과 평등을 추구하는 흐름과 견주어도 모자랄 것이 없다.

또한 동학농민혁명 당시에 전봉준에 의해 선포된 무장포고문, 4대 명의[32]

---

31 자연상의 관계에서 강자가 약자를 먹는다는 측면에서는 '이천식천'이라고 읽힐 수도 있고, 약자가 강자를 먹인다는 측면에서는 '이천사천'이라고 읽을 수도 있다. '萬事知 食一碗'과도 통하는 '以天食天' 개념은 자연 전체의 차원에서 자연물들이 서로 먹고 먹히는 현상에 내재한 전일적인 생태학적, 생명학적 함의를 온축하고 있는 것이다. 하늘이 만든 만물엔 하늘의 기운이 내재되어 있기에 만물은 곧 하늘과 같은 기운이고 그로써 곧 하늘인 것과 마찬가지다. 인간이 밥을 먹음으로써 혹은 자연물들이 서로 먹고 먹힘으로써 생명의 기운을 얻고 주는 것에는 전체 자연의 협동 과정이 녹아 있는 것이고, 그게 바로 하늘이 하늘을 먹는 것, 하늘이 하늘을 먹이는 것이다. 최시형은 이를 양천주의 한 가지로 간주하였다. "사람이 기를 들이마시고 사물을 먹음은 하늘로써 하늘을 기르는 방법이다."(『海月神師法說』, 「其他」) "하늘은 만물을 지으시고 만물 안에 계시므로 만물의 정기는 하늘이다. 만물 중에 가장 영민한 자는 사람이므로 사람은 만물의 주인이다. 사람은 태어남으로만은 사람이 되지 못하고 오곡백과의 영양분을 받아서 사는 것이다. 오곡은 천지의 젖이니 사람이 이 천지의 젖을 먹고 영력을 발휘케 하는 것이다."(『海月神師法說』, 「其他」)

32 "매번 적을 상대할 때 우리 동학농민군은 칼에 피를 묻히지 아니하고 이기는 것을 으뜸의 공으로 삼는다. 비록 어쩔 수 없이 싸우더라도 절대 사람의 목숨만은 해치지 않는 것을 귀하게 여긴다. 매번 행진해 지나갈 때에는 절대 다른 사람의 물건을 해치지 말 것이다. 부모에게 효도하고 형제간에 우애하며 나라에 충성하고 사람들 사이에서 신앙이 두터운 사람이 사는 동네 10리 내로는 절대로 주둔해서는 아니될 것이다." 해당 내용은 박맹수가 일본 외무성 산하 외교사료관에서 직접 찾아내 4대 명의라 이름 붙였다. 일본 외

와 12개조 기율[33]의 내용 역시 동학이 과격한 폭력적 거사를 최대한 기피하고 생명 보호와 살림, 평화를 최우선시했음을 입증해 준다. 동학에서는 생명과 영성의 회복 과정을 살림과 평화로 인식하였고, 생명과 영성을 회복한 결과가 또한 살림이고 평화라고 인식하였다. 결국 생명을 살리는 것이 궁극의 평화라고 본 것이다.

'시천주(侍天主)', '인내천(人乃天)' 개념이 전면에 내세워지는 데서 알 수 있듯이 동학 사상에서는 '하늘'과 '생명'의 개념이 가장 중요하다 할 것이다. 예로부터 하늘은 한국인의 영성을 나타내는 대표 개념으로 사용되어 왔다. 한국어의 하늘은 가장 큰 위상과 지평을 의미하며, 하늘님은 그런 하늘의 인격적 표현이다. 동학에서는 이런 하늘을 최고 개념으로 사용했을 뿐 아니라, "내 마음을 하늘같이 하고[天] 내 기운을 하늘같이 한다[天]."[34]는 식으로 하늘을 동사 개념으로 사용하기까지 함으로써 하늘을 내재화하고 그 가치를 실용하는 실천적인 하늘지향성을 선보였다. 통념적인 근대화에서는 인간의 합리적 이성이 강조됨으로 성속 분리의 세속화가 동반되는데, 반대로 동학에서는 천의 요소가 강조됨으로써 세속화의 반대인 '영성화'가 진행되는 것이 특징이다.[35] 동학은 만물을 하늘처럼 대하는 성스러운 세계, 하늘공동체를 추구함으로써 민중의 지지를 얻을 수 있었다.

무성 외교사료관 소장, 『朝鮮國 東學黨 動靜에 關한 帝國公使館 報告一件』, 문서번호 5 문 3류 2항 4호. 박맹수, 앞의 책, 266-267쪽.

33 "항복하는 자는 사랑으로 대하라. 곤궁한 자는 구제하라. 탐관은 추방하라. 따르는 자는 공경하고 복종하라. 굶주린 자는 먹이라. 간사하고 교활한 자는 그치게 하라. 도망가는 자는 쫓지 말라. 가난한 자에게는 나누어 주라. 충성스럽지 못한 자는 제거하라. 거스르는 자는 잘 타이르라. 병자에게는 약을 주라. 불효하는 자는 벌을 주라."

34 "天我心, 天我氣."(『천도교회월보』 제2호, 1910년 9월 15일)

35 동학은 각 존재의 본성적 차원을 깨우치는 종교적 시각의 회복이 당대의 무엇보다 시급한 일이라고 여긴 것이다.

동학이 하늘을 준거 삼아 지향한 새로운 문명은 생명이 가치의 중심이 되는 세계다. 우주를 하나의 유기체적 생명으로 보는 동학의 관점에서는 우주에 존재하는 모든 것들은 가치가 동등하며, 모두가 하늘이기에 평등하게 고귀하다.[36] 이것은 명분적 차별의 윤리 질서하에 위계적으로 접근할 수 있게 되어 있던 성리학적 하늘에 비해 공공적인 하늘이라고 할 수 있는데, 동학은 공공적 생명으로서의 하늘을 민중들에게 되돌려준 셈이다. 수운 최제우가 내세운 '시천주' 사상은 봉건 신분 질서를 부정하고 모든 인간은 하늘을 모시고 있는 존재로서 평등하고 고귀한 존재라는 것을 밝히는 사상이었다.[37] 시천주 체험을 통해 사람들은 스스로가 하늘임을 자각하고 다른 사람들도 그와 같이 여기는 '사인여천(事人如天)'으로 이어지며, 나아가 인간만이 아니라 자연과 우주 만물이 동귀일체(同歸一體)라는 전일적 생명 공감의 경지로 확장된다. 시천주, 동귀일체의 사상에서는 남녀, 노소, 귀천, 빈부 간의 일체 차별이 인정될 수가 없다.

시천주 사상의 핵심은 "지기금지원위대강 시천주조화정 영세불망만사지

36 동학과 김지하, 유영모 등의 사상에 영향을 받아 자신의 전문 연구 분야였던 하이데거 철학에서 주체적 한국철학의 모색으로 전환해 간 철학자 이기상은 '생명(生命)'을 하늘의 '살라는 명령'으로 풀이하면서, 모든 존재자들은 하늘로부터 '살려는 마음'을 자연스럽게 부여받았고, "모든 살아 있는 것의 '살아 있음'에 관여하고 있는 존재"로서의 인간에게는 모든 살아 있는 것들을 "죽지 않고 살아 있도록 보살피고 보호해야 하는" 생명학적 역할이 주어져 있다고 주장한다. 이기상, 「생명의 진리와 생명학: 지구 생명시대의 생명문화 공동체」, 『해석학연구』제21집, 2008, 299쪽.
37 "새로이 태어나야 하는 것은 신이 아니라 사람이다. 사람은 하늘과 땅을 하나로 연결시켜 더 이상 하늘의 노예도 땅의 하인도 되어서는 안 될 것이다. 스스로 주인으로 뭇 생명체들이 기나긴 여행을 무사히 마치도록 끝까지 섬겨야 할 것이다. 그 섬김은……수운은 포덕(布德)이라 하였다. 포덕은 해월의 표현으로 사람을 살리는 길이다. 사람만 살리는 길이 아니라 일체 우주 만물을 살리는 길이다. 그러할 때 새로운 세계가 안팎으로 열리는 것을 동학에서는 개벽이라 하였다."(오문환, 『동학의 정치철학: 도덕, 생명, 권력』, 모시는사람들, 2003, 148쪽)

(至氣今至願爲大降 侍天主造化定 永世不忘萬事知)"21자 주문과 그 해설에 집약되어 있다 할 것이다. 최제우는 이 중 '시(侍)', 즉 모신다는 것을 "안으로 신령이 있고 밖으로는 기화가 있어서 세상 사람들 누구나 각자 깨달아 간직하는 것을 뜻한다."[38]고 풀이한다. 모심[侍]은 비움과 섬김을 동반한다. 손님을 방에 모시려면 방에 손님이 앉을 자리를 비워야 하듯이 내 안에 하늘님을 모시려면 마음을 비워야 한다. 또한 손님을 제대로 모시려면 진정 섬기듯 하여야 하듯이, 하늘을 모시는 제대로 된 방법은 하늘을 적극적으로 진심을 다해 섬기는 것이다. 그런 의미에서 시천주에는 도가적 무위와 유가적 인위가 겸섭되고 있다고 할 수 있다. 즉 모심은 '비움'의 차원에서는 무위적이고, '섬김'의 차원에서는 유위적일 수 있다. 최제우는 우주의 근원을 단순히 추상적인 원리가 아니라 내외적으로 체험 가능한 능동적인 정신의 영적 존재로 간주한 것이다. 또한 이 주문의 내용에 의해 세상 사람들은 누구나 쉬운 방법으로 하늘님을 모시고 섬김으로써 능히 군자가 되고 신선이 된다고 함으로써, 민중들에게 새 시대의 영성 주체가 될 수 있다는 희망과 자신감을 준 것이다.

동학은 이렇듯 영성의 생명 평화를 바탕에 둔 문명 개벽을 추구하는 사상과 운동이라는 점에서, 전통 외적인 측면에서 서구적 근대와 통하는 면이 있으면서도 변별적이고, 또한 전통 내적인 측면에서는 일면 유교와 겹치고 연속적인 것처럼 보이면서도 실은 단절적이고 역전적이다. 동학의 얼굴이라고 할 '개벽'은 '영성과 생명평화'로의 전화이자 활기찬 약진이다. 이 점이 서구의 세속적이고 정복적인 근대성과 개벽의 대비점이다. 또한 개벽은 임금과 사대부에게 독점되지 않고 백성과 직접 만나는 평등한 인격적 하늘로부

---

38 『東經大全』, 「論學文」, "侍者, 內有神靈, 外有氣化, 一世之人, 各知不移者也."

터 개시된다는 점에서 반유교적, 혹은 유교 능가적이다. 분명히 유교도 하늘에서 도리를 찾고 인간이 천리의 본성을 공유한다고 보는 점에서 하늘에 근거하고 또한 평등주의적 사유 논리를 갖고 있다. 하지만 유교는 기와 리에 차등을 두고 기질 간에도 차등을 두는 반면, 동학은 그 모든 것에서 차등을 없앤다. 그로 인해 유교에서는 만물 간에도 인간 사이에도 차별이 발생하지만, 동학의 세계에서는 일체의 차별이 해소되고 만물이 동등한 가치로 취급된다. 사정이 이럴진대 동학을 유교의 범위 안이나 연장으로 판단하는 시각 내지는 유교의 '안에서' 밖으로 뻗어 나갔음을 강조하려는 시각은 다소 편협하거나 유학의 그늘에 지나치게 짓눌린 인식 태도가 아닌지 의심된다. 동학은 단순한 급진유학이나 대중유학에 그치지 않는, 전통적 사유와 삶의 문법에 대한 존재론적·인식론적 대전환의 산물이라고 보는 것이 더 타당할 것이다.

IV. 결론

개벽을 외치는 동학은 한국적 토착 근대의 기점으로 간주되기에 충분한 가치 근거와 정당성이 있다. 동학은 서양 근대의 새 시대 개척의 특성과 가치·장점을 상당 부분 공유하면서도, 서양의 근대에 내포된 편협함과 폭력성, 반평화적 성격은 가지고 있지 않다. 그러므로 동학은 비록 실패한 혁명이 되어 역사의 뒤안길에 남고 말았을지라도, 서양적 근대의 한계에 봉착해 새로운 문명의 가치를 모색하는 전 세계 현대인들이 본원적 생명 가치(하늘, 영성)에 근간한 적극적 평화를 구현하는 '상생문명/살림문명'의 얼개를 짤 수 있는 방향성을 지시한다. 하늘과 땅의 열림, 새로운 시작, 역사의 시작, 건국의 시작, 혼돈의 격파 등을 의미하는 개벽을 화두로 삼는 동학은 새 시대를 감당할 수 없는 전통의 낡은 체제와 결별하는 거대한 스케일을 자랑하기에 유교로부터도 독립하고 있음은 물론이다.[39] 동학은 반봉건적 시대전환의 역사의식과 문명 전환의 혁명성을 보여주고, 지역적 대외적 맥락에서 토착성 및 자생성, 주체성과 자주성도 뚜렷하게 보여준다. 그러면서도 전통 계승과 개방적 창조의 융섭, 그리고 동서문명의 융합을 추구한다. 그리고 그 융합과 새로운 비전에는 영성의 회복과 생명 평화의 지향이라는 뚜렷한 철학과 목표가 있다.

야규 마코토는 한국적 후천개벽사상에 내포된 '공공성'으로 인간 존중 사상, 생태·환경·사물 존중 사상, 새로운 공동체와 이상세계, 종교 간 대화·소통·상호이해를 들고 있는데, 동학의 예를 보더라도 이는 매우 적절한 분석이라 할 수 있다.[40] 그리고 조성환은 농민혁명 당시에도 제폭구민(除暴救民)을 들고 일어난 동학의 도덕이 기본적으로 '평화지향적'일 수밖에 없음을 잘 정리해 보인다. 조성환에 따르면, 동학은 '도덕문명'을 지향하는데, 이때의 도덕은 기존 도덕을 탈구축한 것으로서의 새로운 도덕이며, 생명 살림을 바탕에 둔 '평화의 도덕'이다. 나아가 '영성수련'에 의한 '비폭력적 혁명'을 추구한 것이 바로 개벽이다. 즉 동학의 개벽의 바탕을 이루는 도덕은 '활인도덕'이며 제폭구물(除暴救物)의 '생명도덕'이라 할 수 있다.[41] 동학에는 이러한 한국적 정체성과 역사적 특수성이 존재하면서도, 지역과 시대를 초월

---

39 조성환은 동학의 개벽이 유교를 타파하고 있다는 점에서 동학의 성격을 '개벽유교'라고도 지칭한다. 동학에서 유교의 연속성을 읽고자 하는 시각에서라면 동학을 개벽된 유교라고 볼 수 있다는 점에서도 '개벽유교'란 표현은 다의적으로도 적절해 보인다.
40 원광대학교 원불교사상연구원 편,『근대 한국 개벽종교를 공공하다』, 서울: 모시는사람들, 2018, 50-54쪽.
41 조성환, 앞의 글, 4-5쪽.

해 수용할 수 있는 보편적 가치가 제시되고 있다는 점에서 독특하고 또 폭넓은 수용성이 있다. 우리가 동학의 근대성을 말할 수 있다면 바로 이런 점을 아울러 볼 때 가능할 것이며, 그런 측면에서 동학은 여전히 살아 있다고 말할 수 있다. 아니, 앞으로 더 큰 비행을 앞두고 있다고 말하고 싶다.

최시형의 생태철학과 지구도덕

: 동학에서의 철학의 창조와 도덕의 전환

조성환   원광대학교 원불교사상연구원 책임연구원

I. 머리말

일제강점기에 천도교에서 발행한 『천도교회월보』(1921)에는 「조선에서 독창적으로 발생한 두 가지 큰 물건」[1]이라는 독특한 제목의 글이 실려 있다. 『천도교회월보』의 발행인이자 논자이기도 한 유재풍이 쓴 논설인데, '한글'과 '천도교'(동학)야말로 조선인의 독창적 작품이라는 것이다. 내용은 그렇다 치더라도, '독창'이라는 주제에 주목했다는 점이 이목을 끈다. 왜냐하면 이전까지만 해도 한국사상사에서 독창을 강조하는 예는 찾아보기 힘들기 때문이다. 그 이유는 간단하다. 전통시대 동아시아사상의 역사는 독창보다는 해석을 강조하고 권장한 역사였다.

이 전통을 공자의 말을 빌리면 "술이부작(述而不作)"이라고 할 수 있다. 여기에서 '술(述)'은 지금으로 말하면 '해석'에 해당하고, '작(作)'은 창조로 바꿔 쓸 수 있다. 공자가 자신을 일컬어 "술(述)을 했지 작(作)을 하지 않았다"고 한 것은 '작'이라는 행위가 상고시대의 성인에게 한정되는 일이라고 생각했기 때문이다. 그리고 그 성인들의 창조로 인간문화의 이상적인 형태가 이미 제시되었다고 보았기 때문이다. 따라서 후대인들이 해야 할 작업은 그 성인

---

1   통권129호, 1921년 5월호(1921.05.15.) 이 자료는 모시는사람들의 박길수 대표님으로부터 제공받았다.

들이 남겨준 완벽한 문물제도를 잘 보존하고 해석하고 계승하는 일일 뿐이다(聖經賢傳).

공자의 이 한마디는 향후의 동아시아사상사의 방향을 결정지었다고 해도 충분하다. 이후의 사상사는 모두 '술'의 형태로 진행되었다고 해도 과언이 아니기 때문이다. 자신의 학설을 제시하고 새로운 이론을 만들기보다는 성인의 말씀을 풀이하고 이해하는 것이 모든 지적 활동의 중심에 놓이게 된다. 설령 자신의 관점을 제시한다고 해도 반드시 성인의 말씀에 의탁하지 않을 수 없었다.

전통시대 동아시아의 사상 형태를 나타내는 '교(敎)'라는 개념은 이러한 술(述)의 문화를 단적으로 보여주는 말이다. '교화'나 '교육' 등으로 풀이할 수 있는 '교'는 "성인의 가르침에 의한 교화와 그것을 실현하기 위한 교육 시스템"을 의미한다. 가령『중용』에서 "수도지위교(修道之謂敎)"라고 할 때의 '교'는, 주자의 주석을 참조하면, '도를 닦아서 덕을 쌓는 방법을 논한 단계적 교육 프로그램' 정도로 이해될 수 있다. 그리고 유교나 불교 또는 도교라고 할 때의 '교' 역시 '성인의 말씀으로 대중들을 교화하기 위한 통치프로그램'을 의미한다. "한대에 유교가 국교화되었다"는 것은『시서(詩書)』나『예기(禮記)』에 나와 있는 성인의 말씀을, 세상 사람들을 교화하는 통치술로 채택하겠다는 천명에 다름 아니다. 이러한 '교'의 통치 시스템에서는 모든 교육의 기준이 '성인의 말씀'(聖經)이 되고, 선생의 역할이란 그런 성인의 말씀을 잘 전달하고 실천하게 하는 일이 된다.[2]

그런데 1921년의 천도교인 유재풍이 던진 '독창'이라는 한마디는 이러한

---

2 이상의 '교' 개념에 대해서는 조성환, 「중국적 사상형태로서의 교(敎)」,『철학사상』11-12집, 2007 참조.

'교'의 학문 풍토에서, 다시 말하면 '술'의 문화에서, '작'의 문화로의 전환을 시도하고 있음을 시사한다. 더 이상 중국 성인의 말씀에 기대서 자신의 생각을 표현하는 문화를 답습하지 않겠다는 간접적인 선언이다. 동시대의 일본은 이러한 전환 작업을 '개화'라는 이름으로 단행하였다. 그러나 일본의 개화는, 후쿠자와 유키치의 '탈아입구(脫亞入歐)'라는 표현을 참고하면, 성인의 대상이 중국에서 서양으로 이동했을 뿐 근본적인 창조를 지향한 운동은 아니었다. 다시 말하면 말씀[經]의 주인이 공자나 주자 또는 (중국화된) 붓다에서 서구 계몽주의자나 과학자로 바뀌었을 뿐이다.

이에 반해 유재풍은 자신의 전통 안에 있는 새로운 창조물에 주목한다. 그리고 확실히 한글이나 동학은 그런 창조물로 평가되기에 충분하다. 왜냐하면 당시의 최신 언어학적 성과나 유불도 삼교의 전통을 참고했을지는 몰라도, 종래의 중국적 '틀'을 답습한 것은 아니기 때문이다. 이 창조활동을 동학을 창시한 최제우는 '개벽'이라고 하였다. 개벽은 '하늘과 땅이 열린다'는 천개지벽(天開地闢)의 준말로, 마치 태초에 지구가 처음으로 생겨났듯이 '새로운 세계를 창조한다'는 뜻이다. 공자의 말을 빌리면 '술'이 아닌 '작'인 것이다. 그런 의미에서 개벽은 개화와는 애초부터 길이 달랐다. 개화가 또 다른 '술'의 반복이라면, 개벽은 새로운 '작'에의 도전이기 때문이다. 1919년에 동경에서 일본유학생들에 의해 『창조』라는 문예지가 창간되고, 1920년에 천도교인들에 의해 『개벽』이라는 사상지가 창간된 것은 결코 우연이 아닐 것이다. 창조와 개벽, 개벽과 창조는 당시 조선 지식인들의 시대정신을 반영하는 상징어였음에 틀림없다.

그렇다면 구체적으로 동학은 어떠한 철학을 창조했을까? 동학이 창조한 철학은 오늘날로 말하면 어떤 종류의 철학으로 규정할 수 있을까? 이 글은 그것을 '생태철학'이라고 보고, 동학의 생태철학이 어떻게 형성되고 계승되는지를 고찰하고자 한다. 그리고 그것의 사상사적 의미를 '도덕의 전환'이라는 관점에서 해석하고자 한다. 글의 진행 순서는 먼저 동학이 탄생하게 된 사상사적 배경을 소개하고, 이어서 동학의 창시자인 최제우의 생명철학을 간단히 개괄한 다음에, 그것이 최시형에게서 어떻게 생태철학으로 확장되는지를 천지론(天地論)과 기화론(氣化論)을 중심으로 살펴보고, 마지막으로 현대에 어떻게 이어지고 있는지를 20세기의 한살림운동과 21세기의 생명평화운동을 중심으로 확인하고자 한다.

II. 동학의 탄생과 개벽파의 형성

동학이 창시된 1860년은 동아시아 질서의 대전환을 알리는 상징적인 해였다. 중국에서는 제2차 아편전쟁으로 북경이 함락되었고, 일본에서는 후쿠자와 유키치가 미국으로 견문을 떠났다. 한쪽에서는 동아시아의 중심 노릇을 해 오던 중국이 무너지고, 다른 한쪽에서는 그런 분위기를 일찌감치 감지하고 발 빠르게 탈아시아를 시작한 것이다(탈아입구). 반면에 조선은 500여 년을 유지해 오던 유학의 유효기간이 다하고, 이에 더해서 관료들의 횡포마저 극심해져 백성들은 하루도 편할 날이 없었다.

동학은 이러한 위기 상황에서 탄생한 한국 최초의 자생사상이다. 고려의 불학(佛學)이나 조선의 유학(儒學)과 같이 중국에서 빌려온 '수입학'이 아니라, 한국인이 자신의 손으로 사상의 '틀'을 만들어 본 최초의 '자생학'(철학+종교)인 것이다. 이러한 학문 운동을 최제우는 '개벽'이라고 불렀다. 원래 '개벽'은 "하늘과 땅이 처음 열린다"는 우주론적인 개념이었는데, 여기에 인문학적인 의미를 가미하여 '다시개벽'이라고 한 것이다.[3] '다시개벽'은 우주론적인 차원에서의 대전환의 시기일 뿐만 아니라 인문학적인 영역에서도 대전환이 필요한 시기임을 선포하는 개념이다. 최제우를 이은 최시형은 '다시개벽'을 '후천개벽'으로 명명하고, 그 내용을 '인심개벽'으로 해석하여, 만물을 하늘로 모시는 '도덕개벽' 운동을 전개하였다.

이후에 동학의 개벽운동은 천도교, 증산교, 대종교, 원불교, 갱정유도 등으로 이어져 하나의 역사적인 흐름을 형성하게 되는데, 그런 의미에서 이들을 '개벽파'라고 명명할 수 있다. 아울러 이들의 '사상'이나 '학'을 '개벽사상' 또는 '개벽학'이라고 이름지을 수 있다. 그래서 조선후기에 '실학'이라는 지식인들의 개혁사상이 있었다고 한다면, 조선말기에는 '개벽학'이라는 민중들의 변혁사상이 있었던 셈이다. 아울러 조선말기의 사상지형도는 척사파(유학파)와 개화파(서학파)에 더해서 개벽파(동학파)로 나눌 수 있고, 이 중에서 개벽파가 가장 큰 세력을 차지하였다.[4]

개벽파는 크게 세 가지 믿음을 공유하고 있었다. 첫째는 운수사상이고, 둘째는 남조선사상이며, 셋째는 미륵사상이다. 운수사상은, 운도사상이라고도 하는데, 19세기말~20세기초가 우주의 운행이 선천 5만년이 끝나고 후천 5만년이 시작되는 대전환기라는 생각이다. 남조선사상은, 원래는 강증산의 용어로, 한반도전역에서, 좁게는 삼남지방(충청 · 경상 · 전라)에서, 장차 유토피아가 펼쳐진다는 믿음이다. 마지막으로 미륵사상은 일종의 메시아 사상인데, 다만 개벽파의 메시아 사상이 조선후기의 『정감록』이나 불교의 미륵

---

3 최제우, 『용담유사』 「안심가」. 이 글에서 인용하는 최제우의 『용담유사』(한글경전)와 『동경대전』(한문경전)의 원문과 번역은 김용휘, 『최제우의 철학』, 서울: 이화여자대학 출판부, 2011을 참고하였다.
4 이상은 조성환, 『한국 근대의 탄생』, 서울: 모시는사람들, 2018 참조.

사상과 다른 점은 민중을 구제해 주는 메시아가 장차 이 땅에 출현한다는 것이 아니라, 민중 한 사람 한 사람이 새로운 세상을 건설하는 메시아 자신이라고 보는 점에 있다. 동학에서 말하는 "사람이 하늘이다"는 그 대표적인 사상으로, 1894년에 동학농민혁명이 일어날 수 있었던 것도 이러한 개벽적 메시아 사상이 바탕에 깔려 있었기 때문이다. 개벽파는 이 세 가지 믿음 중에서 적어도 두 개의 믿음을 공유하고 있었다. 반면에 개화파나 척사파는 이러한 믿음들을 미신적이거나 과격하다고 배척하였다.

한편 개벽파는 동일한 개벽의 이념을 공유하면서도 그것의 구체적인 실천 방안이나 강조점에서는 조금씩 차이를 보인다. 증산교의 창시자인 강증산은 천지인 삼계(三界)의 원한을 풀어서 상극의 세계에서 상생의 세계로의 전환을 도모하는 해원(解冤)을 강조하였다. 반면에 원불교는 '모든 것이 하나'라는 일원적(一圓的) 세계관을 바탕으로 마음수양을 통한 평화 실현에 중점을 두었다. 이에 반해 동학은 '지구는 하나의 생명체'라는 생명적 우주론을 바탕으로 생태적 삶을 사는 데에 역점을 두었다.

III. 최제우의 생명철학

동학을 창시한 최제우는 궁극적 실재와 관련된 두 가지 핵심 개념을 제시하였다. 하나는 '지기(至氣)'이고, 다른 하나는 '천주(天主)'이다. 지기(至氣)는 일기(一氣)라고도 하고, 천주(天主)는 상제(上帝)나 하늘님이라고도 하였다. 지기와 천주는 동학의 핵심 주문에 나란히 등장한다. "지기금지(至氣今至) 원위대강(願爲大降), 시천주(侍天主) 조화정(造化定) 영세불망(永世不忘) 만사지(萬事知)."라는 21자로 이루어진 주문은 직역하면 "지극한 기운이 지금 내려와서 크게 강림하기를 기원합니다. 천주(하늘님)를 모시면 조화가 정해지고, 영원히 잊지 않으면 만사를 압니다."라는 의미이다. 이 주문에서 '지기'는 '나에게 강림한 신비로운 기운'을 가리키고, '천주'는 '내 안에 들어와 있는 신령한 존재'를 인격화한 표현이다. 양자의 관계는 별개의 두 존재를 가리킨다고 보기보다는 동일한 존재의 두 가지 표현이라고 보는 편이 적절할 것이다. 즉 지기가 구체적인 개체 안에 들어와 있는 것을 인격화해서 천주라고 부르는 것이다.

이 지기와 천주, 또는 그 천주를 '모시고 있다'(侍)는 의미를 해석하고 이해하는 과정이 동학사상사의 전부라고 해도 과언이 아니다. 1920년대의 동학 이론가이자 천도교[5] 교인인 이돈화는 '지기'를 '생명적 활력'이라고 풀이하였다(『신인철학』). 동학을 본격적으로 '생명철학'의 관점에서 해석한 것이다. 그 뒤에 나온 해석들은 모두 이 이돈화의 해석의 연장선상에서 이루어졌다고 해도 과언이 아니다. 이돈화의 해석을 참조하면, 최제우에게 있어 '살아 있다'는 것은 생명적 활력으로서의 '지기'가 내 안에서 활동하는 상태에 다름 아니다. 그리고 그것이 내 안에 있음을 자각하고 잘 '모시는' 것이 올바른 삶이다.

다만 이러한 생명철학이 도교적인 이른바 불로장생(不老長生)과 다른 점은, 동학은 생명철학을 바탕으로 사회운동을 전개하였다는 점이다. 그 상징적인 예가 최제우가 감행한 노비해방이다. 최제우는 동학을 창시함과 동시에 자신이 거느리고 있던 여자 노비 두 명을, 한 명은 며느리로 다른 한 명은 수양딸로 삼았다. 마찬가지로 당시의 동학 공동체에서는 누구나 동학에

---

5 1860년에 수운 최제우에 의해 창시된 동학은 1905년에 의암 손병희에 의해 '천도교'로 개칭된다.

입도하면 신분에 상관없이 맞절을 함으로써 종래의 신분질서를 거부하였다. 이러한 일련의 파격들의 철학적 근거는 "누구나 하늘님을 모시고 있다"고 하는 시천주(侍天主)의 인간관이다. 따라서 시천주는 한편으로는 생명 중심의 인간관임과 동시에 다른 한편으로는 생명을 억압하는 사회질서로부터 인간을 해방시키는 변혁적 인간관이기도 하다.

이처럼 최제우는 시천주라는 생명 중심의 인간관을 바탕으로 이전까지와는 다른 사회질서를 꿈꿨는데, 그것을 '개벽'이라고 불렀다. 개벽은 선천 오만 년에서 후천 오만 년으로 우주의 질서가 바뀌고 있다는 우주론적 전환 의식과 함께 서구열강의 서세동점으로 인해 국제 질서가 바뀌고 있다는 역사적 전환 의식이 동시에 반영된 개념이다. 이러한 대전환의 시기에 새로운 세계를 개벽하는 주체로 제시된 인간관이 시천주적 인간관이다.

다만 최제우가 남긴 언설들은 대단히 간결하여 좀더 구체적인 해석과 설명을 필요로 하였다. 여기에 새로운 살을 붙인 이가 최제우의 뒤를 이어 동학을 이끈 해월 최시형(1827~1898)이다. 최시형은 최제우의 생명철학에서 한 걸음 더 나아가서 생태철학으로 그 외연을 확장시켰다.

III. 최시형의 생태철학

최제우가 인간 존재를 천주와의 관계 속에서 바라보았다면, 최시형은 그것을 천지와의 관계로 확장시켰다. 또한 최제우에게서는 두드러지지 않았던 인간과 만물의 관계가 중심 주제로 부각되었다. 즉 인간 존재를 천지와 만물과의 유기적 관련 속에서 다시 보기 시작한 것이다. 그런 점에서 최시형의 접근 방식은 전통적인 유학이나 성리학의 그것과 유사하다고 할 수 있다. 그러나 최시형이 종래의 유학과 다른 점은 천지와 만물을 인격화하여 윤리적 대상으로 삼았다는 점이다.

이와 같은 최시형의 철학은 '천지부모 만물동포'라는 한마디로 요약될 수 있다(『해월신사법설』「천지부모」).[6] 말 그대로 "천지가 부모이고 만물이 동포이다"라는 사상이다. 천지가 부모인 이유는 인간을 포함한 모든 존재는 매 순간 천지(지구)가 제공하는 산소와 햇볕 그리고 물이나 곡식과 같은 '영양분'을 공급받아 살아가기 때문이다. 그래서 만물은 천지의 젖을 먹고 자라는 '자식'에 다름 아니라는 것이다.[7]

따라서 천지는 만물에게 '부모'와 같이 섬겨야 하는 존재로 간주되어야 하고, 그 천지 안에서 살고 있는 만물도 천지라는 부모 밑에서 자라는 형제로 여겨져야 한다는 것이다. 이처럼 최시형에 이르면 인간과 만물의 존재론적 차이는 사라지고, 지구는 부모처럼 모셔야 하는 존재로 인격화된다. 최제우에서 최시형에 이르는 이와 같은 변화는 다음과 같은 문장으로부터 엿볼 수 있다.

하늘이 간섭하지 않으면 고요한 물체인데 이것을 죽었다고 하고, 하늘이

---

6 최시형의 '천지부모사상'에 대해서는 동학학회, 『강원도 원주 동학농민혁명』(서울: 모시는사람들, 2019)에 수록된 조성환, 「원주 동학을 계승한 장일순의 생명사상」의 "해월의 천지부모사상"을 참조.

7 "부모의 포태가 곧 천지의 포태니, 사람이 어렸을 때에 엄마 젖을 빠는 것은 곧 천지의 젖이요, 자라서 오곡을 먹는 것 또한 천지의 젖이니라. 어려서 먹는 것이 어머님의 젖이 아니고 무엇이며, 자라서 먹는 것이 천지의 곡식이 아니고 무엇이랴? 젖과 곡식은 천지의 녹이니라.("父母之胞胎, 卽天地之胞胎. 人之幼孩時, 唉其母乳, 卽天地之乳也. 長而食五穀, 亦是天地之乳也. 幼而哺者, 非母之乳而何也, 長而食者, 非天地之穀而何也? 乳與穀者, 是天地之祿也.")(『해월신사법설』「천지부모」) 이 글에서 인용하는 최시형의 『해월신사법설』의 원문과 번역은, 이규성, 『최시형의 철학』, 서울: 이화여자대학출판부, 2012를 참고하였다.

항상 간섭하면 밝은 영물인데 이것을 살았다고 한다. 사람의 일동일정(一動 一靜)이 어찌 천지가 시키는 바가 아니겠는가![8]

맨 처음에 나오는 '하늘'(天)은 삶과 죽음을 관장하는 존재로, 최제우의 용어로 말하면 생명적 활력으로서 '지기'나 그것을 인격적으로 표현한 '천주'에 해당한다. 그러나 최시형은 바로 이어서 그것을 '천지'로 바꿔 말하고 있다. 이와 같이 최시형은 지기나 천주를 천지와 동일시하였는데, 그 이유는 지기나 천주를 가능하게 하는 무대이자 배경이 바로 천지라고 이해하기 때문이다. 그래서 최제우에게 있어 '하늘님'은 최시형에게 있어 '천지님'으로 전환되고, 인간의 생명과 활동을 관장하는 존재도 모두 이 '천지'로 여겨지게 된다.

이러한 해석은 요즘 식으로 말하면 '생명에서 생태로의 전환'이라고 할 수 있다. 인간 존재의 본질을 생명적 활력으로서의 '기' 자체에서 찾기보다는 그것을 가능하게 하는 환경 전체, 지구에서 찾기 때문이다. 달리 말하면 인간을 '생태적' 존재로 보는 것이다. 이러한 세계관에서 인간이 살아야 하는 삶은 당연히 생태적 삶일 것이다. 다음과 같은 일화는 최시형이 지향하는 생태적 삶을 단적으로 보여준다.

우주에 가득 찬 것은 모두 혼원한 한 기운이니, 한 걸음이라도 감히 경솔하게 걸으면 안 된다. 내가 한가히 있을 때에 한 어린이가 나막신을 신고 빠르게 앞을 지나가는데, 그 소리가 땅을 울리길래, 깜짝 놀라 일어나서 가슴을 어루만지며, "그 어린이의 나막신 소리에 내 가슴이 아프더라."고 말했

---

8   "天不干涉, 則寂然一塊物, 是曰死矣; 天常干涉, 則慧然一靈物, 是曰生矣. 人之一動一靜, 豈非天地之所使乎!"(『해월신사법설』「도결」)

다. 땅을 소중히 여기기를 어머님의 살같이 하라. 어머님의 살이 중한가? 버선이 중한가?[9]

여기에서 '땅(대지)'은 단순히 지질학적인 물체가 아니라 하나의 살아 있는 생명체로 간주된다. 이것은 "만물은 하늘님을 모시고 있다"(萬物莫非侍天主)[10]는 최시형 철학에서 자연스럽게 도출되는 사상이다. 그래서 사람이 하늘님을 모시고 있는 천인(天人)이듯이 대지 또한 하늘님을 모시고 있는 천물(天物)로 간주된다. 따라서 우리는 사람을 하늘처럼 섬기듯이(事人如天) 대지도 하늘처럼 섬겨야 한다는(事物如天) 것이 최시형의 생각이다. 이것을 그는 '경물(敬物)'이라는 윤리적 개념으로 표현하였다. 그리고 인간의 도덕은 사람을 공경하는 경인(敬人)을 넘어서 사물까지 공경하는 경물(敬物)에 이르러야 도덕의 극치에 달한다고 하였다.[11] 이러한 도덕 관념은 오늘날로 말하면 일종의 '지구도덕'이라고 할 수 있다. 다만 최시형에 있어서의 지구도덕은 단순히 "자연을 파괴하지 말라"거나 "비닐의 사용을 줄이라"고 하는 친환경적(Eco-friendly) 삶을 넘어서 자연을 하늘님처럼 대하라는 '친하늘적'(Heaven-friendly) 삶의 태도를 말한다.

9 "宇宙間充滿者, 都是渾元之一氣也. 一步足不敢輕擧也. 余閑居時, 一小我着屐而趨前, 其聲鳴地, 驚起撫胸曰: '其兒屐聲我胸痛矣.' 惜地如母之肌膚. 母之肌膚所重乎? 一襪子所重乎?"(『해월신사법설』「성경신(誠敬信)」)
10 『해월신사법설』「대인접물(待人接物)」.
11 "첫째 경천(敬天), 둘째 경인(敬人)에 이어 셋째는 경물(敬物)이니, 사람은 사람을 공경함으로써 도덕의 극치가 되지 못하고, 다 나아가서 사물(物)을 공경함에 이르러야 천지기화(天地氣化)의 덕에 합일될 수 있다."(『해월신사법설』「삼경」)

Ⅳ. 기화(氣化)의 세계

'경물'과 더불어 최시형의 생태적 세계관을 단적으로 보여주는 개념이 '기화'이다. 기화는, 직역하면 '에너지(氣)의 변화(化)'를 의미하는데, 전통적으로 동아시아사상사에서 자연과 만물의 생성과 변화를 설명하는 개념이었다.[12] 가령 한의학의 성경(聖經)이라고 할 수 있는『황제내경』에서는 인간의 신체 내에서의 어떤 변화를 '기화'라고 설명하였고,[13] 주자는 "나무가 낮과 밤에 자라는 것(日夜之所息)"을 "기화의 흐름은 멈춘 적이 없다(氣化流行, 未嘗間斷.)"고 말하였다.[14]

그러다가 최시형에 이르면 '기화'가 만물의 생태적 관계를 설명하는 개념으로 재해석된다. 가령 동물이 동물을 먹는 것은 하늘이 하늘을 먹는(以天食天) 기화 작용에 다름 아니라는 것이다.

> 내 항상 말할 때에 물물천(物物天)이요 사사천(事事天)이라 하였나니, 만약 이 이치를 시인한다면 물물(物物)이 다 이천식천(以天食天)이 아님이 없을지니, 이천식천은 어찌 보면 이치에 부합하지 않는 것 같지만, 이것은 인심의 편견으로 보는 말이요, 만일 하늘 전체로 본다면 하늘이 하늘 전체를 키우기 위하여 동질이 된 자는 상호부조로써 서로 '기화'를 이루게 하고, 이질이 된 자는 이천식천으로 서로 '기화'를 통하게 하는 것이니, 하늘은 일면에

---

12 이하에서 인용하는 최시형 이전의 '기화' 개념에 대해서는 조성환,「동학의 '기화' 사상」,『농촌과 목회』83호, 2019년 가을호를 참조.

13 "기화가 일어나면 (방광의 진액이) 밖으로 배출된다.(膀胱者, 州都之官, 津液藏焉, 氣化則能出矣.)"『黃帝內經』「素問: 靈蘭秘典論」

14『孟子集註』「告子(上)」.

서는 동질적 기화로 종속(種屬)을 기르고, 일면에서는 이질적 기화로 종속과 종속의 연대적 성장 발전을 도모하는 것이니, 총괄해서 말하면 이천식천(以天食天)은 곧 하늘의 기화작용으로 볼 수 있는데, 대신사께서 '시(侍)' 자를 해설하실 때에 "내유신령"이라 함은 하늘을 이름이요, "외유기화"라 함은 이천식천(以天食天)을 말한 것이니, 지묘한 천지의 묘법이 도무지 기화에 있느니라.(『해월신사법설』「以天食天」)

여기에서 최시형은 '먹는'(食) 행위를 '기의 변화'로 설명한다. 즉 '먹는다'는 것은 지구 전체의 차원에서 보면 '한 생명체에 있던 생명 에너지(하늘)가 다른 생명체로 전이되는 기화 현상'에 다름 아니라는 것이다. 그런 점에서 그것은 야만적인 약탈 행위라기보다는 자연스런 공생 활동의 일부로 간주되어야 한다. 이와 같이 다른 종들 사이의 '기화'를 '이질적 기화'라고 한다면, 같은 종들 사이의 기화는 '동질적 기화'에 해당한다. 동물 사회에서 어미가 자식에서 먹이를 먹여 주는 행위가 그러한 예이다.

이처럼 최시형은 전통적인 '기화' 개념으로 생물들 간의 먹이사슬과 같은 생태적 관계를 설명하고 있다. 우리가 살아가고 죽어 가는 행위는 모두 자연 전체를 길러주는 상호부조적 기화 활동에 다름 아니다. 이 길러주는 행위를 최시형의 개념을 빌려서 표현하면 '양천(養天)'이라고 할 수 있다.[15] 그래서 최시형에게 있어서는 누군가에게 잡아 먹혀 '죽는' 것은 다른 생명체를 길러주는 기화와 양천의 활동에 다름 아니다. 인간이 고기를 먹는 것은 그

---

15 원래 『해월신사법설』에서 '양천'은 '자기 안의 하늘을 잘 기르는 것'을 말한다: "하늘을 養할 줄 아는 자라야 하늘을 모실 줄 아느니라. 하늘이 내 마음속에 있음이 마치 종자의 생명이 종자 속에 있음과 같으니, 종자를 땅에 심어 그 생명을 養하는 것과 같이 사람의 마음은 道에 依하여 한울을 養하게 되는 것이라." (『해월신사법설』「양천주」)

고기의 희생에 의해서 인간을 길러주는 양천 행위라는 것이다.

  그렇다면 인간 사회에서 행해지는 '악'은 어떻게 설명될 수 있을까? 가령 부정축재나 살인 행위 같은 범죄도 이천식천(以天食天)이나 이천양천(以天養天)의 일종이라고 볼 수 있을까? 하늘이 하늘을 먹는 행위에 있어서 가장 주의해야 할 점은 자신이 먼저 '하늘'과 같은 주체가 되는 것이다(以天). 이 새로운 주체는 이돈화의 개념을 빌려 말하면 '하늘아'(天我)라고 할 수 있는데,[16] 이 하늘아에 이르려면 내 마음과 기운을 하늘같이 하는[17] 일종의 '천심천기 (天心天氣)'의 수양이 필요하다(여기에서 '天'은 동사로 사용되었다). '천심천기'는 생태철학적으로 말하면 생태적 감수성을 기르는 훈련이라고 할 수 있다.

  가령 앞에서 소개한, 나막신을 신고 뛰어 다니는 어린이는 아직 생태적 감수성이 형성되지 못한 사례에 해당한다. 달리 말하면 아직 온전한 '하늘'이 되지 못한 것이다. 그 이유는 대지가 하늘이라는 인식이 부족하거나, 설령 그러한 인식을 한다고 할지라도 그 인식이 아직 실천으로 이어지지 못하고 있기 때문이다. 이로부터 알 수 있는 것은 최시형 철학에서 하늘은 자기 안의 하늘을 잘 모시고 기르는 데에서 완성되는 것이 아니라, 상대방도 하늘처럼 대하는 데에서(以天奉天)[18] 비로소 완성된다는 사실이다. 이런 태도를 나타낸 개념이 경인(敬人)과 경물(敬物)이다.

  "어린아이를 때리는 것은 하늘님을 때리는 것이다"(打兒卽打天矣)[19]라는 최시형의 유명한 설법은 하늘아(天我)가 되지 못한 주체의 모습을 잘 보여주

---

16 물론 이돈화는 『신인철학』에서 동학의 '하늘'을 '한울'로 해석하여 '한울아'라는 개념을 사용하였다. '한울아'는 하늘(우주)과 하나 된 '대아(大我)'를 말한다.
17 "내 마음을 하늘같이 하고(天我心) 내 기운을 하늘같이 한다(天我氣)."(『천도교회월보』 창간호「수심정기해」, 1910)
18 『해월신사법설』「영부주문」.
19 『해월신사법설』「대인접물(待人接物)」.

고 있다. 그것은 다른 하늘을 기르는(養天) 것이 아니라 오히려 해치는(傷天) 결과를 초래한다. 동학이 비폭력 평화사상을 지향하는 이유도 여기에 있다 (우리에게는 '혁명전사'로 알려져 있는 전봉준도 사실은 살생을 꺼리는 평화사상가였다[20]). 이 비폭력 평화사상은 최제우의 '생명사상'과 최시형의 '생태사상'에서 자연스레 도출되는 것이다. 그런 점에서 지금으로 말하면 '생명평화사상'이라고 바꿔 말할 수 있다.

동학은 생명평화사상에 입각한 생명평화적 삶을 지향하였고, 그것을 그들은 '도덕'이라고 불렀다(天道와 天德). 여기에서 우리는 전통적인 도덕 개념을 대체하는 새로운 도덕 개념의 등장을 볼 수 있다. 그것은 유학적인 윤리질서의 도덕 개념에서 생명평화의 도덕 개념으로의 대전환이다. 달리 말하면 혈연 중심의 인륜 도덕에서 생태 중심의 '지구도덕'으로의 전환이다.

동학이 당시의 유학자들로부터 탄압을 받았던 이유도 여기에 있었다. 동학의 신도덕이 유학의 구도덕과 충돌을 일으켰기 때문이다. 반면에 1894년의 일본과의 충돌은 도덕과 폭력 사이의 충돌이라고 할 수 있다. 동학군의 입장에서 보면 폭력을 사용하는 일본군은, 신분질서를 옹호하는 유학자와 마찬가지로, 아직 '하늘아'가 되지 못한 '미개'의 상태로 보였던 것이다. 동학군이 절대적인 무기의 열세에도 불구하고 일본군에 저항할 수 있었던 이유는, 오구라 기조 교수의 표현을 빌리면, 그들이 도덕지향적이었기 때문이었다.[21] 다만 이때의 도덕은, 지금과 같이 '꼰대'의 이미지를 떠올리는 낡은 도덕이 아니라 생명평화라는 새로운 도덕이다.

---

20 박맹수, 「전봉준의 평화사상」, 서보혁·이찬수 외, 『한국인의 평화사상(1)』, 서울: 인간 사랑, 2018 참조.
21 오구라 기조 저, 『한국은 하나의 철학이다』, 조성환 역, 서울: 모시는사람들, 2017.

V. 생태철학의 부활[22]

최시형의 생태철학은 그로부터 약 100년 뒤에 한살림운동의 창시자인 무위당 장일순(1928~1994)에 의해 부활되었다. 장일순의 생태운동은 '한살림'이라는 말에서 알 수 있듯이,[23] 모든 생명은 '하나'(한)로 이어져 있다는 신념에서 시작한다(「한살림선언문」, 1989). 최시형 식으로 말하면 '천지부모 만물동포'의 한글식 표현인 셈이다.[24]

장일순이 최시형의 생태철학에 주목한 이유는 서구 근대에 의해 초래된 '우주론의 상실'이라는 커다란 사상적 단절을 메우기 위해서였다. 흔히 서양의 '생기론자' 또는 '유기론자'로 불리는 D.H.로렌스(1885-1930)는 서구 근대의 문제를 '우주의 상실'로 진단하였다.

> 우주와의 교감적인 관계에서 우리가 벗어나자 우리는 우주를 잃었다. 이것은 우리에게 커다란 비극이다. 고대인들이 우주와 멋진 삶을 누리며, 우주로부터 존경을 받으며 살았던 것과 비교하여, 우리가 자연이라고 부르는 것을 보라! 자연을 사랑한다고 하는 그 치졸함이란 어떠한가! (…)

---

22 이 절은 2019년 11월 16일에 연세대학교에서 있었던 '(2019 한국교육철학학회 연차학술대회) 일제강점기 저항과 계몽의 교육사상가들'에서 발표한 필자의 발표문 「일제강점기 '자생적 근대' 교육사상 - 동학의 개벽사상과 생태영성을 중심으로」 중에서 '4. 동학의 생태철학 - 지구가 부모이고 만물이 동포이다'의 일부를 수정한 것이다.
23 이 말 자체는 장일순과 함께 한살림운동을 전개한 박재일과 김지하가 생각해 냈다고 한다.
24 동학과 장일순의 생태철학 또는 생태교육론에 관한 선행연구로는 다음이 있다. 이준모, 「동학의 생태학적 교육철학체계와 동양 고전철학의 체계」, 『신학연구』38, 1997; 박순금, 「장일순 생명사상의 생태유아교육적 함의」, 부산대 석사논문, 2003; 진창영, 「동학의 생태교육사상 연구」, 부산대 석사논문, 2006; 최서윤, 「동학의 생태적 교육철학에 관한 연구」, 고려대 박사논문, 2008. 여기에서는 동학과 장일순의 생태철학이 지니는 사상사적 의미만을 지적하였다.

우리와 우주는 하나이다. 우주는 살아 있는 커다란 몸체이고, 우리는 그
곳의 한 부분이다. (…) 생명을 잃는 것보다 빵을 잃는 편이 더 나았다. 그 오
랜 탈출의 결실이 바로 기계라니! 우리는 우주를 잃었다. (…) 이제 우리는
우주로 돌아가야 한다. 현대인들이 외롭다고 불평하는 소리를 들을 때 나
는 무슨 일이 일어났는지를 안다. 그들은 우주를 잃어버렸다. 우리에게 부
족한 것은 인간적이고 개인적인 것이 아니다. 우리에게 결핍되어 있는 것
은 우주적인 삶이다.[25]

로렌스의 관점을 참고하면, 동학은 조선 후기에 형해화되고 있는 동귀일
체의 우주론을 회복하기 위해 나온 새로운 우주론이라고 할 수 있다. 그런
데 동학이 제창한 우주론이 1945년의 해방 이후에 진행된 서구화에 의해 다
시 상실된 것이다. 장일순의 문제의식은 여기에 있었다. 장일순은 최시형
의 '천지부모-만물동포'의 우주론을 산업문명을 극복할 수 있는 대안적 우주
론으로 보았다. 그가 최시형의 추모비를 세우면서 선택한 최시형의 설법이
"천지가 부모요 부모가 천지이다"는 사실이 이러한 해석을 뒷받침해 주고
있다. 장일순은 최시형의 천지부모 사상에 담겨 있는 인간과 자연의 공생관
계에 주목하여, 서구 근대적 세계관에 의해 분리된 인간과 인간, 인간과 자
연, 인간과 우주를 다시 연결하고자 하였다. 최제우의 표현을 빌리면, '각자
위심'을 '동귀일체'로 전환하고자 한 것이다.

자연은 소위 탈신성화되었고 인간의 자의대로 이용되고, 자연과학의 추
구 대상이 되어 과학기술의 발전을 가져오기는 하였으나, 오늘날의 생태학

25 D.H.로렌스 저, 『로렌스의 묵시록』, 김명복 역, 서울: 나남출판, 1998, 51-60쪽.

적 관점에서 볼 때 위기 상황의 원인이 되었음을 부인할 수 없습니다. … 특히 근대 서양철학과 사상들은 철두철미하게 인간과 자연의 분리를 가져왔습니다. … 이제 인간은 자기집착에 빠져 자인이 인간과 한몸이라는 엄연한 사실을 망각하고 자멸의 위기에 놓여 있습니다.[26]

여기에서 장일순은 로렌스와 마찬가지로 서구 근대철학이 낳은 인간과 자연의 분리에 주목한다. 양자의 차이가 있다면, 로렌스가 그것을 우주론의 상실로 진단하였다고 한다면 장일순은 그것을 '영(靈)'의 상실에서 찾는다는 점이다.("그 영은 바로 생명이에요."[27]) 여기에서 장일순이 말하는 '영'은 요즘 식으로 말하면 '생태영성'에 해당한다. 그래서 로렌스와 장일순의 진단을 종합해 보면, 근대인은 우주론의 상실로 인해 생태영성을 잃어버렸고, 이것이 오늘날 생태 위기를 낳은 것이다. 따라서 이러한 위기를 극복하기 위해서는 잃어버린 우주론과 생태영성을 회복해야 하는데, 장일순은 그것을 최시형의 생태철학과 지구도덕에서 찾았다.

장일순의 한살림운동은 21세기에 들어서면 종교계와 시민단체를 중심으로 전개된 '생명평화운동'이라는 이름으로 이어진다. 그 대표적인 인물이 도법스님으로, 그의 사상은 『화엄의 길, 생명의 길』(1999)이라는 책의 제목으로부터 알 수 있듯이, 일종의 '생명연기론'이라고 할 수 있다. 모든 생명은 그 물망처럼 하나로 이어져 있다는 것이다. 이것을 시각디자이너 안상수는 '생명평화무늬'로 디자인하였다. 이 무늬에는 다양한 생명들이 하나로 연결되

---

26 장일순, 「생태학의 관점에서 본 예수 탄생」, 『나락 한 알 속의 우주』, 서울: 녹색평론사, 2017(초판 1997), 24쪽.
27 장일순, 「세상 일체가 하나의 관계」, 위의 책, 65쪽.

어 있는 '생명의 다양성과 회통성'이 동시에 표현되어 있다. 한편 2000년에 시작된 생명평화운동은 정치적으로는 2017년의 촛불혁명으로 표출되게 된다. 촛불혁명은 장일순 식으로 말하면 일종의 '보듬는 혁명'이었다.[28]

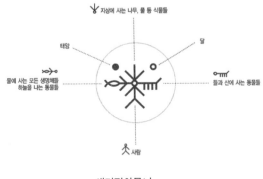

생명평화무늬

VII. 맺음말

최시형의 생태철학적 관점에서 보면, 인간이 태어난다는 것은 천지의 지기(至氣)를 내 안에 모시고 있는 상태이고, 반대로 죽는다는 것은 그 지기가 내 안에서 사라지는 것을 의미한다. 인간이 살아간다는 것은 천지와 만물의 도움에 의해 자신의 생명을 유지하는 상태이고, 인간이 하늘같은 삶을 산다는 것은 자기 안의 하늘은 물론이고 타자 안의 하늘(생명력)도 해치지 않는 양천적(養天的) 삶을 사는 것을 말한다.

---

28 조성환, 「동학의 생태공화주의 - 최시형의 천지부모와 만물동포 사상을 중심으로」, 한중공동동학술대회 "동아시아 농촌발전과 사상이론 포럼"(东亚乡村发展与思想理论座谈会) 발표문, 2019년 12월 15일 북경. 이후에 《개벽신문》90호(2019.12)에 수록.

이와 같이 최시형에게 있어 인간의 삶은 '하늘'이라는 존재를 빼놓고는 단 하나도 설명할 수 없다. 하늘의 도움으로 인간은 살아가고, 인간의 모든 행위는 하늘을 표현하는 것이기 때문이다. 이러한 삶의 방식을 최시형은 천인상여(天人相與), 즉 "하늘과 인간이 서로 함께한다"고 하였다.[29] 파스칼은 『팡세』에서 '신과 함께 하는 행복'과 '신과 함께하지 않는 불행'을 말하였는데, 이 표현을 빌리면 최시형은 '하늘과 함께하는 삶'이야말로 인간다운, 또는 하늘다운 삶이라고 말하고 있는 셈이다.

이것은 최제우 식으로 말하면 '개벽적 삶'이고, 지금으로 말하면 생태적 삶, 생명평화의 삶에 다름 아니다. '개벽'은 일찍이 표영삼이 지적했듯이, '삶의 틀이 바뀌는 것'[30]을 말한다. 개벽적 삶을 산다는 것은 소비적 삶, 인간중심적 삶에서 생태적 삶, 지구중심적 삶으로 삶의 방식을 전환하는 것이다. 지구와 만물에 대해 어떠한 폭력도 행사하지 않는 하늘다운 삶을 사는 것을 의미한다. 그것은 가정이나 지역 또는 국가가 아닌 지구 전체를 공동체로 간주하고, 가정살림, 지역살림, 나라살림을 넘어서 '지구살림'을 궁극의 공익(公益)으로 생각하는 '지구살이'의 삶을 사는 것이다.

20세기의 화두가 '산업화와 민주화'였다면, 21세기의 화두는 단연 '지구위기와 생태 위기'이다. 최시형으로 시작해서 장일순의 한살림운동을 거쳐 생명평화운동으로 이어진 한국 근현대의 생태운동사는 국가공동체에서 지구공동체로, 국민도덕에서 지구도덕으로, 시민윤리에서 생태윤리로의 일대 전환을 시도한 문명 전환 운동이었다.

---

29 『해월신사법설』「천지부모」.
30 표영삼, 『동학1』, 서울: 통나무, 2004.

강증산의 신인조화사상과 상생문명

허남진   원광대학교 원불교사상연구원 연구교수

Ⅰ. 머리말

계몽적 이성이 근대를 이끌어 간 핵심적 주체라는 데 이의를 제기할 사람은 없을 것이다. 계몽적 이성에 기초한 서구 근대성은 인간 이성의 비판적 힘 내지 주체성의 원리를 밝혀 주었고, 인류에게 과학과 산업의 발전으로 인한 물질적 풍요와 함께, 기본적 인권, 개인의 존엄, 자유와 평등을 바탕으로 한 시민사회 발전에 기여했다. 하지만 다른 한편으로는 자본의 독점과 빈부격차, 제국주의와 세계전쟁, 인간소외와 자연파괴 등의 부작용을 초래했다는 것도 사실이다. 이러한 서구적 근대화 과정이 직면하게 된 병리적 현상의 위기적 상황 인식에서 최근 서구 사회에서 동아시아가 하나의 대안으로 떠오르고 있는 사실은, 서구 중심적 근대성 기획이 실패했다는 현실을 반영한 것으로 볼 수 있다. 아울러 신자유주의, 포스트모던, 후기 자본주의, 대항계몽주의 등으로 명명되는 오늘날 '대안'이라는 수식어가 널리 사용되고 있다. 이는 서구 근대성의 문제가 여전히 해결되지 못한 미완의 과제라는 의미이며, 한편으로는 현재 우리가 직면한 당대의 위기를 극복하고 사회변혁과 통합을 이룰 수 있는 대안적 이념이 필요하다는 뜻이기도 하다.

한말 개화기에 중국을 중심으로 구축되어 온 동아시아 문명권의 위축과 물질문명을 앞세운 서구 열강의 동점, 즉 서세동점(西勢東漸)이라는 문명적 충격은 새로운 문명으로의 전환을 촉발하는 동인이 되었다. 조선 사회에서는 이러한 서구에 의해 촉발되고 강요된 서구적 근대에 어떻게 대응해야 하는지를 둘러싸고 척사파, 개화파를 중심으로 논쟁이 전개되었다. 특히 일본 유학생들을 중심으로 문명화 방향을 새롭게 모색하는 움직임이 등장했다. 그들은 새로운 문명을 모색하면서 도덕적 문명론을 제시했지만 여전히 봉건적 성격을 내포하는 등 문제점을 드러내기도 했다.[1]

근대한국 개벽종교[2] 역시 서구 근대문명에 대한 구체적인 대응과 새로운 문명론을 제시하는 등 일정한 흐름으로 이어졌다. 독자적인 깨달음과 시대적 통찰을 바탕으로 새로운 문명을 제시한 것이 개벽종교의 개벽사상이다. 즉 개벽종교는 서구 문명을 통찰하면서 새로운 문명을 기획하고 그에 상응하는 새로운 사상을 창조했다. 그러므로 '개벽'은 새로운 시대를 연다는 문명론으로 다시 읽을 수 있다. 증산(甑山) 강일순(姜一淳, 1871~1909, 이하 증산)은 서구 근대문명이 확산하는 과정에서 당시의 상하 귀천, 남녀차별, 정치 부패, 지배층의 착취와 외세의 침략 등 내외의 사회모순 속에서 신음하던 민중들에게 새 문명의 건설을 선언했다. 증산은 물질 중심주의와 인간소외 등을 비판하고 그러한 병폐들로부터 민중들을 구제하는 제생의세 활동을 전개했고 개벽을 주장했다. 이것은 묵은 하늘을 청산하는 선언이며, 조화와 통합, 생명을 지향하는 새 문명을 민중과 함께 건설하려는 노력의 표출이었다.

지금까지 증산의 개벽사상에 대한 연구는 상당한 진척을 보인다. 기존 연

---

1 노대환, 「1905-1910년 문명론의 전개와 새로운 문명관 모색」, 『유교사상문화연구』 39, 2010, 383쪽.
2 동학 이후 등장한 자생적인 근대 종교운동은 일반적으로 중립적인 개념인 신종교로 지칭한다. 여기서 '개벽종교'는 수운 최제우, 증산 강일순, 소태산 박중빈 등 개벽사상을 공유하는 신종교를 범주화한 용어로 다른 일반 신종교와 구분하기 위해 사용한다.

구의 방향을 크게 나누어 보면 증산의 사상적 내용에 분석, 증산종교의 전개와 성격 등이 주류를 이룬다. 본 논문 역시 그 가운데 증산의 사상에 대한 분석이라고 할 수 있지만, 기존 연구와 차별성을 부여한다면 증산의 개벽사상을 문명사적 관점으로 다시 읽는다는 점이다.[3]

이러한 문제의식 하에, 이 글은 근대한국 개벽종교의 큰 계보를 이루고 있는 증산의 '개벽'을 문명사적 시각으로 분석함으로써 증산이 서구 문명의 만남에서 그것을 어떻게 인식하였고 어떠한 극복의 전망을 제시했는지를 분석하고, 어떠한 문명을 구상했는지를 살펴보는 것이 목적이다. 또한 대표적인 증산종교인 무극도(無極道)·태극도(太極道), 대순진리회의 상생운동을 통해 새 문명을 위한 구체적인 실천운동의 양상을 엿보고자 한다.

---

3 증산의 서구 근대문명 인식과 비판에 대한 연구는 고남식, 「서세동점과 동아시아 사상의 대응논리-강증산의 신도사상을 중심으로」, 『아시아고대학』 49, (2018); 노길명, 「한국 근대 사회변동과 증산종교운동」, 『한국종교』 20 (1995); 노길명, 「'근대'의 충격에 대한 증산의 인식과 대응」, 『증산사상연구』 22 (2000); 황정용, 「동서합덕문명과 증산사상-그 의의와 책임에 대한 소고」, 『증산사상연구』 9 (1983) 등이 있다. 또한 강증산의 개벽사상에 관한 문명사적 시각에서 설명하려 한 시도가 없었던 것은 아니다. 특히 이항령의 「대순종지의 문명사적 의의」(『대순사상논총』 6, 1998), 「대순신조의 문명사적 의의」(『대순사상논총』 12, 2001)는 구체적으로 강증산의 개벽사상의 문명사적 의의를 조명한 대표적인 논문이다. 그는 사고의 대전환이 개벽사상이며, 개체의 대립성과 투쟁성을 강조하는 서구사상에 대하여 모든 것을 종합적으로 보고 그 종합체의 일체성, 협동성을 강조한다는 점에 문명사적 의의가 있다고 보았다. 하지만 기존의 연구들은 증산의 서구문명에 대한 비판을 중심으로 논의하였고, 증산이 지향한 문명이 무엇인지에 대한 논의까지 심화, 확장하지 못했다.

II. 강증산의 서구 '문명' 인식과 '새로운 문명'

1. 강증산의 서구 '문명' 인식

근대한국 개벽사상은 수운(水雲) 최제우(崔濟愚, 1824~1864)에 의해서 시작되었다. 수운은 기존의 사회질서는 그 운이 다했고, 이제 새로운 운수가 펼쳐질 것이라 주장했다. 아울러 무위이화를 강조하면서, 개벽을 향한 인간의 의지와 노력이 강조되는 시천주를 통한 도성덕립(道成德立)을 강조했다. 이러한 수운의 개벽사상은 이돈화를 통해서 인간 중심의 '인문개벽'이라는 측면으로 정신개벽, 민족개벽, 사회개벽의 3대 개벽으로 구체화되었다.[4]

증산에 이르러서는 해원과 상생의 문제가 강하게 부각된다. 증산은 동학농민혁명을 직접 목격하고, 무고한 민중의 희생을 보면서 새로운 차원의 방법을 고민하였다. 증산이 행한 천지공사는 해원과 상생을 통하여 새로운 세계를 평화적인 비폭력의 방법으로 이룩하려는 화민정세(化民靖世) 작업으로 요약된다.

> 또 가라사대 「난을 짓는 사람이 있어야 다스리는 사람이 있나니 치우(蚩尤)가 작란하여 큰 안개를 지었으므로 황제(黃帝)가 지남거(指南車)로써 치란하였도다. 난을 짓는 자나 난을 다스리는 자나 모두 조화로다. 그러므로 최제우(崔濟愚)는 작란한 사람이요 나는 치란하는 사람이니라. 전명숙은 천하에 난을 동케 하였느니라.」[5]

---

4 이돈화, 『신인철학』, 서울: 일신사, 1983 참조.
5 『전경』, 교법 3장 30절.

위의 구절은 증산 자신이 소란을 다스리면서 개벽을 이룰 것이라고 표현한 내용이다. 증산은 "최제우(崔濟愚)에게 제세대도(濟世大道)를 계시하였으되 제우가 능히 유교의 전헌을 넘어 대도의 참뜻을 밝히지 못하였다."는[6] 등 동학으로 시작된 개벽운동의 한계를 지적하면서 새로운 개벽의 방안을 제시했다. 증산은 수운은 '동세(動世)'를 자신은 '정세(靖世)'를 맡았다고 하였으며[化民靖世], 김지하는 이 표현에 개벽을 첨가하여 '동세개벽'과 '정세개벽'으로 수운과 증산의 개벽을 설명하였다.[7]

증산의 '개벽'은 '묵은 하늘'을 혁신하고 인간 생활에서 선천의 도수가 어긋난 것을 바로 잡아 '새로운 하늘'의 질서를 창조하는 것이다. 그래서 증산의 개벽은 삼계의 운행질서를 뜯어고침으로써 선천시대를 끝내고 후천시대 즉 새로운 세계를 여는 작업의 의미가 담겨 있다. 그것은 단순한 개혁이 아닌 하늘과 땅 그리고 인간세계의 운행질서를 근원적으로 뜯어고치는 대전환을 의미한다. 이러한 개벽사상에 기초하여 구체화된 새로운 문명은 상생의 도에 의해 운행되는 사회이고, 인간이 신과 같이 존귀한 존재로 대접받는 인존의 시대로 집약된다. 증산의 천지공사는 다양하게 진행되었는데, 우선 문명과 관련된 공사를 통해 증산이 제시한 새로운 문명에 대해서 살펴보도록 하겠다.

일단 증산은 서구 문명을 이마두가 문운(文運)을 열었고, 문명신에 의해 이룩된 문명으로 보았지만 서구 문명의 세속주의, 물질중심주의 태도에 대해서는 경계해야 하고 거리를 두어야 한다고 맹렬하게 비판한다. 증산은 인

---

6 같은 책, 교운 1장 9절.
7 "촛불정신을 어떻게 계승·확대할 것인가-(김지하의 '촛불을 생각한다') 육임제의 의미와 세 번 숨고 세 번 드러남",《프레시안》2008.8.4.

간의 존엄성과 평등이 보장되는 새로운 문명을 약속하며, 그러한 세계의 도래를 위해서는 과학기술을 포함한 서구 문물(文物)의 수용도 필요한 것으로 인식한다. 하지만 증산은 "서양의 모든 문물은 천국의 모형을 본뜬 것이라 이르시고 그 문명은 물질에 치우쳐서 도리어 인류의 교만을 조장하고 마침내 천리를 흔들고 자연을 정복하려는 데서 모든 죄악을 끊임없이 저질러 신도의 권위를 떨어뜨렸으므로 천도와 인사의 상도가 어겨지고 삼계가 혼란하여 도의 근원이 끊어지게 되니"[8]라고 자신의 강세 이유를 밝히면서 서양문명을 비판한다. 그는 서양의 모든 문물은 천국의 모형을 본뜬 것이지만 물질에 치우친 문명의 폐단으로 '천리를 흔들고', '자연을 정복'하여 '죄악을 저질러', '신도의 권위가 떨어지고', '천도와 인사의 상도가 어겨지고', '삼계가 혼란'하여 '도의 근원이 끊어지게 되니' 등 물질에 치우친 서구 문명의 폐해를 구체적으로 비판한다.

당시 개화파는 서구 근대문명을 문명화의 전범으로 상정하고 과학기술문명을 수용하여 그들처럼 되고자 했기 때문에, 서구 근대문명의 침략성을 비판할 수 있는 준거를 제시하지 못했다. 하지만 증산은 물질에 치우친 현실이 문제였기 때문에 서구 물질 중심 문명에 대한 경계 및 극복과 함께 정신문명의 진작을 통한 물질문명과 정신문명의 조화로 변혁된 문명을 이루고자 하였다.[9] 그래서 그의 천지공사는 물질문명과 정신문명의 조화를 이루어 새로운 문명을 건설하는 것이었다.

주지한 바와 같이, 증산은 서양 문물 자체는 긍정적으로 인식하였다. 비록 그것이 제국주의 세력의 지배 도구로 이용되고 있지만, 민중의 현실적 해방

---

8 『전경』, 교운 1장 9절.
9 고남식, 앞의 글, 213-220쪽.

을 위한 물적 기초로서 의의가 있는 것으로 인식한 것이다. 즉 증산에게 서양의 문물 그 자체는 '천국의 모형'을 본뜬 것이며, 새로운 세상에 살 모든 민중이 노역과 고통을 절감해 줄 수단으로 인식되고 있다.

여기서 주목되는 점은, 서구 문명을 물질 중심 문명으로 인식하는 증산의 문명론이다. 전통 문명의 개념은 성리학이 도입되면서 유학적 의미가 결부되기 시작했으며 조선 시대에 들면서 본격적으로 사용되었다. 하지만 당시 문명 개념은 유학적 교화의 뜻을 내포하고 있었다.[10] 이후 일본의 후쿠자와 유키치(福沢諭吉)에 의해 서양의 'civilization'이 '문명개화'라는 용어로 번역되면서 문명에 대한 인식이 확산되었다. 이러한 1900년대 초반 한국사회의 문명론 전개에서 흥미로운 점은 문명을 물질문명과 정신문명으로 구분하는 논의가 전개되었다는 점이다. 특히 서양문명의 핵심을 물질문명으로 보고 물질의 문명이 부강의 기초로 인식되면서 물질문명의 추구를 촉구하는 논지들이 등장하였다.[11] 이러한 물질 중심의 문명에 대한 반성을 토대로 정신문명의 중요성을 부각하는 논의도 활발하게 진행됐다. 결국, 이 당시 문명론은 문명을 물질과 정신 부문으로 구분할 수 있다는 전제에서 출발한 것이다. 당시 문명은 서구 문명과 같은 개념으로 이해되었지만 구분된 문명 개념에서는 서양문명은 대개 물질적인 것으로 구분하였다. 이상호가 1926년에 집필한 『증산천사공사기』에는 "이로부터 지하신(地下神)이 천상(天上)의 모든 묘법(妙法)을 본밧아네려 지하(地下)에 벳펏나니 서양의 모든 문물은 천국의 모형 쓴 것이니라. 이마두(利瑪竇)가 서양을 개벽하야 천국을 건설하

10 노대환, 『문명』, 서울: 소화, 2010, 51-58쪽.
11 같은 책, 182-183쪽.

라 하되 그 문명은 도로혀 인류의 상잔(相殘)을 조장케 되니라."[12]로 기술되어 있었지만, 1929년에 발간된 『대순전경』 초판부터 "이 문명은 다만 물질과 사리(事理)에 기예(技藝)를 정극(精極)하엿슬쌘이오"[13]로 표현되는데, 이는 당시의 문명비판론과 그 궤를 같이하고 있음을 확인할 수 있다. 그렇다면 증산이 지향한 새로운 문명은 무엇인가?

> 천(天)이 이기예(以技藝)로 여서인(與西人)하여 이복성인지역(以福聖人之役)하고 천(天)이 이조화(以造化)로 여오도(與吾道)하여 이제서인지악(以制西人之惡)이니라.[14]

위의 구절에서 확인할 수 있듯이, 서양은 물질문명으로 무기를 만들어 성인의 뜻을 실현하고자 하는 동양을 정복하였지만, 증산은 조화(造化)의 도로 서양문명의 악폐를 제압하겠다는 것이다. 여기서 서양문명은 기예(技藝)로 표현되고 동양의 문명은 조화(造化)로 특징짓는다. 즉 물질문명 자체를 거부한 것이 아니라 그것을 제어하고 운용하여야 할 정신적인 부분을 조화롭게 하여 그 폐해를 제압하겠다는 것이다.

---

12 『증산천사공사기』 (서울: 상생사, 1926), 10쪽.
13 『대순전경』 초판 (서울: 동화교회도장, 1929), 9장 11절.
14 『대순전경』 6판 (서울: 동도교증산교회 본부, 1965), 6장 160절.

2. 강증산의 '새로운 문명'

1) 조화문명(調和文明)

증산의 서양 물질 중심 문명에 대한 비판은 물질주의적 가치에의 경도와 도구적 자연관 그리고 인간 중심주의적 세계관에 있다. 증산은 문명의 결함을 상극의 법칙에 지배된 인간 마음과 무도(無道)로 보았다. 그래서 새 문명의 모델로 이기적인 배타성을 공동체적 협동으로, 공격적 지배성을 조화로, 타자와의 갈등을 평화적 공존으로 전환하기 위해서 마음을 닦고, 도를 이룰 것을 당부한다.

구체적으로 증산이 건설하고자 한 새로운 세계는 '도를 이루고', '덕을 세우는' 도성덕립(道成德立)의 문명이며, 그 세계에서의 상등국은 경제력이나 군사력으로 평가되지 않고 도성덕립의 가치로 평가된다는 것이다. 그래서 조선을 상등국으로 만들기 위해서는 도덕군자가 동원되어야 한다고 주장한다.[15] 증산은 큰 병은 무도(無道)에서 나오며, 큰 병의 약은 안심(安心)과 안신(安身)이라고 보고, 충(忠), 효(孝), 열(烈)이 없어진 세상이 병들어 있다고 보았다.[16] 요약하면, 도가 세워져야 모든 질서와 체계가 정립되고 충·효·열이 바로 잡혀야 인간과 신명이 안락한 삶을 누릴 수 있다는 것이다.

> 다른 사람이 만든 것을 따라서 행할 것이 아니라 새롭게 만들어야 하느니라.…그러므로 우리는 개벽하여야 하나니 대개 나의 공사는 옛날에도 지금

---

15 김형기, 「후천개벽사상에서의 제국주의 인식」, 『동아시아문화연구』 35, 2001, 213-214쪽.
16 『전경』, 행록 5장 38절.

도 없으며 남의 것을 계승함도 아니요 운수에 있는 일도 아니요 오직 내가 지어 만드는 것이니라.[17]

중산은 당시 서구 과학기술을 수용하고 도는 전통사상을 그대로 지켜야 한다고 주장하는 동도서기론의 입장이 아닌, 선천의 도가 아닌 조화와 상생을 지향하는 새로운 도의 창조의 필요성을 주장한다. 특히 중산은 유교에 대해 '부유(腐儒)'라고 하였으며,[18] '유교의 폐습'[19], '서교는 신명 박대가 심하여'[20]로 표현하는 등 당시의 종교를 비판한다.[21] 또한 "묵은 하늘은 사람을 죽이는 공사만 보고 있었도다.",[22] "이 세상에 전하여 오는 모든 허례는 묵은 하늘이 그릇되게 꾸민 것이니"[23]에서 '묵은 하늘[묵은 세상]'에 대한 부정적 평가를 명시했다. 결국 중산의 '개벽'은 새로운 도로 새 질서를 이루는 작업인 것이다. 그러므로 남의 것을 계승함[述]이 아닌 선천의 도수를 뜯어고치고 새로운 도의 창조[作] 즉 후천 도덕으로의 전환을 주장하고 있는 것으로 그가 제시한 새로운 도는 광제창생을 위한 '상생(相生)의 도(道)'이다.

중산이 제시한 도는 기존 전통사상뿐만 아니라 서구 사상까지 궁극적 가치들을 두루 조화하여 통섭(統攝)한 개념이다.[24] 중산은 당시 사회의 판도가 넓어지고 일이 복잡하게 된 오늘날은 각 종교의 진액을 걷어 모아 새롭게 통일시키지 않고서는 당시의 문제를 해결할 수 없다고 인식한다. 따라서 이러

17 같은 책, 공사 1장 2절.
18 같은 책, 교운 1장 6절.
19 같은 책, 교운 1장 9절.
20 같은 책, 교운 1장 66절.
21 같은 책, 교운 1장 17절.
22 같은 책, 공사 1장 11절.
23 같은 책, 교법 1장 18절.
24 최치봉, 「대순사상에 나타나는 조화사상(調和思想)」, 『대순회보』 164, 2014.

한 상황에서 증산의 천지공사는 신명계, 인간계, 자연계 즉 삼계의 기존 운행 질서를 새롭게 개편하는 작업으로 성인들이 만든[作] 문화를 나름대로 정리하고 새롭게 재창조[作]했다. 증산은 당시의 모든 사상과 문화의 진액을 뽑아 새 문명을 건설하자고 외쳤으며, 새 세상을 이루기 위해 전통사상의 창조적 통합을 강조한 것이다. 증산의 이러한 창조적 통합의 목적은 새 문명의 건설에 있는 것이며, 천지공사는 상극의 도에 갇혀 살아 온 생명의 원과 한을 풀고 인류의 생명 살림의 길로 인도한 종교적 행위이다.

세계의 모든 족속들은 각기 자기들의 생활 경험의 전승(傳承)에 따라 특수한 사상을 토대로 색다른 문화를 이룩하였으되 그것을 발휘하게 되자 마침내 큰 시비가 일어났도다. 그러므로 상제께서 이제 민족들의 제각기 문화의 정수를 걷어 후천에 이룩할 문명의 기초를 정하셨도다.[25]

상제께서 모든 도통신과 문명신을 거느리고 각 민족들 사이에 나타난 여러 갈래 문화(文化)의 정수(精髓)를 뽑아 통일하시고 물샐틈 없이 도수를 짜 놓으시니라.[26]

위의 구절에서 증산은 문화는 다른 환경 속에서 전승된 사상을 토대로 이룩된 것이며, 각각의 사상들이 지역적 경계를 허물어지게 되어 대립과 갈등이 일어났기 때문에 이를 극복하기 위해서는 각 문화의 정수를 걷어 조화(調和)시켜 통일된 사상과 가치관을 새 문명의 기초로 이룩해야 한다고 주장한

---

25 『전경』, 교운 3장 23절.
26 같은 책, 예시 12절.

다. 이러한 새 문명의 기초를 통해 '조화문명'을 건설하고자 한 것이다. 조화문명은 서양과 동양, 사람과 자연, 사상과 사상, 문화와 문화, 종교와 종교의 칸막이를 뛰어넘어 전 인류가 하나로 사는 상생 문명으로 해석될 수 있다.

상제께서 가라사대 「지기가 통일되지 못함으로 인하여 그 속에서 살고 있는 인류는 제각기 사상이 엇갈려 제각기 생각하여 반목 쟁투하느니라. 이를 없애려면 해원으로써 만고의 신명을 조화하고 천지의 도수를 조정하여야 하고 이것이 이룩되면 천지는 개벽되고 선경이 세워지리라」 하셨도다.[27]

상제께서 각처에서 정기를 뽑는 공사를 행하셨도다. 강산 정기를 뽑아 합치시려고 부모산(父母山)의 정기부터 공사를 보셨도다. 「부모산은 전주 모악산(母岳山)과 순창(淳昌) 회문산(回文山)이니라. 회문산에 이십사(二十四) 혈이 있고 그중에 오선위기형(五仙圍碁形)이 있고 기변(碁變)은 당요(唐堯)가 창작하여 단주를 가르친 것이므로 단주의 해원은 오선위기로부터 대운이 열려 돌아날지니라. 다음에 네 명당(明堂)의 정기를 종합하여야 하니라. 네 명당은 순창 회문산(淳昌回文山)의 오선위기형과 무안(務安) 승달산(僧達山)의 호승예불형(胡僧禮佛形)과 장성(長城) 손룡(巽龍)의 선녀직금형(仙女織錦形)과 태인(泰仁) 배례밭(拜禮田)의 군신봉조형(群臣奉詔形)이니라. 그리고 부안 변산에 이십사(二十四) 혈이 있으니 이것은 회문산의 혈수의 상대가 되며 해변에 있어 해왕(海王)의 도수에 응하느니라. 회문산은 산군(山君), 변산은

27 같은 책, 공사 3장 5절.

해왕(海王)이니라」하시고 상제께서 그 정기를 뽑으셨도다.[28]

증산은 이러한 조화문명 건설을 위해 지운(地運) 통일의 필요성도 주장한다. 김탁은 증산의 정기를 뽑는 공사를, 모악산과 회문산을 중심으로 명당 기운을 합치고 천하의 기운을 합치고 천하의 산하 대운을 모으는 천지공사로 해석한다. 각 나라나 민족은 그 고유의 근거지를 중심으로 문화를 발전시켜 왔는데, 각기 다른 지역에서 성장한 문화가 만나면서 갈등이 발생하여 상극의 극한 상황에 도달했다고 판단하고, 이를 근원적으로 해결하기 위해서는 각 지역의 지운을 통일하고 조화시켜야 한다고 본 것이다. 그 방법은 천지공사를 통해 천하의 모든 지역이 하나가 되고, 언어 및 풍속이 하나가되어 민족과 지역의 차별이 없어지는 것이라고 하였다.[29]

이상과 같이 증산은 인간이 서로 분쟁을 하는 이유는 서로 다른 문화적 차이를 인정하지 못하고, 자기의 입장에서 시비를 가리는 데 있다는 점을 분명히 하고 여러 문화를 조화시키는 조화문명을 주장하였다.

2) 신인공화(神人共和)문명[30]

증산의 개벽은 물질과 정신의 균형을 위한 신도(神道)의 회복[31]이었으며,

---

28 같은 책, 공사 3장 6절.
29 김탁,「증산교 상생사상의 특성과 전개과정」,『신종교연구』 13, 2005, 272-273쪽.
30 조성환은 공화(共和) 개념은 조선 주자학의 공공(公共) 개념의 개벽과 버전이라고 주장하면서, 천도교의 천인공화(天人共和)는 "하늘(天)과 함께하여 모두가 어우러지는(和) 것'이라고 하였다. 조성환·이병한,『개벽파선언』, 서울:모시는사람들, 2019, 239-240쪽.
31 조남식은 "증산이 지향한 문명을 '신도적(神道)적 문명'토대로 정신문명과 물질문명의 조화(調和)로 해석했다. 그는 신도의 회복은 인(仁)과 의(義)를 통한 도덕성 회복으로부터 이루어지는 것이며, 이 인의가 인간적 차원만이 아닌 신계와의 상관성 속에서 정립된다고 설명한다. 즉 신도적 문명을 신인상통(神人相通)의 차원'으로 해석한다. 결국 신도

그가 지향한 문명 역시 신과 인간의 공동주체에 의해 건설해 가는 문명이다. 증산은 신명보다 인간을 더 높여 인간이 신명을 통제하고 지배하며 인간에게 봉사하도록 신명공사를 했는데, 이는 인본사상을 종교적으로 승화시켜 인간의 존엄성이 중시되는 시대의 도래를 주장한 것이다. 하지만 증산이 제시한 이상적 인간은 도통군자이다.[32] 증산은 "도통은 이후 각기 닦은 바에 따라 열리리라.",[33] "나는 마음을 닦은 바에 따라 누구에게나 마음을 밝혀 주리니",[34] "내가 도통줄을 대두목에게 보내리라. 도통하는 방법만 일러주면 되려니와 도통 될 때에는 유불선의 도통신들이 모두 모여 각자가 심신으로 닦은 바에 따라 도에 통하게 하느니라."[35] 등과 같이 도통은 신과 인간의 관계 속에서 이루어지는 인간의 노력에 의해서만이 아니라 도통신과 관련 속에서 도통이 이루어짐을 제시한다.

선천에는 모사(謀事)가 재인(在人)하고 성사(成事)는 재천(在天)이라 하였으되 이제는 모사는 재천하고 성사는 재인이니라.

"모사는 재천하고 성사는 재인이니라."의 의미는 무엇인가? 증산에게 신과 인간은 독립적 존재가 아니라 상호 영향을 미치는 관계이다. 따라서 신은 직접적으로 인간의 일에 관여할 수 없고, 신은 인간과의 협력에 의해서만

적 문명론은 신도의 원리로 도덕적 풍요를 지닌 인간이 새 시운(時運)을 만나 물질문명의 풍요로움을 누리게 되는 사회가 이루어져야 한다는 변혁적 논리가 담겨 있다. 고남식, 앞의 논문, 232-236쪽.

32 고남식, 「최수운과 강증산의 도가적 요소 비교」, 『도교문화연구』 49, 2018, 172쪽.
33 『전경』, 교운 1장 33절.
34 같은 책, 교운 1장 34절.
35 같은 책, 교운 1장 41절.

자신의 능력을 발휘할 수 있다는 것이다. 신명들이 어떠한 일을 계획하더라도[謀事] 인간과 함께할 때에만 그 뜻을 이룰 수 있다는 것[成事]이다. 또한 모사(謀事)를 천이 주관한다는 의미는 묵은 하늘이 아닌 새 하늘의 이치[天理]를 근본으로 삼고 모사를 해야 성사(成事)된다는 것이다. 다시 말해 성사의 능력이 인간에게 주어졌지만 인간은 기본적으로 천리의 도에 맞는 행동과 마음이 선행해야 함을 전제한다. 그러나 일대 전환의 필연적 요청에 주저하지 않고 참여할 수 있는 인간의 창조적 의지를 함축하고 있다.[36] 이는 인간혼을 일깨우려는 종교적 가르침으로서, 증산은 민(民)을 새 문명 건설의 주체로 자리매김하는 것이다. 그렇기 때문에 증산의 천지공사는 새 세상을 열기 위한 기반을 구축하는 것이고 그 새 세상을 건설하는 것은 주체로서의 인간에 달려 있는 것이다.

그러므로 증산이 제시한 새 문명은 신과 인간의 조화로운 관계, 즉 신과 인간의 합일적인 관계 속에서 설명된다.[37] 현재 대순진리회에서는 인존을 '신인조화(神人調化)'로 표현하는데, 인존이란 천지인 삼계의 우주적 관점에서 신인조화를 통해 주체적인 역할을 담당하는 존재가 된다는 의미이다. 신인조화는 '신과 인간의 합일[신인합일(神人合一)]', '신과 인간이 함께 이루어 나간다[신인공화(神人共和)]'라는 의미가 있다.[38] 신인조화(神人調化)에서의 '조화(調化)'는 조화(調和: 서로 잘 어울리게 함)와 조화(造化: 만물을 창조하고 기르는 대자연의 이치)의 합성어로, 만물을 조화(造化)시키는 이치 또는 그 이치를 주관하는 신(神)적 존재와 어울려 만물을 주관한다는 뜻으로 해석된다. 그

36 류병덕,「민족적 민중종교의 향방」,『증산사상연구』13, 1987, 273쪽.
37 이경원,「강증산의 신종교적 영성과 도덕적 비전」,『신종교연구』21, 2009, 196쪽.
38 노길명,「대순사상의 신인조화와 사회변혁」,『대순진리학논총』3, 2008, 94쪽.

리고 그 조화(調化)의 정점은 사상적인 조화를 넘어서 신과 인간과의 조화가 핵심이다. 결국, 증산의 새 문명은 신과 인간이 함께 만들어가는 세계인 것이다.[39]

바로 이 점에서 신인공화(神人共和) 사상이 나온다. 신인공화에서 '공화(共和)는 함께 어우러진다'는 의미이다. 구체적으로는 사람이 하는 일이 곧 하늘(신)의 뜻이고, 하늘(신)이 하는 일이 인간의 뜻이라는 의미이지만 사람은 천도를 알고 천도의 도수에 따라 행동해야 한다는 것이다. 결국, 하늘(신)의 뜻을 깨달아 그것을 실천하는 사람은 하늘(신)의 용인(用人)으로서 성사재인이 된다는 원리이다.

위와 관련하여 증산은 교정일치(教政一致) 문명을 지향한다. 증산의 "옛적에 신성(神聖)이 입극(立極)하여 성·웅(聖雄)을 겸비해 정치와 교화를 통제관장(統制管掌)하였으되, 중고 이래로 성과 웅이 바탕을 달리하여 정치와 교화가 갈렸으므로 마침내 여러 가지로 분파되어 진법(眞法)을 보지 못하게 되었느니라. 이제 원시반본(原始返本)이 되어 군사위(君師位)가 한 갈래로 되리라."[40] 표면적인 내용은 서구 근대의 정치와 교화의 분리에 대한 비판으로 해석될 수 있지만, 재민혁세(災民革世)하는 웅패의 현실을 비판하는 것이다. 이에 대해 증산은 "마음은 성인의 바탕으로 닦고 일은 영웅의 도략을 취하여야 되느니라."[41]처럼 성웅의 겸비를 주장한다. 증산에게 요순(堯舜)은 성인의 마음과 영웅의 도략을 겸비해서 정치와 교화 모두를 행한 존재로 인식된다. 즉 성과 웅은 체용관계로 어느 한 가지로서는 원하는 목적을 달성할 수

---

39 최치봉, 앞의 글; 대순진리회 교무부, 「신인조화 인존의 실현」, 『대순회보』 66, 2007.
40 『전경』, 교법 3장 25절.
41 같은 책, 교법 1장 23절.

없다는 것이다.[42] 따라서 성웅 겸비는 증산의 이상적 인간상의 제시로 볼 수 있지만, '위세나 형벌' 대신 '조화'로 세상을 통제하고 관장하는 문명을 제시하는 것으로 볼 수 있다. 다시 말해 생명을 구제하고 세상을 치유하는 성인의 정치[濟生醫世]로 다스리는 성인시대, 즉 '성인문명(聖人文明)'으로 해석할 수 있다.[43]

III. 강증산의 상생문명

1. 강증산의 '상생'

증산이 행한 천지공사의 목적은 선천의 상극지리(相克之理)의 모순과 갈등을 풀어내어 후천을 상생지리(相生之理)로 개벽하여 새 문명을 건설하는 데 있다.[44] 그러므로 증산의 천지공사는 선천의 사회적 모순이 만연한 낡은 질서를 개벽하고 상생과 조화의 새로운 세계질서를 만들기 위한 종교적 행위였다. 천지공사는 삼계를 아우르는 공사라는 점에서 삼계가 분리되어 있지 않다는 유기체적 관점을 전제하고 있다.[45] 상극과 그로 인해 발생한 원(冤)을 세상이 혼란하게 된 근본 원인으로 파악한 증산의 핵심 과제는 원(冤)을 풀어내고 상생을 구현하여 개벽을 실현하는 것이었다.

---

42 이은희·이경원, 「대순사상의 요순관」, 『대순사상논총』 31, 2018, 104-106쪽.
43 같은 글, 107-110쪽.
44 김탁은 증산의 상생을 화합, 일치, 화해, 용서, 통일, 포용, 공생, 조화, 평등, 협동, 행복, 만족, 평화, 살림으로 비유한다. 김탁, 앞의 글, 258쪽.
45 이종란, 「증산사상의 철학적 특징」, 『인문학연구』 54, 2017, 36쪽.

제생의세(濟生醫世)는 성인의 도요 재민혁세(災民革世)는 웅패의 술이라. 벌써 천하가 웅패가 끼친 괴로움을 받은 지 오래되었도다. 그러므로 이제 내가 상생(相生)의 도로써 화민정세하리라. 너는 이제부터 마음을 바로 잡으라. 대인을 공부하는 자는 항상 호생의 덕을 쌓아야 하느니라. 어찌 억조 창생을 죽이고 살기를 바라는 것이 합당하리오.[46]

위의 구절에서 증산은 웅패의 술로 인해 발생된 현실을 애석하게 여기면서 상생의 도로 화민정세(化民靖世)하는 것이 개벽이며, 마음을 바로 잡아 남 살리는[好生] 덕을 쌓을 것을 강조한다. 따라서 증산이 주장하는 새 문명은 '살림'이 중심이 되는 새 세상이다. 증산은 상생을 '남 잘되게 하는 것' 즉 "우리의 일은 남을 잘 되게 하는 공부이니라. 남이 잘 되고 남은 것만 차지하여도 되나니 전 명숙이 거사할 때에 상놈을 양반으로 만들고 천인(賤人)을 귀하게 만들어 주려는 마음을 두었으므로 죽어서 잘 되어 조선 명부가 되었느니라."[47]라고 명확히 밝히고 있다. 증산이 제자들에게 자신의 가르침을 '남 잘되게 하는 공부'라고 강조하고, "대인을 공부하는 자는 항상 호생의 덕을 쌓아야 한다."는 증산의 말은 상생의 기본적인 이념이 '살림'에 있음을 말해 준다. 여기서 상생은 천리(天理)와 인사(人事)가 합치되는 원리로서 남 잘되게 하는 것이 바로 내가 잘되는 즉 봉공(奉公), 이타의 협동 원리인 것이다.[48] 증산은 마음을 잘 고치고, 홀로 잘되기를 도모하는 것이 아니라 남을 살리는 이타적인 마음을 강조한다는 점에서 상생은 이타적 생활을 요구하는 새 생

---

46 『전경』, 교운 1장 16절.
47 같은 책, 교법 1장 2절.
48 홍범초, 『증산교개설』, 서울: 창문각, 1982, 100-101쪽.

활의 윤리인 것이다. 이처럼 증산이 제시한 새 문명은 서로 살리고 협동하여 원한을 풀어 버리는 상생의 시대이다.

증산은 "속담에 「무척 잘 산다」 이르나니 이는 척이 없어야 잘 된다는 말이라. 남에게 억울한 원한을 짓지 말라. 이것이 척이 되어 보복하나니라. 또 남을 미워하지 말라. 사람은 몰라도 신명은 먼저 알고 척이 되어 갚나니라.",[49] "마음과 입과 뜻으로부터 일어나는 모든 죄를 조심하고 남에게 척을 짓지 말라.",[50] "이제 말세를 당하여 앞으로 무극대운(無極大運)이 열리나니 모든 일에 조심하여 남에게 척을 짓지 말고 죄를 멀리하여 순결한 마음으로 천지 공정(天地公庭)에 참여하라."[51] 등과 같이 척을 짓지 말라고 강조한다. 증산은 '남 살리기'를 실천하기 위해서는 먼저 원한을 풀어야 하고, 원한을 풀기 위해서는 상대를 사랑해야 하고, 내가 입은 작은 은혜라도 갚아야 한다고 주장한다. 이는 새 문명을 건설하기 위한 해원과 상생, 보은이라는 실천 방안의 제시이다.[52] 따라서 해원과 상생은 불가분의 관계가 된다.

2. 대순진리회의 상생문명운동

대순진리회에 따르면, 정산(鼎山) 조철제(趙哲濟, 1895~1958, 이하 정산)는 증산을 생전에 한 번도 만난 적은 없었지만, 종교체험을 통해 증산에게 종통계승의 계시를 받고 만주에서 귀국하여 1925년에 전북 구태인(舊泰仁) 도창현(道昌峴)에 도장을 세우고 태극도(太極道)의 전신인 무극도(無極道)를 창도하

---

49 『전경』, 교법 2장 44절.
50 같은 책, 교법 3장 4절.
51 같은 책, 예시 17절.
52 김탁, 앞의 논문, 284-285쪽.

였다. 정산은 무극도를 창도하고 아래와 같이 주요 교리를 선포하였다.

종지(宗旨)

음양합덕 · 신인조화 · 해원상생 · 도통진경

(陰陽合德 神人調化 解冤相生 道通眞境)

신조(信條)

사강령(四綱領)…안심(安心) · 안신(安身) · 경천(敬天) · 수도(修道)

삼요체(三要諦)…성(誠) · 경(敬) · 신(信)

목적(目的)

무자기(無自欺) 정신개벽(精神開闢)

지상신선실현(地上神仙實現) 인간개조(人間改造)

지상천국건설(地上天國建設) 세계개벽(世界開闢)[53]

무극도의 교리개요를 담고 있는 위의 내용은 새 문명 건설의 이념과 실천 방법론 등 새 문명의 방향이 제시되어 있다. 이러한 새 문명의 방향성을 기초로 해서 정산은 당시 도장 주변의 땅을 개간하여 본부 직영으로 경작하여 그 수확으로 경비와 식량을 자급하게 하였고, 자급자족적 공동체 운동을 전개했다.[54] 무극도에서 주목되는 운동은 진업단(進業團) 활동이다. 정산의 사회적 문제에 대응하는 상생운동은 바로 민중 구제를 위한 진업단의 활동에

---

53 『전경』, 교운 2장 32절.
54 종단역사연구팀, 「무극도 진업단과 개간지」, 『대순회보』 178, 40-47쪽 참조.

서 확인되기 때문이다. 하지만 경전에는 진업단의 창설과 활동에 대해 간략하게만 서술되어 있어 진업단의 생생한 면모를 파악하기는 어렵다. 따라서 종단의 현지조사 자료와 경전에 나와 있는 내용을 참고로 하여 상생운동으로서 진업단의 의의를 읽어 보고자 한다.[55]

『전경』에 따르면, 1925년경 정산은 진업단을 조직하였는데, 주요 목적은 빈곤한 신도들이 노동생활을 통해 안심(安心)을 구하고, 생활의 안정을 얻어 수도의 목적을 달성하게 하고 제민(濟民)하는 데 있었다. 이러한 목적으로 조직된 진업단은 개간사업, 수리사업, 삼림벌채, 광산채굴 등 여러 가지 사업에 신도들을 알선(斡旋) 종사케 하였다.[56] 이러한 사실만 보더라도 정산의 진업단 창설의 목적은 산업을 장려하고 교인의 생활 안정을 통한 교단의 경제적 기초 마련, 그리고 민중 구제라는 분명한 목적이 있었다는 것을 확인할 수 있으며, 이를 위한 구체적 방법이 수리, 황무지 개간과 간석지 개척인 것이다.[57]

이후 진행된 안면도와 원산도 지역에서의 간석지 개척은 정산의 대표적

---

55 진업단은 『전경』(1974), 『진경』(1989), 『조정산 전기』(1992), 『증산교사』(1977), 『조선의 유사종교』(1935), 《경성일보》(1936.7.16.), 《동아일보》(1936.1.18.)에 기술되어 있으나 가장 구체적으로 서술된 자료는 태극도에서 발간한 『진경』이다. 하지만 『진경』의 서술보다는 전경이 더 빠른 기록이므로 『전경』을 중심으로 논의를 전개하고자 한다. 『진경』에는 진업단이 1928년에 조직된 것으로 기록되어 있지만, 『전경』에는 이미 1925년에 그 초기적 형태가 존재했다는 추측을 가능하게 하는 내용이 있다.

56 무라야마 지쥰(村山智順), 『조선의 유사종교』, 최길성 · 장성언 옮김, 대구: 계명대학교 출판부, 1991, 271쪽; 『전경』, 교운 2장 35절 참조.

57 1930년 봄에는 각처의 진업단을 불러 두 개의 단으로 나눈 다음 1개 단 3백여 명을 함경북도 무산으로 보내고 1개 단 2백여 명은 북만주 모란강 근처의 삼림으로 보내어 벌채에 종사하게 하여 많은 실적을 올리게 된다. 1932년에 정산은 교단 자금으로 금광 70여 구를 출원하여 전주군 이서면 사금광과 충북 음성군 무극광산을 채굴하기도 했다. 이러한 진업단 활동을 통해서 무극도는 교단의 경제적 능력을 향상시켰고, 황무지 개간과 간석지 개척을 위한 기본 자금을 축적하게 된다. 『진경』, 3장 99절 · 105절 · 113절.

인 상생운동이다. 정산은 토지를 해원하고 제민(濟民)하고자 안면도와 원산도 두 섬에 간석지를 개척하기 시작한다. 간석지 개척에는 진업단과 당시 현금 2만 원, 구태인 일대의 개간지에서 얻어진 곡물 3백 석이 지원되었다. 1932년에 그동안 진행된 측량과 설계를 바탕으로 충남 안면도와 원산도의 간석지 간척사업을 착공했고, 안면도의 이십만 평의 농지와 원산도의 염전을 통해 민중을 구제하게 된다. 이러한 진업단 활동은 『태안군지』와 『안면도지』에서도 확인된다. 일제강점기 이후 안면도 창기리는 대대적인 간척사업이 이루어졌는데, 그 대표적인 곳이 바로 창기 4리 '쌀개'라는 곳이다. 이 마을은 야산을 개척하면서 안면도 3대 간척지의 하나로 만들어졌고, 이곳에서 많은 쌀을 생산하였기 때문에 쌀개, 미개, 미포로 불렀다고 한다.[58]

그렇다면 진업단 활동은 어떠한 이념적 관점으로 이해될 수 있을까? 증산이 제시한 '남 잘되게 하기'라는 상생 이념의 실천으로 해석할 수 있지만 다음의 구절을 통해서도 진업단 활동의 이념을 찾을 수 있다.

이해 가을 어느 날 상제께서 안내성에게 이르시기를 「너는 부지런히 농사에 힘쓰고 밖으론 공사를 받드는 것을 게을리 하지 말라. 안으론 선령의 향화와 봉친 육영을 독실히 하여 내가 돌아오기를 기다리라」 하시도다.[59]

위의 구절에서 확인할 수 있듯이, 증산이 제시한 "부지런히 농사에 힘쓰고 밖으론 공사를 받드는 것을 게을리 하지 말라."는 것은 '진업(進業)'의 의미를

---

58 태안군지편찬위원회, 『태안군지 5권 지명과 마을이야기』, 충남: 태안군청, 2012, 345쪽.
59 『전경』, 행록 4장 44절.

담고 있으며, 진업을 통해 사회에 봉공할 것을 제시하고 있는 것이다.[60] 그러므로 진업단 활동은 단원들에게 일자리를 만들어 주는 성격도 있지만, 사회적 봉공의 의미가 담겨 있다. 한편 증산은 인간의 평등을 강조하면서 모든 직업은 귀천이 없이 존중되어야 한다는 직업관을 제시하기도 했으며, "글도 않고 일도 않는 자는 사농공상(士農工商)에 벗어난 자이니 쓸 데가 없느니라."[61] "선천에 안락을 누리는 자는 후천에 복을 받지 못하리니 고생을 복으로 알고 잘 받으라."고[62] 교훈하면서 노동의 중요성을 강조했다. 이러한 증산의 가르침은 현실의 경제활동에 적극적으로 참여하게 만드는 요소로 작용했을 것이다.

정산은 1948년 부산 보수동(寶水洞)에 도장을 건설하고 1950년 교명을 '태극도(太極道)'로 개칭하였다.

한국전쟁 이후, 1955년 신도가 급증하자 부산 감천동(甘川洞)으로 이전하였다. 이때부터 태극도는 상생운동의 하나로 교육 사업, 구호 자선사업, 의료사업 등 다방면으로 제생의세를 실천한다. 사회교육사업으로 천덕공민학교 운영을 보조하였으며, 구호 자선사업은 병원주택건립, 주택보조, 도로포장, 하수구시설, 위생분뇨시설, 공동우물 보조, 문화계몽 보조 등으로 확인된다.[63] 1963년 6월 12일부터 시행된 사회단체등록령에 따라 태극도를 종교

---

60 『전경』에서는 공사로 표현되어 있지만 『대순전경』에는 봉공으로 표현되어 있다. 증산은 공사라는 용어를 공적인 일에 주로 사용하였고 천지공사라는 용어도 여기에서 기원한다. 『전경』의 이 구절에서의 공사는 『대순전경』의 봉공의 의미로 해석해야 그 뜻이 명확해진다. 『대순전경』 6판, 3장 54절, "안내성에게 일러 가라사대 농사를 힘써 밖으로 봉공의무(奉公義務)와 안으로 선령제사(先靈祭祀)와 제가양육(齊家養育)의 일을 힘써 몸을 잘 닦을지어다 하시니라."
61 『전경』, 교법 1장 61절.
62 『대순전경』 6판, 6장 36절.
63 『태극도월보』 2 (1967), 14쪽.

단체로 등록하면서 태극도『도헌』과 규정(規定)을 제정했고, 그 해 10월 20일에 태극도를 재단법인으로 인가받았다. 1966년『태극도 안내서』에서 당시 구호사업으로 작은 규모였지만 (準)구호의원인 감천의원을 운영했음을 확인할 수 있다.[64] 특히 감천의원은 환자들에게 약값하고 실비만 받으면서 운영되었다. 1966년 당시 진료비 미수금이 십만여 원이었으며, 감천의원을 무료 종합병원으로 운영해 보자는 홍보문은[65] 당시 의료사업 역시 상생 또는 제생의세 실천의 일환이라는 것을 확인할 수 있다.

> 남을 잘되게 함은 상생대도(相生大道)의 기본원리(基本原理)요 구제창생(救濟蒼生)의 근본이념(根本理念)이라. 남을 위해서는 수고(手苦)를 아끼지 말고, 성사(成事)에는 타인(他人)과의 힘을 합(合)하여야 된다는 정신(精神)을 가져 협동생활(協同生活)에 일치(一致) 협력(協力)이 되게 하라.[66]

대순진리회는 우당 박한경의 종통 계승의 흐름에서 1969년에 창설되었고, '해원상생'을 사회적 이념으로 설정하였다. 이러한 사회적 이념을 토대로 1972년 종단의 3대 사업으로 구호자선사업, 사회복지사업, 교육사업을 정하고 '상생운동'이라는 슬로건으로 구제창생을 사회적으로 실천하고 있다.[67] 특히『대순진리회요람』에서 제시된 '남을 잘되게 하라'의 내용은 상생대도, 구제창생, 협력으로서 구체화하였다. 따라서 '남을 잘되게 하라'에 담겨 있는 이념은 상생, 살림[창생], 공존, 협력으로 확장되고 있고, 증산이 제시

64 『태극도 안내서』, 1966, 12쪽.
65 『태극도월보』 2, 1967, 16쪽.
66 『대순진리회요람』, 20쪽.
67 『대순지침』, 99쪽.

한 '봉공의무'의 실천을 중시한다고 볼 수 있다.

IV. 맺음말

지금까지 증산의 개벽과 서구 근대문명에 대한 인식을 바탕으로 증산이 지향한 새 문명에 대해서 살펴보았다. 증산은 하늘, 땅, 인간세계라는 삼계의 질서나 변화는 일정한 법칙에 따라 전개되는 것으로 보고, 이를 천지도수 혹은 운도라 지칭했다. 이와 같은 운도에 따라 지금까지의 과정은 '선천'으로, 앞으로 전개될 세계를 '후천'으로 구분했고, 당시를 선천과 후천이 교역하는 개벽의 시기로 보았다. 그는 운도의 조정을 '개벽'이라고 정의하고, 자신에 의해 이루어지는 운도의 조정 작업을 '천지공사'라고 했다. 따라서 증산의 개벽은 삼계의 운행 질서를 뜯어고침으로써 선천시대를 끝내고 후천시대 즉 새로운 세상을 건설하는 작업이었다. 증산의 개벽에 담겨 있는 새문명은 이성 중심의 서구 문명화가 아니었다. 그는 묵은 하늘을 개벽하고 새로운 도를 통해 서구와 다른 새로운 문명을 지향했다. 그는 민중의 세상을 만들기 위해 천지의 운도를 직접 고쳐 새로운 세상을 여는 후천개벽을 이 땅에 이룩하고자 한 것이다. 또한 그 실현 주체를 만민으로 설정하고 자격과 책임 등 근대적 시민의식을 강조했다.

증산은 서구 문명을 통찰하고 평화와 상생의 새 문명론을 제시했다. 프래신짓트 두아라(Presenjit Duara)는 동아시아 새 문명 전략은 억압된 문명의 전통 내에서 찾았고, 호전성에 대립하는 평화성, 물질적인 것에 대립하는 정신적인 것 등 서양의 대립물을 통해 찾았다고 주장한다. 이러한 등가관계가 확립된 후에 이항대립을 종합하거나 조화시킴으로서 서구 문명에 대한 자신의 반대에 권위를 부여했고 동양의 정신이 서구 물질주의와 균형을 이루면서 근대성도 구제될 수 있을 것으로 보았다는 것이다.[68] 증산 역시 서구의 물질 중심 문명과 상극에 대립되는 상생을 주장하면서 새문명론을 제시했다는 점에서 서구 근대문명에 대한 동아시아적 대응 혹은 대안문명의 일환으로 해석할 수 있다. 강증산이 주장하는 새로운 문명 혹은 대안 문명은 상생의 도에 의해 운행되는 '상생문명'으로 집약된다. 여기서 상생은 빈부, 강약, 귀천의 차별이 없는 사회적 상생과 국가의 경계로 인한 차별도 없는 완전한 평등을 바탕으로 하는 정치적 상생의 의미가 담겨 있다. 따라서 증산이 구상한 새로운 문명은 동서양 문명과 사상을 통합하는 조화문명이었으며, 신인공화문명이었다.

이상과 같이, 증산의 개벽은 조화문명, 신인공화문명, 상생문명을 지향하면서 인류 문명을 근원적으로 반성하고 치유하고자 하는 살림운동이라고 할 수 있겠다. 그래서 증산의 '개벽'은 태생적으로 공공성에 토대를 두고 있으며, 당시 현실에 대한 변혁적 응답 즉 공공성에 관한 요청에 부응한다. 증산의 삶이 민중들의 삶을 구제해 주고자 하는 제생의세(濟生醫世)의 삶이었듯이, 무극도·태극도 그리고 대순진리회는 봉공의무를 위해 상생운동을 실천했다는 것을 확인할 수 있다.

최근 서구 사회에서 서구적 근대성 기획의 실패를 인정하고 동아시아를 하나의 대안으로 인식하고 있듯이, 현재는 서양 근대문명의 한계와 위기가 깊게 드리우고 있는 시기이며, 새로운 문명으로 전환이 요청되는 시기이기도 하다. 사회적 모순과 세계질서의 모순을 해결하고, 새로운 인류문명의 모

---

68 프래신짓트 두아라, 『주권과 순수'성: 민주국과 동아시아적 근대』, 한석정 옮김, 서울: 나남, 2008, 188쪽.

델을 만드는 데 힘과 지혜를 모아야 한다. 공동체적 과제의 해결이라는 시대적 요청 속에서 증산의 개벽사상 혹은 새로운 문명의 지향은 새로운 문명전환을 위한 지혜를 줄 수 있을 것이다. 특히 증산이 강조한 '상생'은 소외와 양극화가 극한으로 치닫고 있는 지금-여기에서 대안이자 미래로 제시할 수 있을 것이다. 향후 증산을 포함한 근대한국 개벽종교의 새로운 문명 모색과 관련하여 충분한 논의의 자리를 요청하며 이 글을 마친다.

수사학으로 읽는 원불교

이주연 원광대학교 원불교사상연구원 책임연구원

Ⅰ. 머리말

이 글에서는 원불교의 주요 경전인 『대종경』을 수사학적으로 분석하여, 『대종경』의 언어적 특성과 의의를 탐색하고자 한다. 경전은 교법을 세상에 드러내는 매체이다. 교조는 구어적 양식을 통해 법을 설하고, 이렇게 세상에 나온 법설(法說)은 텍스트(Text)의 문어와 구어를 통해 공시적, 통시적으로 전해진다. 이 중 문어 텍스트가 경전이다. 경전은 문자로 만들어지고, 따라서 문어적 양식을 통하여 교조의 가르침을 세상에 전하는 도구이다.

종교에서 언어는 보편적으로 전달하기 힘든 깨달음의 세계를 표현할 뿐 아니라, 이를 널리 전파하는 기능이 있다. 그러나 심도 있는 진리를 세상에 알리고자 할 때, 과연 그 진리는 언어를 통해 온전히 전달될 수 있을 것인가 하는 문제에 봉착할 수밖에 없다. 종교에서의 언어를 통한 접근은 언어의 길이 끊어진 경지를 함께 추구하는 역설적인 것이다. 설령 문자언어가 아닌 비언어적 양식으로 현묘한 이치를 논한다 할지라도, 비언어적 의사소통 또한 언어의 범주에 속하는 까닭에 결국 언어로부터 분리되기는 어렵다. 수사학은 진실을 전하기 위한 언어적 수단이자, 독자가 저자의 숨은 의도를 주체적으로 해석해 내는 데에도 사용된다. 수사학을 통해 저자의 의도를 파악할 수 있을 뿐 아니라, 독자가 중심이 되어 의미 구성에 능동적으로 참여할 수 있게 된다. 수사학적 표현을 해석하는 과정 자체가 독자와 텍스트 간의 대화적 관계를 형성하는 것이고, 나아가 보이지 않는 텍스트 행간을 읽어내는 것에 다름 아닌 것이다.

이 점에서 수사학은 『대종경』과 독자의 소통을 활발하게 하여 독자의 능동성을 함양해주고, 이를 기반으로 독자로 하여금 자신의 삶을 『대종경』에 통합시킬 수 있게 하는 하나의 수단이 될 수 있다.

소태산의 언행록인 『대종경』은 『정전』과 더불어 원불교사상의 근간을 이루고 있다. 정산은 『대종경』을 가리켜 '만법을 두루 통달케 하여 주신 통의 경전'[1]이라 하여 원불교 교법에 폭넓게 접근할 수 있는 경전임을 말한 바 있다. 이 설명은 『대종경』이 '만법의 통달'을 달성하기 위한 수단이라는 의의가 있음을 의미한다. 그리고 소태산이 일원상에 대해 "손가락으로 달을 가리킴에 손가락이 참 달은 아닌 것과 같다"[2]라고 설명한 것과도 상통한다. '손가락'에 해당하는 『대종경』을 읽는 주체로서의 독자의 의미 구성과 능동적 해석은 『대종경』을 내면화하는 데 필수적 절차이다. 이 절차를 통해 『대종경』이라는 언어적 텍스트는 독자가 언어의 길이 끊어진 경지, 즉 현묘한 진리에 도달하기 위한 하나의 교량으로 작용하게 된다.

이 점에서 『대종경』, 나아가 여타의 경전에 대한 탐구방법론은 텍스트에 초점을 맞추는 것이 아닌 독자의 이해에 초점을 맞출 필요가 있다. 저자가 구성한 텍스트는 독자가 이해하는 텍스트와 동일할 수 없다. 독자는 『대종경』을 어떻게 수용하고 이를 통해 어떻게 변화할 수 있는지 그 방향과 가능성을 모색할 때, '만법을 두루 통달케' 할 수가 있다. 수사학을 통해 독자의 이해에 중점을 두고자 하는 것은 수용 미학 및 독자 중심 비평과 공통된 맥

---

1 『정산종사법어』 제6경의편 1장.
2 『대종경』 제2교의품 6장.

락을 가진다. 그리고 그보다도 원불교『정전』'정기훈련법'에서 '경전'을 '공부인으로 하여금 그 공부하는 방향로를 알게 하기 위함'이라고 설명한 것이나 '법위등급'에서 법마상전급은 '우리의 경전 해석에 과히 착오가 없어야' 하고 '법강항마위'는 '우리 경전의 뜻을 일일이 해석'해야 한다는 내용[3]을 미루어 볼 때, 독자의 이해와 해석은 경전 공부의 중심이자 목적임을 알 수 있다. 이와 같은 필요에서, 본고에서 검토하고자 하는『대종경』의 수사학적 표현들은『대종경』에 대한 독자의 이해를 어떻게 유도하는지에 대한 단초를 제공할 것이다.

이 글에서는 그 방향성에 근거하여『대종경』의 언어적 특수성이 어떻게 나타나는지 제시하고자 한다. 이를 위해 먼저 종교에서 언어적 탐색을 하는 데 요청되는 관점으로 소태산의 언어관을 비트겐슈타인 언어철학과 비교하여 알아볼 것이다. 그러고 나서『대종경』에 나타난 수사학적 표현들을 범주별로 분석하고자 한다. 각 범주에 해당하는 대표적인 표현들을 추출하여 분석한 다음, 분석 결과를 토대로 수사학적 표현들의 성격을 도출할 것이다. 이로부터 근대한국 개벽종교인 원불교의『대종경』특유의 언어적 특성이 무엇이고, 이는 독자의 해석에 있어 어떤 작용력을 가지는지 확인하고자 한다.

---

3 『정전』제3수행편.

II. 『대종경』의 수사학적 연구

1. 이론적 배경

1) 종교에서의 언어적 탐색

언어로 교법의 전부를 완벽하게 전하기는 어려운 종교적 특성상, '언어로 구성된' 경전이 지향하는 바를 검토하는 것은 혹 사변적인 일이 될 수도 있다. 그러나 언어와 사유는 서로 뗄 수 없이 서로에게 속하는 상보적 단위들[4]이다. 언어를 제외하고 종교적 사유를 하는 것은 불가능한 일이다. 본 항에서는, 소태산의 언어관을 비트겐슈타인의 언어철학과 비교해 봄으로써 『대종경』의 수사학적 표현들이 어떤 지향점 아래 전개되어 있는지 이해할 수 있는 틀을 마련하고자 한다.

우선, 비트겐슈타인(Ludwig Wittgenstein, 1889-1951)의 후기 사유에서 언어는 놀이에 비유되었다. 이는 학자들이 그의 전기 사유를 가리켜 명명한 '그림이론'을 바탕으로 확장시킨 관점에 의한다. '그림이론'에 따르면 언어는 정적으로 고정된 것으로, 하나의 대상이 하나의 이름과 일대일의 관계에서 의미를 형성한다. 그러나 후기에 이를 보완한 개념으로서 '언어놀이'는 언어가 각 개체들을 가리키는 이름표로서가 아닌, 인간의 활동 그 자체임을 의미한다. 즉 언어는 고정된 형태로 멈춰 있는 것이 아니라 역동적인 활동이자 규칙을 가진 놀이이다. 그러나 언어놀이를 통해서는 언어 전반에 적용되는 본질적 특질을 밝힐 수가 없다고 했다. 이는 언어의 공통적 본질은 애초에 존재하지 않는다고 보았기 때문이다. 오로지 언어는 각각의 맥락에 따라 고유

---

4 허발, 『언어와 정신』, 파주: 열린책들, 2013, 105쪽.

성을 가지고 사용되는 동시에, 놀이로서의 규칙만을 따를 뿐이다.

비트겐슈타인의 이러한 사유는 언어와 대상의 관계를 이해하는 데 하나의 시사점을 제공한다. 학생이 '책'을 가리켜 "책"이라고 발화한다고 해서 단순히 책을 지시하는 것으로만 규정할 수는 없다. 이는 책을 누군가에게 달라고 요청하는 말일 수도 있고, 혼잣말일 수도 있다. 혼잣말이라 하더라도 학생의 기분 상태나 상황에 따라 "책"이라는 발화는 다른 의미를 가지게 된다. 이와 같이 언어는 다양한 요소들과 상호작용하며 영향을 받고, 시시각각 변화한다. 다만 그것을 가리켜 '책'이라 부르기로 약속한 규칙이 존재할 따름이다.

이 관점을 참조하건대, 하나의 종교에 경전이라는 언어로 접근하는 것은 경전에 표현된 교법이 고정불변의 '그림'이 아닌, '언어놀이'가 될 수 있음을 전제한다. 즉 경전의 언어들은 정지된 상태로 존재하는 어떤 것이 아니라, 삶의 맥락과 상호작용하며 다양한 의미를 구현한다. 인간은 늘 이 다양한 의미들의 공통분모이자 일반적인 본질을 찾으려는 속성을 가진다. 그러나 비트겐슈타인은 명제의 일반적 본질에 관해 '대상들은 단지 명명될 수 있을 뿐'[5]이라고 하여, 모든 언어놀이의 기저에 존재하는 규정된 본질은 본래 없다고 하였다.

한편, 류성태는 소태산의 언어관이 언어도단(言語道斷)의 진리를 설명하면서도 언어로 설명할 수 있는 양면을 갖추었다고 보았다. 소태산은 진리에 대한 이해를 두 차원에서 시도하는데, 하나는 체(體)의 측면으로서 언어도단이고, 다른 하나는 용(用)의 측면으로서 언어명상(言語名相)이 완연하다는 것

---

5 루드비히 비트겐슈타인(Ludwig Wittgenstein), 『비트겐슈타인 철학일기』, 변영진 옮김, 서울: 책세상, 2015, 130쪽.

이다.[6] 소태산은 『대종경』 성리품 25장에서 '언어도(言語道)가 끊어진 자리지마는 능히 언어로 형언'할 줄 알아야 함을 말하였고, '불조(佛祖)들의 천경만론은 마치 저 달을 가리키는 손가락'이라 하면서도 『예전』에서는 "사람의 마음은 말로써 표시하고 말은 응대로써 실현되나니, 언어 응대는 곧 인도 행사와 사회 교제의 중심이 되나니라."고 하여 언어의 중요성을 언급하기도 했다. 그리고 부촉품 3장에서 '나의 일생 포부와 경륜이 그 대요는 이 한 권에 거의 표현되어 있나니, 삼가 받아가져서 말로 배우고, 몸으로 실행하고, 마음으로 증득하여, 이 법이 후세 만대에 길이 전하게 하라.'고 하여, 경전에 대한 자세를 강조하였다.

진리의 양면성을 중심으로 한 소태산의 언어관은, 비트겐슈타인의 관점과 미묘한 유사성을 가진다. 비트겐슈타인은 『논리철학논고』에서 "'p'라는 기호와 "~p'라는 기호가 같은 것을 말할 수 있다는 것은 중요'하다고 하여, 두 명제 "p"와 "p'의 부정 "~p"가 함께 존재한다고 주장한다. 또한 '실로 언표할 수 없는 것이 있다. 이것은 드러난다, 그것이 신비스러운 것', '말할 수 없는 것에 관해서는 침묵해야 한다.'고 하여 언어로 접근되지 않는 영역을 논하는 한편, '우리 일상 언어의 모든 명제들은 사실상, 있는 그대로, 논리적으로 완전하게 정돈되어 있다'고 하여 접근 가능한 성격의 명제를 논하기도 한다.[7]

비트겐슈타인의 이상과 같은 주장들은 역설적으로 이해가능하다. 비트겐슈타인의 이론은 단순히 말할 수 있는 영역의 문제를 해결해주는 소극적인

---

6 류성태, 「소태산과 (少太山) 장자의 (莊子) 언어관 비교」, 『정신개벽』 3, 1984, 47쪽.
7 루드비히 비트겐슈타인(Ludwig Wittgenstein), 『논리-철학 논고』, 이영철 옮김, 서울: 책세상, 2006, 61~117쪽.

102 | 근대한국 개벽운동을 다시읽다

단계를 벗어나서 '말할 수 없는 영역'을 보여주는 적극적인 기능을 한다. 이는 삶의 문제에 대한 완벽한 해결책을 제시한 부처나 예수의 가르침과도 비슷하다.[8] 그리고 말할 수 있는 영역과 말할 수 없는 영역 모두를 제시한 소태산의 방식과도 유사하다.

이러한 맥락에서, 『대종경』을 수사학적으로 연구하는 것은 언어의 양면성을 모두 인정한 소태산, 그리고 비트겐슈타인의 관점과 맞닿아 있다. 수사학적 표현을 논의에 부치는 것은 결국 용(用)으로서의 언어적 표현을 통해 체(體)와 용(用)을 함께 추구하는, 『대종경』의 궁극적 지향점에 근거한다. 또한 대상들이 어떻게 명명되고 있는지를 확인하는 과정은 오히려 "직접 그 표현이 사용되는 언어놀이에 참여함으로써, 즉 하나의 활동을 실행함으로써 이해에 도달"[9]하는 방법이 된다. 언어의 길이 끊어진 영역과 언어로 형언 가능한 영역은 서로를 기반으로 한다. 종교에서의 언어적 접근은 언어의 길을 통하여 언어의 길이 끊어진 곳까지 도달하도록 하는 방법이라 볼 수 있다.

2) 수사학적 표현의 개념

수사학의 어원인 그리스어 '레토리케(rhetorike)'는 대중연설가를 의미하는 '레토르(rhetor)'와 테크닉을 뜻하는 '이케(ike)'의 합성어이다. '대중연설가의 기술'을 가리키는 수사학은 웅변에 그 기원을 둔다. 그래서 수사학은 원래 웅변의 기술이었으며, 말을 잘 하거나 글을 잘 쓰는 기술을 의미해 왔다. 고대 그리스 시대부터 사용된 수사학은 그간 극단적으로 상반된 평가를 받으며 역사를 거듭해 왔다. 때로는 간결한 표현을 중시하는 문인들로부터 업신

---

8 황필호, 「분석철학과 불교」, 『僧伽』7, 1990, 220쪽.
9 박병철, 『비트겐슈타인 철학으로의 초대』, 서울: 필로소픽, 2014, 224~225쪽.

여겨지기도 했고, 때로는 언어의 본질에 다가서게 하는 통로로 인정받기도 했다. 어쨌든 포스트모더니스트들과 포스트구조주의자들에게 수사학은 그들의 이론을 세우는 초석과 다름없었다. 20세기 전반이 '논리의 시대'였다면 20세기 후반은 '수사학의 시대'라고 할 정도였다.[10]

본래적 의미와는 다르게 수사학이 오해를 받고 있다면 '말이나 글을 아름답게 꾸미는 기교' 정도로 이해되고 있다는 점에서다. 그러나 아리스토텔레스(Aristoteles)는 수사학을 가리켜 '주어진 경우에 가능한 모든 설득 수단을 찾아내는 능력'[11]이라고 정의했다. 다른 기술은 저마다의 고유한 영역에서 가르치고 설득하는 것이다. 의술이 건강과 질병을 다루듯이 말이다. 그러나 수사학은 범주에 상관없이 어떤 주제에 관련해서도 설득하기 위한 방법을 찾아낼 수 있는 것이다. 아리스토텔레스가 수사학을 설득의 능력이라 본 것은 그가 진리와 정의를 관철시키는 데서 수사학의 지원을 기대하고 있다는 것으로 해석된다. 경우에 따라서는 공적 연설의 제약성 때문에 알고 하더라도 누구를 가르친다는 게 가능하지 않을 수도 있고, 그런 경우 진리와 정의를 관철시키려면 수사학이 필요하다는 것이다.[12] 더불어 아리스토텔레스가 언급한 훌륭한 문체의 규칙을 염두에 둘 필요가 있다. 그는 훌륭한 문체의 규칙으로 '사물을 흔해빠진 이름이 아니라 특별한 이름으로 부르는 것', 그리고 '모호한 표현을 피하는 것'을 들었다. 그의 견해로부터 알 수 있듯 수사학은 진리와 정의를 관철시키는 방법이자, 이 관철의 과정을 정교하고 효과적으로 구성하는 기술이다.

10 김욱동, 『수사학이란 무엇인가』, 서울: 민음사, 2002, 29쪽.
11 아리스토텔레스(Aristoteles), 『수사학 / 시학』, 천병희 옮김, 파주: 숲, 2017, 31쪽.
12 한석환, 『아리스토텔레스 수사학 연구』, 파주: 서광사, 2015, 31쪽.

아리스토텔레스가 수사학을 화자의 입장에서 설명한 것과 달리, 포스와 그리핀(Foss & Griffin)은 (수사학을) 생산하는 자와 청자 간의 관계에 주목했다. 그들은 수사학을 '평등, 내재적 가치 그리고 자기 결정에 뿌리를 둔 관계를 생성하기 위한 의미로서의 이해에 대한 초대'[13]라고 정의하였다. 이 정의는 수사학을 청자의 자립적인 이해로 초대하는 매개로 보는 경우다. 두 정의를 종합하면, 수사학은 화자의 입장에서 진리를 효과적으로 관철시키는 동시에 청자의 입장에서 주체적으로 진리를 이해하기 위해 필요한 방법이라 할 수 있다.

수사학적 표현을 범주화하는 데에는 여러 방법이 있을 수 있는데, 본고에서는 김욱동의 방법을 차용하기로 한다. 그는 수사법을 소리에 따른 수사법, 의미 전이에 따른 수사법, 문장 구조에 따른 수사법, 감정에 호소하는 수사법, 상호텍스트적 수사법의 다섯 갈래로 나누었다.[14] 『대종경』에서는 두운, 모운, 각운 등의 소리에 따른 수사법이 별도로 발견되지 않았고 다른 범주에 일부 혼합되어 있기에 이는 제외한다. 나머지 네 가지 범주 중 의미 전이 및 문장 구조에 따른 수사법은 문법 범주에서 다루는 것이고, 감정에 따른 수사법은 호소와 강조에 비중을 둔 것이며, 상호텍스트적 수사법은 다른 텍스트에의 의존을 중심으로 한 것이다.

---

13 티모시 보서스(Timothy A. Borchers), 『수사학 이론』, 이희복 외 옮김, 서울: 커뮤니케이션북스, 2007, 9쪽.
14 김욱동, 앞의 책, 48쪽.

2. 수사학적 표현 분석

1) 의미 전이에 따른 표현

(1) 은유

은유는 원관념과 보조관념을 동일시하여 대상을 묘사하는 방법이다. 은유를 적용한 문장은 '…은/는 이다'의 형식을 갖춘다. 은유의 주요 특질은 원관념과 보조관념의 긴장이라 볼 수 있다. 원관념과 보조관념의 유사성이 구심력이라면 그 이질성은 원심력이다. 원심력과 구심력의 긴장이 없이는 지속적인 원운동이 성립될 수 없는 것처럼, 그 유사성과 이질성의 팽팽한 긴장이 은유의 은유다움을 보장해 준다.[15]

『대종경』에서는 명사끼리 결합하여 형성된 은유가 주로 눈에 띈다. 명사 은유에는 '인연의 향기', '인생의 봄'과 같은 것으로부터 '책상다리', '산 허리' 등과 같이 오랫동안 통용되어 이제는 긴장감을 잃은 죽은 은유도 해당된다.

> 대종사 말씀하시기를 「저 하늘에는 검은 구름이 걷혀 버려야 밝은 달이 나타나서 삼라만상을 비쳐 줄 것이요, 수도인의 마음 하늘에는 욕심의 구름이 걷혀 버려야 지혜의 달이 솟아올라서 만세 중생을 비쳐 주는 거울이 되며, 악도 중생을 천도하는 대법사가 되리라.」[16]

서로 다른 개념을 가지는 명사 '마음'과 '하늘'을 결합하여 '마음하늘'이라

---

15 류수열·이지선, 「은유 개념의 허상과 실상」, 『문학교육학』 46, 2015, 19쪽.
16 『대종경』 제9천도품 24장.

고 표현하였다. 이는 마음의 작용 이치를 하늘의 이치에 비유하기 위해서다. '욕심의 구름'과 '지혜의 달', '만세 중생을 비쳐 주는 거울'도 마찬가지로 은유에 해당한다. '욕심'과 '구름', '지혜'와 '달', '만세 중생'과 '거울'은 서로 유사성을 가지지 않는다. 그러나 '욕심', '지혜', '만세 중생'과 같이 피부에 와 닿지 않는 추상적인 개념에 '구름', '달', '거울'과 같이 구체적인 언어를 사용해 숨결을 불어 넣음으로써 추상적인 개념을 구체적인 이미지로 바꾸게 된다. 이는 마음에서 욕심이 제거되는 것, 그리고 지혜가 샘솟는 것이 구체적으로 어떤 의미인지 독자가 쉽게 이해할 수 있도록 만드는 장치이다.

(2) 직유

직유는 은유와 함께 대표적인 비유 표현으로, '같이', '처럼', '듯이', '마치', '흡사', '듯' 등의 표현을 사용하여 원관념과 보조관념을 매개하는 방법이다. 주로 발화자의 바람, 염원, 의지 등의 지향성이 직유를 통해 드러나는데, 이때 지향의 방향을 드러내는 구체적인 표상이 직유의 보조관념이다.[17] 『대종경』에 나타난 직유는 보조관념을 지향하는 방식으로 구성되어 있다.

> 그대들의 입선 공부는 비하건대 소 길들이는 것과 같나니 사람이 세상에서 도덕의 훈련이 없이 보는 대로 듣는 대로 생각나는 대로 자행자지하여 인도 정의에 탈선되는 행동을 하는 것은 어미 젖 떨어지기 전의 방종한 송아지가 자행자지로 뛰어다닐 때와 같은 것이요, 사가를 떠나 선원에 입선하여 모든 규칙과 계율을 지켜 나갈 때에 과거의 습관이 떨어지지 아니하여

---

17 이영주, 「직유의 효과에 관한 새로운 이해-직유의 벡터와 그 작용을 중심으로」, 『수사학』 3, 2005, 262쪽.

지도인의 머리를 뜨겁게 하며, 각자의 마음에도 사심 잡념이 치성하여 이 공부 이 사업에 안심이 되지 못하는 것은 젖 뗀 송아지가 말뚝에 매달리어 어미 소를 부르고 몸살을 치며 야단을 할 때와 같은 것이며···[18]

소태산은 원관념인 '입선 공부'와 보조관념인 '소 길들이는 것'을 매개하기 위해 '비하건대'와 '같나니'를 사용하였다. 이어서 원관념인 '인도 정의에 탈선되는 행동을 하는 것'과 보조관념인 '방종한 송아지가 자행자지로 뛰어다니는 것'을 '같은'을 사용하여 매개한다. 또한 원관념인 '과거의 습관이 떨어지지 아니하는 것', '이 공부 이 사업에 안심이 되지 못하는 것'과 보조관념인 '젖 뗀 송아지가 어미 소를 부르고 몸살을 치며 야단을 하는 것'을 '같은'으로 매개한다. 또한 같은 맥락의 수행품 56장에서도 직유법이 나타난다. '선원에 입선하는 것'을 '환자가 병원에 입원하는 것'에 비유하고, '교법'을 약재에, '교당'을 '병원'에 비유하였다. 소를 길들이거나 몸이 아파 약을 구하고 병원을 찾는 등 독자에게 친근한 일상생활 문화를 직유에 도입해 입선 공부에 대한 이해를 지향하는 것이라 볼 수 있다.

(3) 역설

역설은 얼핏 모순되고 논리적이지 않은 것같이 보이지만 그 내면의 의미를 파악하고 보면 나름의 진실을 담고 있는 표현을 말한다. 『대종경』에 역설이 도입된 것은 직관적 사고가 발달한 동양사상의 특성과 연관된다. 역설은 동양사상 전반에 걸쳐서 지대한 영향을 미쳐 왔다. 이는 양립불가능성의 개념에 근거한 논리의 원리가 서양사상 전반에 영향을 미쳐 온 것과 대비된

---

18 『대종경』 제3수행품 55장.

다.[19] 그런데 이 특성은 『정전』에서도 많이 발견된다. '언어 명상(言語名相)이 돈공(頓空)한 자리', '공적 영지(空寂靈知)', '진공 묘유', '원만 구족(圓滿具足)하고 지공 무사(至公無私)한 각자의 마음' 등이 역설의 전형적인 표현이라 볼 수 있다.

> 대종사 말씀하시기를 「중생들은 열 번 잘 해준 은인이라도 한 번만 잘못하면 원망으로 돌리지마는 도인들은 열 번 잘못한 사람이라도 한 번만 잘하면 감사하게 여기나니, 그러므로 중생들은 은혜에서도 해(害)만 발견하여 난리와 파괴를 불러 오고, 도인들은 해에서도 은혜를 발견하여 평화와 안락을 불러 오나니라.」[20]

'은혜에서 해'를 발견하고, '해에서 은혜'를 발견하는 것은 역설이다. 은혜와 해는 양 극단에 놓인 개념이어서 병존하기 어려워 보인다. 그러나 위 대목은 역설을 통해 '진리'를 전하려 한다. 은혜에서 해를 발견하고 해에서 은혜를 발견한다는 것은 은혜와 해가 둘이 아님을 시사하며, 나아가 어떤 상황에서도 마음공부의 기회를 찾아 진급을 도모할 수 있어야 함을 가리킨다. 이 세상의 모든 해가 알고 보면 은혜인데, 중생은 이를 모르고 표층적 의미에 국한된다. 겉으로 인지되는 '해'만 읽을 수 있는 것이다. 그래서 공부할 기회를 놓치고 원망 생활을 하게 된다. 반대로 도인은 세상만사가 은혜임을 알아서, '해'에서도 심층적 의미로서의 '은혜'를 발견한다. 공부할 기회임을 알아서 감사생활을 이어간다.

19 이경무, 「모순(矛盾)과 역설(逆說)」, 『범한철학』 26, 2002, 74쪽.
20 『대종경』 제11요훈품 33장.

2) 문장 구조에 따른 표현

(1) 대조

대조는 반대되는 언어나 관념을 함께 드러냄으로써 서로의 차이를 두드러지게 보여주는 것을 말하는데, '인생은 짧고 예술은 길다'라는 문장에서 대조의 효과를 알 수가 있다. 인생이 짧은 것에 예술이 긴 것을 대조함으로써 각각의 의미가 선명히 드러나는 것이다. 짝을 이루는 각 표현들은 형식적인 면뿐 아니라 내용적인 면에서도 대조의 효과를 준다.

> 대종사 말씀하시기를 「내가 못 당할 일은 남도 못 당하는 것이요, 내게 좋은 일은 남도 좋아하나니, 내 마음에 섭섭하거든 나는 남에게 그리 말고, 내 마음에 만족하거든 나도 남에게 그리 하라. 이것은 곧 내 마음을 미루어 남의 마음을 생각하는 법이니, 이와 같이 오래오래 공부하면 자타의 간격이 없이 서로 감화를 얻으리라.」[21]

'내가 못 당할 일'과 '내게 좋은 일'이 대응되고, '남도 못 당하는 것'과 '남도 좋아하나니'가 대응되며, '내 마음에 섭섭하거든'과 '내 마음에 만족하거든'이 대응되고, '나는 남에게 그리 말고'와 '나도 남에게 그리 하라'가 대응된다. 이 표현은 '나'와 '남'의 차이를 축으로, '좋은 것'과 '싫은 것'의 차이, '만족'과 '불만족'의 차이, '행함'과 '행하지 않음'의 차이를 부각시킨다. 이는 '내 마음을 미루어 남을 생각하는 법', 즉 '나'의 입장을 성찰함으로써 '남'의 입장을 헤아리도록 하는 내용으로, 수사학적 측면에서는 '내 마음을 미루는 것'과 '남을 생

---

21 『대종경』 제4인도품 12장.

각하는 것'이 서로를 기반으로 할 때라야 그 의미가 제대로 전해진다는 점을 전제한다. 마찬가지로, 『대종경』 인도품 12장에서도 '만족'과 '행함', '불만족'과 '행하지 않음'을 대조하여 각 표현의 의미가 독자에게 부각되도록 한다.

(2) 반복

반복은 동일하거나 유사한 뜻의 단어, 또는 어구, 문장을 반복적으로 사용함으로써 전하려는 의미를 호소력 있게 표현하는 것을 말한다. 로렌스 페린(Laurence Perrine)은 인간이 기본적으로 변형과 결합을 선호하는 심리를 가지며, 이에 예술의 기본구조를 이루는 두 요소는 '반복과 변화'라고 하였다. 여기에서 '반복'의 기능을 위한 음악적 장치는 각각의 모음과 자음, 모든 음절, 단어, 구, 행, 단락 등에 설치될 수 있다.[22] 이 점에서 반복은 두운법·모운법·각운법 같은 소리에 따른 수사법으로부터 대조법이나 열거법 같은 문장 조직에 따른 수사법, 그리고 감정에 호소하는 수사법 등 다양한 방법들과 깊이 연관되어 있다.[23]

> …곧 심지(心地)에 요란함이 있었는가 없었는가, 심지에 어리석음이 있었는가 없었는가, 심지에 그름이 있었는가 없었는가, 신·분·의·성의 추진이 있었는가 없었는가, 감사 생활을 하였는가 못하였는가, 자력 생활을 하였는가 못하였는가, 성심으로 배웠는가 못 배웠는가, 성심으로 가르쳤는가 못 가르쳤는가, 남에게 유익을 주었는가 못 주었는가를 대조하고 또 대조하

22 로렌스 페린(Laurence Perrine), 『소리와 의미』, 조재훈 옮김, 서울: 형설출판사, 1998, 359~362쪽.
23 김욱동, 앞의 책, 242쪽.

며 챙기고 또 챙겨서 필경은 챙기지 아니하여 저절로 되어지는 경지에까지 도달하라 함이니라….[24]

수행품 1장에서는 종결어미 '-는가'를 반복적으로 사용하여 각운의 효과, 즉 끝부분의 음들이 동일한 소리를 내며 반복적으로 나타나는 묘미를 제공한다. 일정한 위치에서 동일한 종결어미를 반복하여 운율적 효과를 얻음을 알 수 있는데, 이러한 리듬감이 독자들로 하여금 '일상 수행의 요법'을 매일 같이 대조하는 것이 어떤 것인지 이해하도록 유도한다. 위의 경우 '일상 수행의 요법'은 대조하고 또 대조하며 챙기고 또 챙겨야 제대로 실천하는 것으로 정의된다. '일상 수행의 요법'을 반복적으로 대조해야 한다는 내용을 '반복'이라는 수사적 기법을 통해 독자에게 전이시키는 것이다. 이는 마치 예이츠가 시「그래서?」("What Then?")에서 '그래서'라는 단어를 반복적으로 사용함으로써 자신뿐만 아니라 독자들로 하여금 삶의 참된 목적이 무엇인가에 대한 대답을 하도록 유도했던 경우와 흡사하다.[25]

(3) 점층

점층법은 표현하려는 내용의 강도를 서서히 높여가는 기법으로, 좁은 것에서 넓은 것으로, 작은 것에서 큰 것으로 확장하여 호소력 있게 전달하거나 감동을 안겨준다. 즉 내용의 긴장미를 표현하기 위한 수법으로, 언어의 내용을 사다리 올라가듯 한 층 한 층 북돋아 올려놓아서 읽는 사람의 감정을

---

24 『대종경』 제3수행품 1장.
25 유병구, 「예이츠의 시에 나타난 반복적 수사」, 『영미어문학』 96, 2010, 38-39쪽.

절정까지 끌어올리고자 할 때 쓰인다.[26]

　　① 대종사 말씀하시기를 「큰 재주 있는 사람은 남의 재주를 자기 재주 삼을 줄 아나니, 그런 사람이 가정에 있으면 그 가정을 흥하게 하고, 나라에 있으면 나라를 흥하게 하고, 천하에 있으면 천하를 흥하게 하나니라.」[27]

　　② …같은 한 물건이지마는 한 사람에게만 주면 그 한 사람이 즐거하고 갚을 것이요, 또는 한 동리나 한 나라에 주면 그 동리나 나라에서 즐거하고 갚을 것이요, 국한 없는 세계 사업에 주고 보면 전 세계에서 즐거하고 갚게 될 것이라….[28]

　①에서는 '남의 재주를 자기 재주 삼을 줄 아는 사람'이 있는 곳이 가정, 나라, 천하의 순서로 확장되어 간다. ②에서는 물건을 공유하는 대상이 한 사람, 한 동리나 한 나라, 국한 없는 세계 사업으로 확장되어 간다. 이와 같이 『대종경』에서의 점층적 기법은 주로 개인적인 것에서부터 세계적인 것으로 그 범위를 넓히는 데 사용된다.

　점층적으로 표현된 진술은 점차적으로 고조되는 까닭에, 그 단계적 과정들을 거치는 동안 독자가 주의 집중을 하도록 유도한다. 만약 '그런 사람이 가정에 있고 나아가 천하에 있으면 천하를 흥하게 하나니라.'고 한다면 ①만큼 주의를 집중하기는 어려울 것이다. 마찬가지로 '같은 한 물건이지마는 한

---

26 고영진, 『글짓기! 무엇을 어떻게 할 것인가』, 서울: 정음, 2003, 36쪽.
27 『대종경』 제4인도품 13장.
28 『대종경』 제6변의품 27장.

사람에게만 주지 않고 국한 없는 세계 사업에 주고 보면'이라고 한다면 ②만큼 주의 집중이 어렵고, 또한 바로 납득되기는 어려울 것이다. 이러한 점에서 위 대목에서의 점층은 독자가 주의를 집중하는 과정을 거쳐 '천하', 또는 '국한 없는 세계 사업'에 이르고자 하는 원대한 동기를 가지도록 하는 것, 다시 말해 서원을 품게 하는 것을 최종 목적으로 하게 된다.

3) 감정에 호소하는 표현

(1) 영탄

영탄은 고조된 감정을 직접적으로 표출하여 상대방에게 호소하기 위해 사용된다. 벅차오르는 감정을 표현하는 데 사용되는 까닭에 감탄사 '오', '아', '어즈버'나 호격 조사 '아', '야', '이여', 감탄형 종결어미 '-아라/어라', '-구나', '-네' 등을 사용하게 된다. 그리고 더러는 명령어의 형태를 띠기도 한다.

> …그대들이여! 시대가 비록 천만 번 순환하나 이 같은 기회 만나기가 어렵거늘 그대들은 다행히 만났으며, 허다한 사람 중에 아는 사람이 드물거늘 그대들은 다행히 이 기회를 알아서 처음 회상의 창립주가 되었나니, 그대들은 오늘에 있어서 아직 증명하지 못할 나의 말일지라도 허무하다 생각하지 말고, 모든 지도에 의하여 차차 지내가면 멀지 않은 장래에 가히 그 실지를 보게 되리라.[29]

위의 경우는 호칭어 '그대들이여!'를 사용한 영탄이라 볼 수 있다. 이 표현

29 『대종경』 제1서품 15장.

은 사람이나 사물을 불러 주의를 집중시키는 돈호법과 다른데, 그 이유는 돈호법은 무생물, 동식물, 추상적 존재나 현존하지 않는 어떤 막연한 존재를 대상으로 하기 때문이다. 본 서품 15장은 '대종사 말씀하시기를'로 시작한다. 그러므로 서품 15장의 상황 맥락은 소태산이 발화를 하고 대중이 그 발화를 듣고 있는 것이며, '그대들'은 '신이시여!'와 같이 추상적 대상을 향하는 돈호법에서와 달리 소태산이 '모든 지도에 의하여 차차 지내 가길' 바라는 구체적인 대상이다.

『대종경』에 나타난 영탄으로 감탄사나 감탄형 종결어미는 찾을 수 없었고, 대신 호격 조사들이 발견된다. 호칭어를 중심으로 영탄을 사용한 이유는 진리를 실천해 가는 공부인, 또는 아직은 어리석음으로 인해 제대로 실천하지 못하는 이들을 향한 간절함과 안타까움 때문이라고 유추된다. 감탄사나 감탄형 종결어미가 주로 사용되고 호격조사는 사용되지 않았다면 영탄의 목적과 성격이 달라졌을 것이다. 그러나 『대종경』에 나타난 호칭어들은 대중을 향한 소태산의 염려와 사랑을 간접적으로 느끼게끔 하는 것이다.

(2) 설의

수사학에서 설의는 의문문의 형식을 취하고는 있으나 일반적인 의문문의 기법과 다르다. 일반적인 의문법은 명령법이나 청유법 등의 서법과 마찬가지로 청자의 존재를 필요로 한다. 여기서 청자는 반드시 언어적 반응을 보여야 한다는 특징이 있다.[30] 그러나 수사학에서의 설의는 언어적 반응을 반드시 필요로 하지는 않으며, 오히려 독자 또는 청자가 특정 답변 없이 스스로 결론을 얻을 수 있게 한다.

---

30 류현미, 「국어 의문법과 화용론적 연구」, 『어문연구』 22, 1991, 348쪽.

…대종사 들으시고 말씀하시기를 「그대들이 어찌 등상불에게는 불공할 줄을 알면서 산 부처에게는 불공할 줄을 모르는가.」…[31]

노인 부부가 자부의 불효를 견딜 수 없어 실상사 부처님께 불공을 드리려 하자, 부처님이 아닌 자부에게 불공을 해야 함을 일러주는 대목이다. 비록 의문형 종결어미 '-는가'를 사용하여 의문문의 형태를 띠고 있지만, 이 구절을 통해 '가까이에 산 부처가 있으므로 그 산 부처에게 불공을 해야지 왜 등상불에게만 불공하려 하느냐' 하는 안타까움을 느낄 수 있다. 즉, 화용론적 의문이 아닌 산 부처에게 불공할 줄을 알아야 한다는 결론이 문장에 내재된 의문이다. 평서문이 아닌 의문문의 형식으로 결론이 포함된 내용을 제시하는 이유는, 그 내용이 그만큼 '기정사실'이 되어야 할 정도로 당연하고 확실하다는 것을 전제한다. 따라서 위와 같이 설의가 적용된 경우는 반드시 알아야 할 것을 모르는 상대에 대한 아쉬움과 함께, 바른 방법을 알 것을 정감 있게 촉구하는 것이라 볼 수 있다.

(3) 부정

부정은 어떤 것을 부정적으로 진술함으로써 저자가 전하려는 내용을 강조하는 것을 말한다. 이는 뒤에 서술하는 중요한 내용에 무게를 실어주려고 덜 중요한 내용이나 반대되는 내용을 들어 부정하는 것이다. 이때 부정은 여러 번에 걸쳐 되풀이하여 이루어질 때 수사적 효과가 더 크다.[32]

---

31 『대종경』 제2교의품 15장.
32 김욱동, 앞의 책, 316쪽.

…우리는 현실적으로 국한된 소유물 밖에 자기의 소유가 아니요, 현실적으로 국한된 집 밖에 자기의 집이 아니요, 현실적으로 국한된 권속 밖에 자기의 권속이 아닌데, 부처님께서는 우주 만유가 다 부처님의 소유요 시방세계가 다 부처님의 집이요 일체 중생이 다 부처님의 권속이라 하였으니, 우리는 이와 같은 부처님의 지혜와 능력을 얻어 가지고 중생 제도하는 데에 노력하자는 바이니라.[33]

서품 17장에서는 형용사 '아니다'의 활용형 '아니요'를 부정어로 사용한다. 앞의 진술을 부정한 다음, 뒤의 진술에서 긍정하는 방식이다. '우리'의 소유물에 연관된 부정-집에 연관된 부정-권속에 연관된 부정을 연속적으로 열거한 후, 다시 '부처님'의 소유물에 연관된 긍정-집에 연관된 긍정-부처님에 연관된 긍정을 열거한다. 이렇게 '우리'에 대한 부정에 이어 '부처님'에 대한 긍정을 취하는 것은, 마지막에서 말하는 '이와 같은 부처님의 지혜와 능력'에 힘을 실어주기 위해서다.

나아가 '이 능력을 우리가 얻어서 중생 제도에 노력하자는 것'이 서품 17장에서 궁극적으로 강조하려는 내용이다. 이러한 부정의 표현은, 동시에 '우리'에서 '부처님'으로 발전하고, 다시 우리도 부처님의 능력을 얻는 것으로 발전한다는 점에서 점층의 효과를 함께 만들어낸다. 이와 같이 부정과 점층의 수사법이 동시에 사용된 것은 독자로 하여금 '부처님의 지혜와 능력', 그리고 '중생 제도'에 대한 서원을 품을 수 있도록 호소력 있는 문장을 구성한 일련의 전략이라고 판단된다.

---

33 『대종경』 제1서품 17장.

4) 상호 텍스트성 기반의 표현

(1) 인용

수사학에서의 인용은 단순히 타자의 말이나 글을 인용하는 것에서 나아가, 그로 인해 효과적인 표현이 가능함을 의미한다. 만약 '준희가 "오늘 귀국한다."고 말했다'라고 한다면 이는 직접화법에 따른 인용이긴 하나, 수사적 기법으로서의 인용이라고 볼 수는 없다. 그 이유는 이 문장은 간단한 정보를 전달하는 것을 목적으로 하는 담화에 불과하기 때문이다. 반면 김영랑의 시 「오매 단풍 들것네」에서 '누이는 놀란 듯이 치어다보며/ "오매 단풍 들것네."'라는 구절은 '붉은 감잎'을 보고 깜짝 놀라 누이가 발화하는 대목이다. 이는 가을이 찾아온 것에 놀라워하는 누이의 심경을 인용을 통해 생동감 있게 묘사하고 있어 수사적이다.

> 대종사 말씀하시기를 「옛날 어떤 선사는 제자도 많고 시주도 많아서 그 생활이 퍽 유족하였건마는, 과실 나무 몇 주를 따로 심어 놓고 손수 그것을 가꾸어 그 수입으로 상좌 하나를 따로 먹여 살리는지라, 모든 제자들이 그 이유를 물었더니, 선사가 대답하기를 "그로 말하면 과거에도 지은 바가 없고 금생에도 남에게 유익 줄 만한 인물이 되지 못하거늘, 그에게 중인의 복을 비는 전곡을 먹이는 것은 그 빚을 훨씬 더하게 하는 일이라, 저는 한 세상 얻어 먹은 것이 갚을 때에는 여러 세상 우마의 고를 겪게 될 것이므로, 나는 사제의 정의에 그의 빚을 적게 해 주기 위하여 이와 같이 여가에 따로 벌어 먹이노라" 하였다 하니, 선사의 그 처사는 대중 생활하는 사람에게 큰 법문이라. …(중략)…그대들은 날로 살피고 때로 살피어 대중에게 큰 빚을

지는 사람이 되지 아니하도록 조심하고 또 조심할지어다.」[34]

인과품 28장에서는 선사의 발화를 인용하여 당부한다. 특히 선사의 말을 인용한 것에 그치지 않고 '대중에게 큰 빚을 지는 사람이 되지 않도록 조심할 것'을 밝히고 있다. 즉 선사의 말에 담긴 정보를 전달하는 것만이 아니라, 이를 바탕으로 소태산의 주장을 독자에게 설득하는 것이다. 선사가 누구인지는 위 내용만으로 알 수가 없다. 그러나 선사의 말이 독자의 삶과 연계됨으로 인해 문제의식이 형성되고, 이 문제의식은 인과품 28장에서 궁극적으로 강조하려는 내용을 뒷받침하게 된다. 이와 같이 『대종경』과 같은 경전에서 인용이 수사적 효과를 얻기 위해서는 독자에게 추상적 과제에 대한 문제의식을 던져줄 필요가 있으며, 그 문제의식은 저자가 전하고자 하는 바를 생동감 있게 독자의 마음으로 끌어들인다.

(2) 인유

인유는 잘 알려져 있는 사건 또는 명언이나 문구 등을 인용하는 것을 말한다. 인유를 사용하는 것은 독자가 이미 그 내용을 이해하고 있어 저자의 의도를 해석하기 쉽기 때문이다. 그러나 만약 잘 알려지지 않은 문구를 인용할 경우에는 오히려 글을 산만하게 만들어 수사적 효과를 떨어뜨리게 된다.

…악한 마음이 자주 일어나 없애기가 힘이 드는 때에 정성스럽게 심고를 올리면 자연중 그 마음이 나지 않고 선심으로 돌아가게 되며, 악을 범하지

34 『대종경』 제5인과품 28장.

아니하려 하나 전일의 습관으로 그 악이 자주 범하여지는 경우에 그 죄과를 실심(實心)으로 고백하고 후일의 선행을 지성으로 발원하면 자연히 개과 천선의 힘이 생기기도 하나니, 이것이 곧 감응을 받는 가까운 증거의 하나이며, 과거 전설에 효자의 죽순이나 충신의 혈죽(血竹)이나 우리 구인의 혈인이 다 이 감응의 실적으로 나타난 바이니라….[35]

'효자의 죽순'은 어느 효자가 병을 얻은 부친을 위해 엄동설한에 간절한 기도를 올린 끝에 죽순이 땅을 뚫고 올라왔고, 그 죽순으로 효성을 다하였다는 구전 설화이다. 그리고 '충신의 혈죽'은 이방원이 정몽주에게 지지 세력이 되어 줄 것을 요청하였으나 정몽주는 이를 거절하였고 이에 이방원에 의해 선죽교에서 피살을 당했는데 혈흔이 묻은 그 자리에 대나무가 자라났다는 이야기이다.

교의품 17장에서 '효자의 죽순'과 '충신의 혈죽'을 '우리 구인의 혈인'과 함께 인유적으로 사용한 것은, 독자가 이 이야기들을 잘 알고 있고 따라서 심고의 감응이 정성에 따라 '상상하지 못할 위력'을 얻는다는 것을 이해하는 데 도움이 되기 때문이다. 이렇게 인유법을 사용하지 않았다면 심고의 감응에 대한 설득력이 떨어질 뿐 아니라, 실감나는 전달 또한 되지 못했을 것이다. 다시 말해 '효자의 죽순'이나 '충신의 혈죽'을 예로 든 것은 독자에게 '심고의 감응'이라는 추상적인 내용을 알기 쉽게 설명하기 위해서이다.

(3) 경구

수사법에서 사용되는 경구는 보편적으로 인정되어 있는 속담이나 격언들

---

35 『대종경』 제2교의품 17장.

을 가리킨다. 사설이나 칼럼에서 인용하는 고전은 지식의 공공재적 성격을 가지는데, 오랜 기간 사람들의 신뢰를 얻어온 고전의 경우, 그 내용은 비록 과거의 것일지언정 '지금, 여기'를 이해하기 위한 역할을 한다. '권위 논증'을 통해 저자의 주장을 펼칠 수 있는 것이다.[36] 같은 맥락에서, 흔히 진리라고 인정받는 경구는 오랜 세월에 걸쳐 권위를 얻게 된 까닭에 독자의 믿음과 이해를 바탕으로 본래의 의미를 전달하는 기능을 더욱 효과적으로 하게 한다.

> …옛날에 공자(孔子)가 "나물 먹고 물 마시고 팔을 베고 누웠을지라도 낙이 그 가운데 있으니, 의 아닌 부와 귀는 나에게는 뜬구름 같다" 하신 말씀은 색신을 가지고도 천상락을 수용하는 천인의 말씀이니라….[37]

위 구절에서는 공자의 말을 인용함으로써 '색신을 가지고도 천상락을 수용하는 것'에 더 강한 설득력을 부여한다. 독자는 공자와 마찬가지로 색신을 가진 존재이다. 그리고 공자는 독자들에게 오랫동안 신뢰를 얻어 왔다. 독자와 공자 간의 이러한 관계는 공자의 말을 기반으로 '색신을 가진 채 천상락을 수용하는 것'이 어떤 것인지 이해하게 하는 윤활유 역할을 한다. 경구를 사용한 또 다른 예로 『대종경』 인도품 21장에서는 '나팔 불고 다닌다.'는 속담을 사용하여 '모든 경계를 당하여 나팔을 불 때에, 항상 좋은 곡조로 천만 사람이 다 화하게 해야 함'을 설명한다. 이 경우 속담 특유의 기발하고 재치 있는 표현을 죄복의 분기점에 요청되는 마음공부에 대입시키는 것이다.

---

36 이은자, 「고전(古典) 인용의 수사학 - 신문의 사설 및 칼럼에 나타난 고전 인용을 중심으로」, 『우리어문연구』 45, 2013, 116~119쪽.
37 『대종경』 제8불지품 15장.

인도품 21장의 마지막 구절은 다음과 같다. "그러하면, 그 나팔이 한량없는 복을 장만하는 좋은 악기가 되려니와 그렇지 못하면 그 나팔이 한량없는 죄를 불러들이는 장본이 되리라." 독자에게 익숙하고 신뢰도가 높은 이 속담은 '죄복의 분기점에서 처사하는 방법'이라는 관념적인 내용을 보다 쉽게 전할 수 있다.

III. 『대종경』의 언어적 특성

이상으로 『대종경』을 수사학적으로 분석하였다. 먼저 의미 전이에 따른 표현들로 은유, 직유, 역설을 분석하였다. 은유, 직유는 '하늘', '구름', '달', '거울', '소 길들이기', '약재', '병원'과 같이 독자의 일상생활에 근접해 있는 표현들이 사용되었다. 그리고 역설은 상식을 벗어난 접근으로 주의를 환기시킴으로써 효과적인 의미 전달을 기도하였다. 이와 같이 독자의 생활문화를 도입하거나 이로부터 벗어난 표현을 의도적으로 한 것은, 독자가 익숙한 요소들을 통해서 또는 낯선 요소들을 통해서 교법을 원활하게 이해할 수 있도록 했다고 볼 수 있다.

다음으로 문장 구조에 따른 표현으로 대조, 반복, 점층을 분석하였다. 대조는 대응하는 어구들이 서로를 기반으로 그 의미의 완성도를 높이고, 나아가 독자에게 부각되도록 한다. 반복은 교법을 대조하며 실천해야 하는 필요성을 반복적으로 언급하는 등, 수사학적 기법을 통해 내용을 전이시켰다. 점층은 개인적인 것으로부터 세계적인 것에 이르기까지 점차 그 내용을 확장해 간다. 이와 같이 점진적인 확장은 독자가 주의를 집중하고 포부를 가지도록 유도한다. 이상의 문장 구조에 따른 표현들은 공통적으로 독자에게 동기를 부여하는 측면에서 사용되었음을 알 수 있다.

감정에 호소하는 표현들로는 영탄, 설의, 부정을 분석하였다. 영탄을 사용한 표현에는 '그대들이여!'와 같은 호칭어가 있다. 이는 소태산의 발화를 듣는 구체적인 대상, 그리고 후일 그 발화를 텍스트로서 읽어 나갈 독자들을 향해 다소 고조된 감정으로 호소하는 기능을 수행한다. 설의적 표현은 꼭 알아야 하는 것을 모르는 것에 대한 소태산의 아쉬움과 정감 있는 촉구를 읽을 수 있고, 부정의 기법은 '아니다'의 활용형 '아니요'가 여러 번에 걸쳐 되풀이하여 등장함으로써 효과적인 의미 전달, 즉 주제에 무게중심을 부여하였다. 이상 감정에 호소하는 표현들에는 독자가 진리를 알고 실천하길 바라는 소태산의 간절함, 아쉬움과 염려, 그로 인한 호소와 강조가 드러났다.

상호 텍스트성에 기반을 둔 표현들로는 인용, 인유, 경구를 분석하였다. 인용은 선사의 이야기를 인용해 독자를 설득하였다. 인용된 이야기를 통해 더 생동감 있게 소태산의 가르침을 이해할 수 있다. 인유는 우리에게 잘 알려져 있는 이야기를 인용함으로써 추상적인 개념을 쉽게 이해하도록 하였다. 경구는 오랜 세월에 걸쳐 권위를 가지게 된 문장을 인용함으로써 추상적인 개념을 원활하게 이해하게 한다. 이상의 상호 텍스트적 표현들은 자칫 추상적이어서 독자가 이해하기 어려울 수 있는 개념들을 좀더 실감나게, 또는 권위에 대한 신뢰와 배경지식을 바탕으로 좀더 쉽게 이해할 수 있도록 해 준다. 네 범주의 수사학적 표현들의 성격을 정리하면 다음과 같다.

> a. 익숙한 의미로 전이된다.
> b. 동기 유발을 유도한다.
> c. 간절함과 염려를 전한다.
> d. 좀더 쉬운 이해로 안내한다.

『대종경』의 이러한 수사학적 특성은 인지적 측면과 정의적 측면에서 그 의의를 살펴볼 수 있다. 먼저 인지적 측면에서는 좀더 쉽고 일상적인 표현으로 독자의 이해를 돕는다는 점, 정의적 측면에서는 독자의 동기 유발을 유도할 뿐 아니라 그들의 깨달음과 체득을 향한 간절함과 염려를 전한다는 점이 도출된다.

인지적 측면에서 『대종경』은 독자에게 익숙한 의미로 전이됨으로써 오히려 '원초적 언어'로서 기능을 한다. 독자는 생활 속에서 가까이 접하는 요소들을 통해 소태산의 가르침을 좀더 쉽게 이해할 수 있는데, 이는 익숙한 표현들이 소태산의 원관념을 만나 '원초적 언어'가 되도록 하였기 때문이다. 원초적 언어를 다른 말로 하면 '원시인이 사용하던 것과 같은 언어'라는 말도 된다. 태초에 말이 처음 생겨날 때, 사물 하나하나에 의미 있는 이름을 붙이는 것처럼 그 대상을 표현하는 새롭고도 낯선 언어라야 진리를 효과적으로 관철시킬 수 있다. 사물의 본질을 정확하게 지칭하는 '일물일어'(一物一語)와 같은 언어[38]를 발견하는 것이 바로 수사학적으로 진리를 전하려 할 때 우선적으로 요청되는 요건이다.

『대종경』에서는 일상적인 독자의 언어가 소태산의 원관념을 통해 원초적이고 낯선 언어가 되어 있다. 소태산의 원관념은 일상적 언어를 통해 독자에게 쉽게 '지각'된다. 텍스트에서 독자를 낯설게 하는 것은 하나의 참신한 관점이 낯익은 대상을 낯설게 보이도록 함으로써 독자로 하여금 '지각'을 할 수 있게 한다.[39] 여기에서 '참신한 관점'은 원관념과 관계를 형성한 보조관념

38 김대행, 『문학이란 무엇인가』, 서울: 문학사상사, 1992, 93쪽.
39 빅토르 쉬클로프스키(Victor Borisovich Shklovsky), 『러시아 형식주의 문학이론』, 한기찬 옮김, 서울: 월인재, 1980, 23~34쪽.

으로서의 언어이고, '낯익은 대상'은 원관념의 전달을 위해 보조관념으로 사용된 독자의 언어이다.

만약 『대종경』에 독자의 일상적 언어가 아닌 생소한 표현들이 수사학적으로 사용되었다면, 진리에 대한 지각은 어려울 것이다. 이해하기 쉽고 익숙한 것이 보조관념으로 사용되어야 낯설게 하는 효과를 얻을 수 있고, 그래야 수사학으로 거두고자 하는 설득과 관철을 성공적으로 실천할 수 있게 된다. 고의로 리듬을 독특하게 한 단어 구사나 어법도 이러한 효과를 주는데, 『대종경』에 나타난 수사학적 표현, 즉 원초적이고 낯선 언어 표현들뿐 아니라 운율적 특색을 보이는 문장들이 전부 이 경우에 해당한다. 즉 익숙한 언어와 참신한 관점을 수사학적으로 구현함으로써, 독자로 하여금 『대종경』에 담긴 의미를 능동적으로 이해하고 구성할 수 있도록 하는 것이다.

소태산의 언어관에 따르면 '언어명상이 완연한 상태'는 '언어명상이 돈공한 상태'와 분리되는 개념이 아니다. 『대종경』에서는 말과 글이 끊어진 경지만 추구하는 것이 아니며, 그렇다고 해서 언어로 모든 개념이 완전히 설명된다고 본 것도 아니다. 『대종경』에 나타난 수사학적 표현들은 원초적이고 낯선 기분을 느끼게 함으로써 이 두 국면 사이에 발생할 수 있는 간격을 좁히는 역할을 하고 있다. 즉, 언어명상이 완연한 상태의 소태산의 가르침이 독자의 내면에 깊이 파고들고, 이로써 마침내는 언어명상이 돈공한 경지에도 이르도록 하는 '교량'으로서의 역할을 부여받은 것이다.

다음으로 정의적 측면에서는 독자의 동기 유발을 유도하고 그들을 향한 간절함과 염려를 전하고 있다. 이는 『대종경』의 구성 방식이 독자를 중심에 두고 있음을 의미한다. 독자는 『대종경』을 읽는 사람 모두를 가리킨다는 점에서 한 편으로 '대중'이라고도 볼 수 있다. 원불교는 시대적으로, 그리고 필연적으로 대중 지향적인 종교로서 세상에 나타난 데 이어, 다음과 같은 측면에서 대중 지향적으로 교법을 전개하고 있다.

첫째, 대중은 소태산에게 교화의 대상인 동시에 동반자이다. 그는 "우리들의 일이 마치 저 기러기 떼의 일과 같으니, 시절 인연을 따라 인연 있는 동지가 혹은 동에 혹은 서에 교화의 판을 벌이는 것이 저 기러기들이 철을 따라 떼를 지어 혹은 남에 혹은 북에 깃들일 곳을 벌이는 것과 같다"[40]고 하여, 대중이 서로 기러기 떼와 같이 동반자의 관계임을 말하고 있다.

둘째, 대중은 불성을 가진 부처이다. 그는 부처를 봉안한 장소가 어디인지 질문하는 시찰단 일행에게 농구(農具)를 메고 들에서 돌아오는 산업부원 일동을 가리키며 "저들이 다 우리 집 부처"[41]라고 답하였다. 또한 "대중의 마음을 모으면 하늘 마음이 되며, 대중의 눈을 모으면 하늘 눈이 되며, 대중의 귀를 모으면 하늘 귀가 되며, 대중의 입을 모으면 하늘 입이 되나니, 대중을 어찌 어리석다고 속이고 해하리오."[42]라고 하여, 대중의 위력에 대해 경외심을 가질 것을 강조한다. 이는 '처처불상(處處佛像) 사사불공(事事佛供)', '일원은 제불·조사·범부·중생의 성품', '일원상과 같이 원만 구족하고 지공무사한 각자의 마음' 등 개교표어와 『정전』에서 말하는 '불성'에 연관된 이야기이다. 모두가 불성을 가지고 있기에 동등하고 위력을 가졌으며, 누구나 이 불성을 기반으로 성불제중 제생의세 할 수 있다고 보는 관점이다.

서로 동등한 동반자적 존재, 그리고 불성을 가진 존재로서 대중의 이 두 가지 의미는, 『대종경』의 수사학적 성격이 독자 중심적으로 형성되어 있다는 점을 교리적으로 뒷받침한다. 텍스트에 대한 독자의 주체적이고 능동적

---

40 『대종경』 제13교단품 19장.
41 『대종경』 제7성리품 29장.
42 『대종경』 제5인과품 23장.

인 의미 구성을 유도하기 위해서는 독자의 이해력과 창의력에 대한 신뢰가 우선되어야 한다. 그러지 않고서는 어디까지나 저자의 의도를 일방적으로 전달하는 방식의 텍스트, 저자의 생각에 독자의 해석을 끼워 맞추려 하는 텍스트만이 생산될 뿐이다. 이 점에서, 『대종경』은 수사학적 표현을 사용함에 있어 독자의 근본적 불성을 전제하는 동시에 '동반자'로서 그 위상을 정립함으로써 독자의 주체성과 능동성을 표명하고 있다.

이상과 같이 『대종경』의 수사학적 특성을 살펴본 결과, 인지적 측면에서는 익숙하고 쉬운 표현을 통해, 정의적 측면에서는 동기의 유발과 소태산의 간절함 및 염려를 통해 독자의 주체적이고 능동적인 이해를 유도하고 있다는 점을 알 수 있다.

IV. 맺음말

경전에 수사학적 표현이 다양하게 등장해야 한다는 당위성은 존재하지 않는다. 경전은 어디까지나 교의와 창시자의 언행을 기록한 것이지, 문학이 아니기 때문에 더 그렇다. 그럼에도 경전에서 수사학적 표현이 여러 차례, 그것도 다양한 범주에서 사용된다면, 이는 경전이 가지는 교법적 특수성의 측면에서 검토될 필요가 있다.

『대종경』에는 범주별 수사법이 다양하게 사용되었는데, 그 패턴을 분석한 결과 익숙하고 쉬운 이해와 독자의 동기 유발 등을 지향한다는 것을 알 수 있었다. 이 표현 방식은 인지적 측면에서 독자로 하여금 형이상학적인 진리의 세계에 좀더 가까워지게 하는 역할을 한다. 일상생활에 근접한 언어는 수사학적 표현을 통해 원초적 언어로 탈바꿈한다. 이 과정에서 독자의 능동적 해석이 이루어질 수 있다. 소태산의 언어관은 진리의 양면성을 인정한다. 이 점에서, 수사학적 표현들은 언어로 형언 가능한 측면과 언어의 길이 끊어진 측면의 양면성을 추구하기 위해 두 측면 사이의 간격을 좁히는 교량으로서의 기능을 한다. 다음으로 정의적 측면에서는 독자의 동기 유발을 유도하면서 소태산의 그들을 향한 간절함을 전한다. 대중으로서의 독자의 교법적인 위상은 불성의 소유자인 동시에 동반자로 설정된다. 이는 독자 중심의 의미 구성에 반드시 전제되어야 할 조건으로서 독자의 해석력에 대한 신뢰를 함의한다.

앞에서도 밝혔듯이 수사학은 독자의 주체적인 이해를 유도하고 저자의 생각을 관철시키는 방법이다. 그러므로 텍스트 장르와 유형을 막론하고 수사학적 표현들은 본래 상대를 진리로 유도하는 방법이자 독자를 중심에 두는 과정이라고 볼 수도 있다. 그러나 수사학적 표현이라 해서 그 표현이『대종경』과 동일하게 독자의 주체적, 능동적 해석을 유도한다고 단언할 수는 없다. 그 이유는 그 표현이『대종경』과 동일한 스펙트럼 선상에서 언어의 양면성에 부합하는지 알 수 없을 뿐 아니라, 양면성을 추구한다 할지라도 독자의 불성을 존중하고 그들을 동반자로 여기는 소태산의 심경을 똑같이 전달하기는 어려울 것이기 때문이다.

이 글은 소태산의 언행록인『대종경』을 수사학적으로 분석한 것으로서,『대종경』의 통시적 형성사가 아닌 공시적 텍스트 연구에 주안점을 두고 진행되었다. 따라서『대종경』의 편집 과정에서 소태산의 법설을 사실 그대로 옮겨 담았는지 여부가 아닌, 현재 독자들이 읽고 있는『대종경』내의 수사학적 표현들 자체를 집중 검토한 것이다.[43] 지금 바로 여기에서 독자가 그

---

43 통시적 관점에서의『대종경』에 대한 논의는 박광수의「대종경 법문의 상황성 연구: 주

내용을 바르게 이해하고, 적극적으로 실천하며, 서원으로 이를 지속하길 바랐던 소태산의 심경은, 그 자체만으로도 개인의 위상이 아닌 모두의 낙원생활에 중심을 둔 '개인'에서 '대중'으로의 확장이었다. 『대종경』은 일원의 체성에 합하여 언어의 길이 끊어진 경지가 인류의 성불제중을 위해 언어에 합치되어 나타난 대공사(大公事)의 하나다. 소태산의 심경을 담아낸 『대종경』의 수사학적 표현들은 진리의 실체를 현 시대에도 모든 독자에게 그대로 전해 오고 있다. 소태산은 열반한 지 오래이나, 지금을 살아가는 우리는 『대종경』에 나타난 표현들의 본래적 기능과 의의를 이해하고 실천할 수 있기를 염원한다.

산종사의 대종사법설 수필집 중심으로」, 류성태의 「교서결집에 대한 연구-『대종경』을 중심으로」 등을 참조하기 바란다.

홍익인간과 한국정치

: 이념과 현실 그리고 국가정체성

김석근　아산정책연구원 한국학연구센터장

Ⅰ. 머리말: 이념과 현실

'널리 인간을 이롭게 한다'는 것과 '홍익인간'이라는 말(용어)은 어떤 관계에 있는가. 한자어로 표기되는 '홍익인간'(弘益人間) 이전에 그 말에 담기는 이미지 내지 이념이 먼저 존재했다.[1] 그것은 먼 고대에 국가와 공동체, 그리고 바람직한 삶에 대해서 가졌던 이미지를 총체적으로, 그리고 신화적으로, 신화 형태를 빌려서 표현한 것으로 볼 수 있다. 그것의 원초적인 모습은 단군신화를 통해서 엿볼 수 있다. 한반도 최초의 국가(고조선) 건국신화로서의 단군신화의 의미의 일단은 거기서 찾아볼 수 있다.[2]

그런 이미지가 구체적으로 '홍익인간'이라는 용어로 쓰이고 정립된 것은 한참 후대의 일이다. 문헌 자료에 포커스를 맞춘다면 13세기에 편찬된 『삼국유사』와 『제왕운기』, 특히 『삼국유사』에 이르러서였다. 이미 한자에 의해 표현되고 있었으며, 또한 오래전에 외래사상으로서의 (유교는 물론이고)

---

1 "역사 기록이 없는 기간 동안에도 역사는 있었다."(조동일, 『한국문학사1』, 서울: 지식산업사, 1988, 48쪽) 기록, 다시 말해 문자로 표현된 서적이 전하지 않는다고 해서, 사상의 존재 자체를 부정해 버릴 수는 없다.
2 우리는 단군신화로부터 역사의 전개를 생각하지만, 엄밀하게 말하면 그것 역시 일정한 역사적 단계에 이르러서 형성되었다. "단군신화는 청동기 시대를 배경으로 하여 고조선의 건국과 함께 성립한 것이며, 따라서 고조선의 건국 없이는 이루어질 수 없는 신화"인 것이다. (이기백·이기동, 『한국사강좌1(고대편)』, 서울: 일조각, 1982, 44쪽)

'불교' 역시 수용되어 있었다. 단군신화를 둘러싼 다양한 해석과 논란 역시 그 같은 사정과 무관하지 않다고 하겠다.

그렇게 '홍익인간'이란 용어가 등장했지만, 역사적으로 그리고 본격적으로 그것이 주목받게 된 것은 19세기에 들어서였다. 특히 현재적인 의미를 갖게 된 것은 20세기 이후였다. 일종의 전통의 '재발견'(再發見)이라 해도 좋겠고, 전통의 '천명'(闡明)이라 해도 좋겠다. 어느 쪽이든 간에 흔히 말하는 '전통의 발명'(Invention of Tradition)이라는 맥락에서 이해할 수 있겠다.

그 연장선 위에서, '홍익인간'은 대한민국 정부 수립 이후 교육의 기본이념으로 채택, 교육법 속에 법제화(1949)되어 오늘날에 이르고 있다.[3] 신생 근대 국가로서의 대한민국에서 정했던 '개천절'(開天節)이라는 국가명절(국경일) 역시 그런 맥락에서 이해되어야 할 것이다. 그러니까 그 대상은 오래되었지만, 거기에 담기는 관념은 고대적인 것이 아니라 이미 '근대적인' 것 내지 '현재적인' 의미를 갖는 것이라 하겠다.

'홍익인간' 이념이 대한민국 교육의 기본이념으로 채택되어 법제화된 이후, 어느덧 70년 가까운 세월이 흘렀다. 흔히 전통 시대의 동아시아 역법(歷法)의 근간을 이루는 간지(干支)체계[4]에 따르자면 한 번의 주기를 이루는 60

---

3 「교육법」(법률 86호)은 우리나라 최초의 교육기본법으로 48년간 시행되어 왔으며, 1997년 12월 13일 「교육기본법」이 새로 제정되었다(법률 제 5437호). 총칙을 포함한 3장으로 구성되었으며 "교육에 관한 국민의 권리·의무 및 국가·지방자치단체의 책임을 정하고 교육제도와 그 운영에 관한 기본적인 사항"을 규정하고 있다. 이후 총 12차례의 개정이 이루어졌다. 현재는 총 3장 29조로 이루어져 있으며, 교육이념은 그대로 유지되고 있다. "제2조(교육이념) 교육(教育)은 홍익인간(弘益人間)의 이념(理念) 아래 모든 국민(國民)으로 하여금 인격(人格)을 도야(陶冶)하고 자주적(自主的) 생활(生活) 능력(能力)과 민주(民主) 시민(市民)으로서 필요(必要)한 자질(資質)을 갖추게 함으로써 인간(人間)다운 삶을 영위(營爲)하게 하고 민주국가(民主國家)의 발전(發展)과 인류공영(人類共榮)의 이상(理想)을 실현(實現)하는 데에 이바지하게 함을 목적(目的)으로 한다."

4 천간(天干)과 지지(地支), 십간(十干)과 십이지(十二支)가 조합해서 만들어내는 체계.

년 하고도 다시 10년 가까이 지났다. 그런 시점에서 '홍익인간' 이념을 한 번쯤 진지하게 되돌아보는 것이 무의미하지는 않겠다.

정작 문제는, 우리는 그런 이념에 맞게 살아왔으며 또 살아가고 있는가, 홍익인간에 담겨 있는 이념적 가치들이 실제로 구현되고 있는가, 또 우리의 의식과 행동은 거기에 맞게끔 영위되고 있는가 하는 것이다. 이 글에서는 '홍익인간' 이념에 기초해서 지난 70여 년간의 한국정치를 거시적으로 되돌아보면서 논평하고, 나아가 현 시점에서 한국정치의 존재 양태와 나아가야 할 길을 생각해 보고자 한다. 일종의 거친 회고·반성과 더불어 미래를 향한 전망이라 해도 좋겠다.

II. 단군신화와 홍익인간

'홍익인간' 이념을 담고 있는 신화적인 이야기로서의 단군신화는 일연 (1206-1289)의 『삼국유사』와 이승휴(1224-1300)의 『제왕운기』에 실려 있다.[5] 현존하는 가장 오래된(最古) 서적임과 동시에 최초의 정사(正史)인 『삼국사기(三國史記)』에서는 찾아볼 수 없다. 김부식(1075-1151)이 지니고 있던 유교의 합리적 사유, 특히 『논어』에 나오는 '공자는 괴력난신을 말하지 않으셨다 (子不語怪力亂神)'라는 구절이 작용했을 것이다.[6]

10과 12의 최소공배수 60이 하나의 완결된 구조와 내용을 갖는다.
5 비슷한 내용을 조선 초기 권람(權覽)의 『응제시주(應製詩註)』, 『세종실록』「지리지」, 『동국통감』 등에서 볼 수 있다.
6 일연이 「기이 제2」의 머리말에서 그 말을 빌려서 말한 것이 좋은 증거라 하겠다. 승려였던 그가 인용할 정도였으니, 유교적인 사고에 젖어 있던 사람들에 있어서랴.

그 연장선에서, 유교적인 역사관이 지배했던 조선 시대에 단군신화와 홍익인간 이념은 그다지 주목받지 못했던 듯 하다. 그 명맥은 민간에서, 혹은 일부 지역에서 유지되었을 뿐이다. 단군신화와 홍익인간에 다시금 주목하게 된 것은 실은 구한말에 이르러서였다. 이어 1920년대, 그리고 1945년 해방과 더불어 홍익인간 이념의 재조명되기에 이르렀다. 우리는 그것을 '전통의 재발견' 혹은 '발명'이라는 관점에서 바라볼 수 있을 것이다.

1. 신화와 문헌

『삼국유사』는 「위서」와 「고기」 등의 문헌을 인용하는 형태로 단군이 건국한 기사를 전해 주고 있다. 그중에서 「고기」를 인용한 부분에 천신(天神) 환인이 아들 환웅을 지상에 내려보낼 때 홍익인간을 염두에 둔 것으로 적고 있다. 「고조선(왕검조선)」조의 주요 부분을 보면 다음과 같다.

「위서」에 이르되, 지금으로부터 2,000년 전에 단군왕검이 있어 아사달에 도읍하고 국호를 조선이라 하니 요임금과 같은 때이다. 「고기」에 이르되, 옛날에 환인(제석이라 함)에게 서자 환웅이 있었는데, 자주 천하에 뜻을 두어[數意天下] 사람이 사는 세상을 탐냈다[貪求人世]. 아버지 환인이 아들의 뜻을 알고 삼위 태백을 내려다보니 인간들을 널리 이롭게(弘益人間) 해 줄 만했다. 이에 천부인 세 개를 주어, 가서 그것을 다스리도록 하였다(遣往理之). 환웅이 무리 삼천을 거느리고 태백산 마루에 있는 신단수 밑에 내려오니, 이곳을 신시라 하고, 이분을 환웅천왕이라 부른다. 풍백 · 우사 · 운사와 주곡 · 주명 · 주병 · 주형 · 주선악 등을 거느리고 인간세상의 360여 가지 일을 주관하면서 세상에 머물며 다스리고 교화하였다(在世理化). … 웅녀가 혼인할 데가 없어서 신단수 밑에서 아기 배기를 빌었다. 이에 환웅이 잠깐 사람으로 변하여 웅녀와 혼인하여 아들을 낳으니 단군왕검이라 하였다. 요임금이 즉위한 50년경인에 (당요가 즉위한 원년은 무진년이므로 당요 50년은 정사이지 경인이 아니니 그것이 의심된다) 평양성에 (지금의 서경) 도읍하고 조선을 처음 일컬었다.[7]

『삼국유사』보다 6년 늦게 유학자 이승휴(1224~1300)가 저술(1287)한 『제왕운기』에서는 「본기」라는 문헌을 인용해서 단군의 건국 사실을 전해주고 있다. 그런 가운데 홍익인간을 언급하고 있다. 핵심적인 부분은 다음과 같다.

「본기」에 이르기를 "상제 환인에게 서자가 있었는데 웅이라 하였다. (환인이) 웅에게 이르기를 '삼위태백으로 내려가 홍익인간하겠는가.' 하였다. 이에 웅이 천부인 세 개를 받아 삼천명의 鬼를 거느리고 태백산 꼭대기로 내려왔으니, 이분이 환웅천왕이라고 하였다. (환인이) 손녀에게 명하여 사람의 몸을 이루게 하고 단수신과 혼인하게 하였다. (손녀가) 남자아이를 낳으매 이름이 단군이다. 조선 땅에 근거하여 왕이 되었으니, 그러므로 신라 · 고려 · 남북옥저 · 부여와 예맥은 모두 단군의 후예이다. 1038년을 다스리고 아사달산에 들어가 신이 되니 죽지 않은 것이다."[8]

---

7 魏書云 乃往二千載有壇君王儉 立都阿斯達 [經云無葉山 亦云白岳 在白州地 或云在開城東 今白岳宮是] 開國號朝鮮 與高同時 古記云 昔有桓因 [謂帝釋也] 庶子桓雄 數意天下 貪求人世 父知子意 下視三危太伯 可以弘益人間 乃授天符印三箇 遣往理之 雄率徒三千 降於太伯山頂 [卽太伯之妙香山] 神壇樹下 謂之神市 是謂桓雄天王也 將風伯雨師雲師 而主穀主命主病主刑主善惡 凡主人間三百六十餘事 在世理化 ...熊女 ... 孕生子 號曰壇君王儉 以唐高卽位五十年庚寅 (唐堯卽位元年戊辰 則五十年丁巳 非庚寅也 疑其未實) 都平壤城 (今西京) 始稱朝鮮 (『三國遺事』 卷第一, 紀異 古朝鮮(王儉朝鮮))

8 初誰開國啓風雲 釋帝之孫名檀君 [本紀日 上帝桓因有庶子 日雄云云 謂日 下至三危太白

두 문헌 사이에는 여러 측면에서 약간의 차이가 없지 않다.[9] 예컨대 『제왕운기』에서는 환인이 환웅에게 지상에 내려가 홍익인간할 것을 권유 혹은 의중을 떠보는 것으로 되어 있다. 하지만 건국신화라는 큰 맥락에서는 크게 다르지 않다. 지상 최초의 인간 공동체의 기원에 대한 신화적 서술이자 동시에 한반도 최초의 국가 고조선을 건설한 이념에 대한 선언으로 볼 수도 있다.

하지만 두 문헌 이후 한말에 이르기까지 홍익인간을 특별히 거론한 문헌은 보이지 않는다. 거의 유일하게 『단종실록』에 홍익인간이 나오지만, 그 기사는 『삼국유사』의 「고기」를 그대로 인용한 것이다.[10] 성리학적 세계관 하에서, 역사 서술은 역시 유교적인 교리를 바탕으로 이루어졌기 때문일 것이다. 또한 중국과의 관계를 보더라도 역시 (단군보다는) 앞선 중국 문명의 전달자 기자가 더 존숭되었던 것으로 여겨진다. '동방시수명지주(東方始受命之主)'이자 '조선시조(朝鮮始祖)'로의 단군의 의의는 상대적으로 경시되었다. 그렇다고 해서 단군에 대한 인식이 완전히 사라진 것은 아니었다.[11]

弘益人間歟 故雄受天符印三箇 率鬼三千 而降太白山頂 神檀樹下 是謂檀雄天王也 云云 令孫女飮藥成人身 與檀樹神婚 而生男 名檀君 據朝鮮之域爲王 故尸羅高禮南北沃沮東北扶餘穢與貊 皆檀君之壽(裔)也 理一千三十八年 入阿斯達山爲神 不死故也] 並與帝高興戊辰(『帝王韻紀』 卷下 [東國君王開國年代 前朝鮮紀])

9 이에 대한 자세한 검토는 김석근, 「단군신화와 정치적 사유」, 이재석 외, 『한국정치사상사연구』, 서울: 집문당, 2001을 참조할 것.

10 『세종실록』 「지리지」나 「응제시주」에서는 환웅이 지상에 내려오는 과정을 '意欲下化人間'이라 하였다. '下化人間'은 인간을 교화나 치화의 대상으로만 상정하고 있어 '홍익인간'과는 뉘앙스의 차이가 있다. 유교적인 '교화' 관념이 투영되었다고 할 수 있다.

11 평양의 단군묘와 단군사, 구월산의 삼성사, 그리고 강화도의 마니산(참성단) 등에서 행해진 국가 차원의 제례나 풍습을 언급하는 문헌 기록이 전해진다. 예컨대 세종 7년 정척이 왕에게 단군을 치제하는 독립된 사당을 지을 것을 건의하는 상소문에는, 그동안에는 단군묘(檀君廟)를 기자묘에 부설하여 봄·가을에 제사지냈다는 내용이 보인다. 세종실록 지리지에도 세종 11년 단군사(檀君祠)를 설치하여 봄·가을마다 제사지냈다는 기록

2. 전통의 발명

홍익인간이라는 용어가 다시 조명을 받게 된 것은 구한말에 이르러서였다. 단기 연호가 사용되고 개천절이 기념되기 시작했다.[12] 단군을 종교적 신앙 대상이자 국조로 상정한 대종교 등의 민족종교가 일어나고, 단군의 자손으로서의 민족 정체성을 학술적으로 정립하려는 민족주의 사학의 전개와 밀접하게 관련되어 있다.[13] 하지만 특별히 홍익인간에 주목한 것 같지는 않다.[14]

좀더 직접적으로 '홍익인간' 이념이 역사의 전면에 다시 떠오른 것은, 1920년대 이른바 '신민족주의' 이론가들에 의해서였다.[15] 그들은 자신들의 민족주의 이론에 홍익인간을 적극 끌어들이게 되었다. 삼일운동 이후, 사상적으로 계급적으로 분열된 민족을 통합하기 위한 대안 논리 모색 과정에서 홍익인간이란 이념을 주목하게 되었다. 그 바탕에는 사상과 계급으로 환원될 수

이 나온다. 성종실록에도 예조가 구월산 三聖祠에도 평양의 단군묘의 예에 따라 봄·가을로 제사지낼 것을 건의하자, 왕이 그에 따랐다는 기록이 있다. 『세종실록』권29, 세종 7년 9월 辛酉; 『세종실록』「지리지」권162, 평양부; 『성종실록』권15, 성종 3년 2월 壬申 참조.

12 정영훈, 「단기연호, 개천절 국경일, 홍익인간 교육이념: 현대 한국에서의 단군민족주의 의 제도화에 관한 연구」, 『정신문화연구』113호, 2006, 정영훈, 「한국사 속에서의 단군민족주의와 그 의의」, 윤내현 편, 『동아시아의 지역과 인간』, 서울: 지식산업사, 2005 참조.

13 그런 흐름을 '단군 민족주의'라는 용어로 요약하기도 한다.

14 대종교 관련 경전, 즉 대종교 경전 『神事記』에서 "치화주는 환검인데 五事를 주관하고 홍익인세하였다."라고 한 것에서 찾아볼 수 있다. 『신사기』중 「치화기」, "治化主曰桓儉 主五事弘益人世 肇建極垂統万万世" 『신사기』는 나철이 대종교를 중광하기 4년 전인 1905년에 백두산에서 온 두암옹(頭巖翁)으로부터 받았다는 서책 중 하나다.

15 어째서 '신'민족주의인가. 대내적으로 당시 도입되기 시작한 사회주의 이론까지 흡수해서 평등과 복지 문제까지 고려하고, 대외적으로 민족과 세계가 공존공영하는 세계일가론을 전개하는 등, 민족주의 이론 전개에서 새로운 측면을 보여주었기 때문이다.

없는 '민족'에 대한 관념이 짙게 깔려 있다. "홍익인간 이념은 안으로 민족 내부의 사상적·계급적 대립을 해소하고 밖으로 인류공영을 보장할 수 있는, 민족 신화 속에 나오는 이념이면서도 보편적으로 수용될 수 있는 그러한 관념이었다."[16]

새롭게 표방하게 된 '홍익인간'은 조선 민족의 역사적·문화적 자주성과 자긍심을 과시할 수도 있었지만, 민족적 정체성을 유지하기 위해 필요한 상징조작으로서의 의미도 없지 않았다. 자연스레 홍익인간을 정점으로 하는 민족과 국가의 역사에 주목하게 되었다. 또한 단순한 복고에 머문 것이 아니라 적극적으로 현대적인 재해석을 시도했다. 조소앙의 삼균주의,[17] 안재홍의 신민족주의,[18] 정인보의 국학(조선학) 연구[19] 등이 대표적인 예라 할 수 있겠다.

1945년 8.15와 더불어 '홍익인간' 이념 역시 획기적인 국면을 맞게 된다. 대한민국 정부가 정식으로 수립된 후 교육의 기본이념으로 채택되어 '교육

---

16 정영훈, 「고조선의 건국이념 홍익인간, 그 의미와 의의」, 동북아시아역사재단 발표문, 2014b

17 삼균주의의 역사적 근거를 『신지비사』에 나오는 "首尾均平位興邦保太平"이라는 문구에서 찾았으며, 삼균 원리는 "홍익인간과 이화세계하자는 우리 민족이 지킬바 최고공리"라 했다. 삼균학회편, 『소앙선생문집』 상, 서울: 횃불사, 1979, 148쪽.

18 안재홍은 홍익인간 이념을 주목해 다사리-만민공생-대중공영-민주주의-민생주의 같은 현대적 정치원리로 재해석했다. 홍익인간-재세이화 이념을 근거로 다사리 이념은 태고시대부터 비롯되었다고 주장했다. 그는 '선민창생의 생활이념' 속에서 '신시대 창건'의 지도 원리를 찾고자 했다. 안재홍, 「신민족주의와 신민주주의」, 『민세안재홍선집』 2, 서울: 지식산업사, 1983, 29-48쪽.

19 정인보는 홍익인간을 '조선얼'의 대표적인 표현으로 '전 민족 공통의 교의'라 보았다(「조선사연구」 하, 『담원정인보전집』 4, 서울: 연세대학교출판부, 1983, 182-184쪽). 또한 "조선의 조선됨이 그 근본되는 연원"이며, "겨레의 줏대되는 정신"으로, 대대로 전하여 오며 "折하여도 마침내 끊지 아니하는" 민족정신의 주축이라 했다. 「丙子와 조선」, 《동아일보》 1936.1.1-3 ; 『담원정인보전집』 2, 서울: 연세대학교출판부, 1983, 366-369쪽.

법' 속에 자리 잡게 되기 때문이다. 홍익인간을 교육이념으로 결정한 것은 미군정 하의 조선교육심의회였다. 미군정에서는 교육 문제 자문과 관련해, 한국과 미국 측 인사를 위촉해 조선교육심의회라는 자문기구를 설치했다 (1945.11). 그 기구 내의 교육이념 분과위원회에서 조선교육의 기본이념으로 제정되게 되었다. 그 과정에서 교육이념 분과위원으로 참여했던 백낙준과 안재홍이 중요한 역할을 한 것으로 알려져 있다.

구체적으로 '홍익인간' 이념을 제안했던 사람은 백낙준(白樂濬)이었다. 그는 홍익인간 이념은 그 유래가 『삼국유사』나 『제왕운기』보다 훨씬 옛적부터 전해온 것이며, 우리 민족의 이상을 가장 잘 표시하고 있기 때문에 대한민국의 교육이념으로 손색이 없다고 강조했다.[20] 조선교육심의회 제4차 전체회의(1945.12.20)에서는 교육의 근본이념을 "홍익인간의 건국 이상에 터하여 인격이 완전하고 애국정신이 투철한 민주국가의 공민을 양성함"에 두기로 결정했다.

정식으로 공포(1949.12.31)된 '교육법'에서는 그 제1조에서 교육의 기본이념을 "교육은 홍익인간의 이념 아래 모든 국민으로 하여금 인격을 완성하고 자주적 생활 능력과 공민으로의 자질을 구유케 하여 민주국가 발전에 봉사하며 인류공영의 이상 실현에 기여하게 함을 목적으로 한다"고 정했다. 교육이념으로 채택한 동기를 『문교개관』에서는 다음과 같이 설명하고 있다.

홍익인간은 우리나라 건국이념이기는 하나 결코 편협하고 고루한 민족

---

20 백낙준, 『한국교육과 민족정신』, 서울: 문교사, 1953, 25쪽. 그는 영어로 홍익인간을 'maximum service to humanity'라 번역했다. 홍익인간을 'the greatest service for the benifit of humanity'라 번역하기도 한다.

주의 이념의 표현이 아니라 인류 공영이란 뜻으로 민주주의의 기본정신과 부합되는 이념이다. 홍익인간은 우리 민족정신의 정수이며, 일면 기독교의 박애정신, 유교의 인(仁), 그리고 불교의 자비심과도 상통되는 전 인류의 이상이기 때문이다.[21]

III. 홍익인간과 한국정치: 이념과 현실 사이

단군신화에 담겨 있는 홍익인간과 그 이념은, 단군신화에서 그 단초를 찾을 수 있지만 그것이 줄곧 '주선율'(主旋律)로 이어져 온 것은 아니었다. 시대의 변화에 따라 약간의 부침은 있었지만, 저변에서 끊임없이 이어져 오면서 특정한 국면마다 수면 위로 떠오르게 되는 '집요저음'(執拗低音)의 일환을 이루었다고 볼 수 있지 않을까. 그런 현상은 특히 시대의 전환기, 따라서 주선율의 교체 혹은 새로운 주선율의 모색기에 나타나게 된다고 해도 좋지 않을까 한다.

1. '이념'으로서의 '홍익인간'

단군신화에서 단초를 찾아볼 수 있는 '홍익인간'[22]은 과연 '이념'이 될 수 있

---

21 문교부, 『문교개관』, 1958, 4-5쪽.
22 '홍익인간'의 구체적 이념 내용을 실증하기 어려운 자료들 또는 아직 사료 비판을 거치지 않은 서적을 통해서 채우려는 시도도 없지 않다. 예컨대 중국 문명을 한반도에 전해준 기자에 주목해서, 기자가 주 무왕에게 전한 홍범구주가 홍익인간 이념을 구체화한 것으로 해석하려는 시도, 『삼일신고』·『천부경』·『참전계경』 같은 단군 관련(특히 대종교) '경전'(서적)이나 『환단고기』·『부도지』 같은, 이른바 '재야사서'를 이용해서 홍익인간을 설

는가, 다른 말로 하자면 홍익인간이 지향하는 가치관 내지 세계관의 내역은 어떠한 것인가. 이에 대해서는 크게 두 단계로 접근할 수 있다. 먼저 (1) 홍익인간 이념이 담겨 있는 단군신화를 일정한 역사 단계에서 나타난 것으로 해석하는 역사적 접근, 이어 (2) 홍익인간 이념에 담겨 있는 (혹은 담겨 있다고 여겨지는) 가치관 내지 세계관에 대한 철학적 접근이 그것이다. 그 성격으로 미루어 볼 때 나름대로 '현재적' 재해석과 의미 부여가 가능한 것은 역시 철학적 접근이라 하겠다. 단적으로 교육이념으로 채택된 홍익인간 역시 거기에 속한다고 할 수 있다.

오늘의 입장에서 '홍익인간' 이념을 적확하게 이해하기 위해서는 두 가지 방식을 모두 이해해야 한다고 생각한다. 가능한 객관적이고 입체적인 이해를 위해서라도. 역사적으로 본다면, 단군신화는 역시 고조선의 건국신화라 할 수 있다. 청동기 시대를 배경으로 고조선의 건국과 함께 성립한 것, 고조선의 건국 없이는 이루어질 수 없는 신화라는 것이다. 특히 청동기시대로 이행하는 변혁기, 생산력의 발전과 사유재산의 등장, 정복과 유이민을 통해 씨족과 부족의 단위를 넘어서 성읍국가가 등장하는 역사적 상황 속에서, 그런 과정을 상징적으로 그리고 총체적으로 나타내주고 있다. 그런 만큼 다양한 요소들이 담겨 있다고 하겠다.[23]

동시에 냉정하게 보자면, 국가 내지 정치권력의 탄생에 얽힌 이야기이자 동시에 권력의 정당화와 '상징' 조작이라는 이데올로기라는 측면도 없지 않

명하려는 움직임도 없지 않다. 필자의 경우, 현대 한국에서의 그 같은 흐름 자체가 나름대로 하나의 독특한 현상으로 현대 한국 '사상사' 연구의 대상이 될 수 있다고 생각한다.

23 단군신화에는 토테미즘, 애니미즘, 태양-천(天) 숭배사상, 조상 숭배(건국시조 숭배), 샤머니즘 같은 다양한 요소들이 복합적으로 얽혀 있으며, 그러면서도 서로 충돌하지 않고 공존하는(무질서 속의 질서) 그런 상황이야말로 단군신화가 전해주는 정치적 사유의 특질이라 할 수 있지 않을까 한다.

다고 생각한다. 하지만 그것만이 전부는 아닐 것이다. 씨족과 부족 단위를 넘어서 고대국가로 출범하는 만큼 '통합'과 '단결'을 위한 포용과 정책을 '이념'적으로 표현하지 않을 수 없었을 것이다. 천신(환인)의 후예로서의 정당한 권력이자 동시에 구성원 모두를 위한 정치권력이라는 식으로. 그것은 국가와 정치권력의 존재 이유에 대한 일종의 자기최면일 수도 있겠지만…[24] 아무튼 어느 시대나 정치권력에는 그같은 두 가지 측면이 동시에 공존하는 것 아닐까.[25]

군이 '시대'에 얽매이지 않고서 조금 자유롭게 해석해 본다면 '홍익인간' 이념은 다각도로 해석될 수 있다. 『문교개관』에서 말하듯이, "우리나라 건국이념"이면서 동시에 "우리 민족 정신의 정수"로서, "결코 편협하고 고루한 민족주의 이념의 표현이 아니라 인류 공영이란 뜻으로 민주주의의 기본정신과 부합되는 이념"이다. 그것은 "일면 기독교의 박애정신, 유교의 인(仁), 그리고 불교의 자비심과도 상통되는 전 인류의 이상"으로 해석할 수도 있겠다. 동의 여부는 각자의 생각에 따라 다르겠지만.

홍익인간, 대체 그것은 무슨 뜻인가. 우선 자의(字意)로 보자면, '홍'(弘)은 크다, 넓다는 뜻이다. 큰 것은 수량이나 규모가 큰 것으로 성장, 생산성, 넉넉함을 말한다. 그것은 작음, 부족함, 가난과 대비된다. 넓다는 것은 고르게 넓게 펼쳐진 모습을 떠올리게 해 주며, 평등·분배·복지로 이어질 수 있

---

24 하늘과 '하늘님'으로서의 환인에 주목한다면, 권력과 지배층에 대해서 어떤 정치를 하라는 식의 지시 내지 명령으로 해석해볼 수도 있겠다.
25 홍익인간에 내포된 정치이념을 (1)인간을 중히 여기고 인간 중심으로 정치를 행한다는 의미의 인본주의와, (2)모든 인간을 유익하게 한다는 취지의 대동주의-보편주의, (3)공포 아닌 덕력에 의한 교화를 추구한다는 의미의 덕치주의, (4)상호존중·평등·평화의 원리, (5) 철저한 현세주의 등으로 분석한 사례가 있다. 정연식, 「상고대 조선의 정치이념에 대한 연구」, 부산대 박사논문, 1983, 62-64쪽.

다. 반대되는 이미지로는 편중, 독점, 편파성 등을 들 수 있다. '익'(益)은 롭게 한다는 것, 현대식으로 말하자면 행복하게 해준다고 할 수 있다. 그것이 결여된 형태는 빼앗음, 착취, 억압, 방관 등이 해당될 것이다. '인간'(人間)은 사람 '인'(人)과 사이 '간'(間)이 결합된 단어이다. 검토가 더 필요하겠지만 '시간'(時間)과 '공간'(空間)과 더불어 세 간(間)을 구성한다고 한다. 천지인(天地人: 하늘, 땅, 사람)의 삼재(三才) 관념과도 무관하지 않다고 하겠다. 따라서 인간이란 '사람들 사이'이기도 하므로 우선 사람이 바탕이지만, '개인'이라기보다 사람들, 세상, 공동체와 연결된다.[26] 또한 많은 사람들로 구성되기 때문에, 소수의 통치자들이나 지배층에 국한되지 않으며 백성, 피치자, 인민, 나아가서는 민중과도 연결될 수 있다. 또한 '사람'인 만큼 신(神), 동물, 자연, 물질 등 비인격적인 것들과 대비된다.

　이같은 내역을 갖는 홍익인간 이념은 흔히 인간을 중심으로 하는 '인본주의'로 요약되기도 한다. 그렇다면 이러한 가치, 이념으로서의 홍익인간은 현대적인 맥락에서 어떻게 해석될 수 있을까. 서양 정치철학을 전공한 한 학자는 "이미 단군신화로 표현된 세계관 속에 서구의 헬레니즘이나 헤브라이즘을 능가할 수 있는 보편적인 요소가 내재"한다고 주장한다. 효율적인 논의를 위해서 헬레니즘 및 헤브라이즘과 비교하면서 단군신화와 홍익인간 이념에 대해서 논평한 것을 인용해 본다.

　　　한국인은 세계 어느 민족보다도 그 출발에서 탁월한 세계관을 잠재적으

---

26 권성아는 홍익인간의 인간을, 개인보다는 사람과 사람이 더불어 사는 세상으로의 인간 세계를 뜻하는 것으로 해석한다(권성아, 「홍익인간 이념의 교육적 해설」, 정영훈 외 공저, 『홍익인간 이념연구』, 성남: 한국정신문화연구원, 1999, 102쪽). '인'(人)과 '간'(間)이 이어져 있는 만큼, 이미 개체나 개인을 넘어선다고 할 수 있겠다.

로 향유한 민족이다. 그것은 이 글에서 다룬 원시 헬레니즘이나 원시 헤브라이즘과 비교될 경우에도 그러하다. 단군신화에는 유일하고 절대적인 존재로서 '하느님'(桓因)과 '하느님의 아들'(桓雄) 개념이 이미 확립되어 있으며, 인간의 탄생도 신이 장인(homo faber)과 같이 기능하는 것처럼 '거칠게' 묘사되지 않는다. 인간 존재는 신과 자연의 합일로서 표현되며, 또한 그것에는 '곰이 쑥과 마늘만을 백일 동안 먹는다'는 지극히 고통스런 자기변혁의 과정을 상징적으로 표현함으로써 인간의 출현을 장인이 물건을 만들어내는 차원이 아니라 낮은 차원의 존재가 자기부정을 통한 혁신을 통해서 높은 차원의 존재가 된다는 심오한 성찰을 보여주고 있다. 그것은 진화론적이고 변증법적이다. 그러한 세계관과 인간관에는 자연세계와 인간이 단순한 동일체도 아니며 서로가 대립 속에서 누가 지배하느냐의 차원에서 파악되지도 않는다. 그러한 세계관 체계에서 신·인간·자연은 합일 속의 차이, 연속성 속의 단절이라는 변증법적 발전관계에서 인식된다. 자연과의 관계가 그러할 때 인간과 인간 사이의 상호대립과 이해관계에 따른 결합과 갈등이 공동체적 유대와 호혜의 관계로 대치됨은 당연하다고 할 것이며, 그것이 이른바 홍익인간의 이상이라고 할 수 있다. 그리고 그러한 이상이 완벽하게 실현된 상황은 본질적으로 '신의 왕국'에 다름아닐 것이다.[27]

우리 민족은 그 시원 내지 출발에서 탁월한 세계관을 잠재적으로 보유하고 있다는 것이다. 단순한 주장만은 아니다. 그 증거(?)로는 유일하고 절대적인 존재로서의 '하느님'과 '하느님의 아들' 개념이 이미 확립되어 있다는

---

27 양승태, 「헬레니즘과 헤브라이즘: 서양 정신사에서 신인간역사의 변증법」, 『(계간)사상』, 겨울호, 1999, 62-63쪽.

것, 그런데 인간의 존재는 유일한 절대적인 신격이 만들어내는 '창조'의 산물은 아니다, 그래서 인간 존재는 "신과 자연의 합일"로서 표현된다는 것이다. 단군신화는 "낮은 차원의 존재가 자기부정을 통한 혁신을 통해서 높은 차원의 존재가 된다는 심오한 성찰"을 담고 있다고 한다. 요컨대 "진화론적이고 변증법적"이라는 것. 그래서 "신·인간·자연은 합일 속의 차이, 연속성 속의 단절이라는 변증법적 발전관계에서 인식"된다. 자연과의 관계가 그렇다면 "인간과 인간 사이의 상호대립과 이해관계에 따른 결합과 갈등이 공동체적 유대와 호혜의 관계로 대치됨은 당연하다"는 것이다.

2. 현대 한국정치 현실과 비평

단군신화와 홍익인간에 대한 긍정적인 평가, 나아가 예찬은 자칫하면 국수주의 내지 지나친 민족주의라고 여겨질 수 있다. 한국, 동양사상을 전공으로 삼고 있는 필자에게는 특히 그렇다. 솔직히 말하자면 그같은 경계가 언제나 마음 한구석에 자리 잡고 있었다. 그런데 위에서 본 홍익인간의 이상에 대한 서양사상 전공자의 설명은 신선하게 느껴진다. 원시 헬레니즘과 원시 헤브라이즘과의 비교 역시 설득력을 제고시켜 준다.

이하에서는 앞 절에서 전개했던 논의를 근간으로 하면서 현대 한국정치 현실에 대해서, 주요한 몇 가지 측면을 논평하는 형식으로 나아가고자 한다. 홍익인간 이념을 잣대로 삼아서 가하는 한국의 현실정치에 대한 비평이라 해도 좋고, 홍익인간 이념을 염두에 두면서 현대 한국정치가 나아가야 할 방향에 대해서 논의해 보는 것이다.

1) 문명충돌과 종교 갈등

시공간에 따라서 '정치'의 존재 양태는 끊임없이 변화해 왔다. 시대와 더불어 내역이 변하는 것은 당연하다. 강도가 다소 떨어지기는 했지만, 전 세계적으로 볼 때 사무엘 헌팅턴(S. Huntington)이 제기했던 '문명충돌'(the Clash of Civilizations) 논의는 여전히 일정한 적실성을 지니고 있다. 탈냉전시대가 되면서 이데올로기가 아니라 문명이 중요한 변수가 되었다. '문명'이라 했지만 그 실상은 오히려 '종교'에 가까운 그것이다. 그래선지 종교가 '미래의 사회과학'이 될 것이라는 예언(?)마저 나돌았다.

실제로 신념체계로서의 종교를 둘러싼 갈등과 전쟁은 세계 도처에서 볼 수 있다. 기독교와 이슬람교의 갈등, 이슬람과 힌두교의 갈등 등. 그런 측면에서 종교는 지극히 정치적이다. 근대 국가의 기본원리로서의 '정교분리'(政敎分離) 원칙이 있기는 하지만, 신정정치(theocracy)의 위험은 여전히 잠재해 있다. 'Kingdom of Heaven', 'Warriors of God' 같은 표현이 상징적이다. 그같은 종교 갈등의 바닥에는 절대적이고 유일한 창조주로서의 유일신의 존재가 상정되어 있다. 유일신 신앙 체계는 기본적으로 배타성을 지니고 있다. '협박의 하느님'(God of intimidation), '신의 도구'(Gottes Werkzeug) '신의 영광을 위해서'(zu seinem Ruhm) 그리고 '성전(聖戰)'(the Holy War) 같은 구절들은 그같은 성향을 대변하는 구호들이다.[28]

단군신화에도 "유일하고 절대적인 존재로서 '하느님'(桓因)"의 존재가 나온

---

28 『성경』에는 다음과 같은 구절도 보인다. "내 앞에서 다른 신을 네게 두지 말라." "그분은 질투하는 신이시오. 여러분이 고의로든 실수로든 죄를 지으면, 그것을 용서하지 않을 것이오. 야훼께서 여태까지는 여러분에게 잘해 주셨지만, 여러분이 만일 이제라도 그를 버리고 남의 나라 신을 섬긴다면, 반드시 앙화를 내려 여러분을 멸망시켜 버리실 것이오."(「여호수아」)

다. 하지만 '절대적이고 유일하며 전지전능한 신(God)', 모든 것을 만들어내는 창조주는 아니다. 창조신화는 아니라는 것이다. 천상의 신과 더불어 (하늘과 땅 등의) 자연과 (인간을 포함한) 생명체는 이미 존재한다. 곰과 호랑이가 인간이 되고자 했을 뿐이다.[29] 또한 유일신으로서의 창조주(the Creator) 하느님과 그가 만들어낸 피조물(the creature) 사이에는 언제나 '긴장'이 존재하는데, 그것의 단적인 표현은 원죄의식(the original sin)이라 할 수 있다. 하지만 단군신화에서는 인간은 신과도 이어지고,[30] 자연과도 이어져서 합일(合一)로 표현된다.[31] 덧붙여두자면 '신시'(神市)는 신의 세계와 인간의 질서가 이어지는 평화로운 상태를 표현하는 것으로 해석될 수 있다.

그와 관련해서 단군신화와 홍익인간 이념은, 신성함 내지 초월성이 부재한 것은 아니지만 그럼에도 지극히 '현세(현실) 중심적'이다, '재세이화'(在世理化)는 그것을 표현한 것이라 할 수 있다. 현세 중심적이기 때문에 죽음 이후의 세계, 그러니까 (불교나 기독교에서 볼 수 있는) 내세관(來世觀)이 약하다.

---

29 "단군신화는 우주와 인간이 어떤 기원에서 유래되고 생성되었는가에 대해서 전혀 언급하고 있지 않음을 본다. …단군신화에서는 오히려 천신 환웅이 천상에 있으면서도 인간 세상에 가서 살기를 탐하였다[探求人世]고 했고, 곰과 호랑이가 역시 인간으로 되기를 원하였다[願化爲人]고 서술되어 있다. 이는 의미상 天上의 신이 있을 때 이미 인간을 포함하여 지상의 생명체가 이전부터 생존하고 있음을 보여 준다. 이로써 미루어 보면 단군신화는 인간이나 우주의 기원을 문제 삼는 이른바 창조신화는 아니다. 오히려 이 점을 단군신화가 기독교의 창조신화나 희랍의 개벽신화와 다른 형태의 신화로 이해해야 할 실마리로 삼아도 좋은 것 같다."(이남영, 「사상사에서 본 단군신화」, 조명기 외, 『한국사상의 심층연구』, 서울: 우석, 1982, 66-67쪽.) 그래서 "기원을 묻지 않는 대전적(大全的) 세계관"이라 했다.
30 천신 역시 지극히 자연적이고 또 인간적인 색채를 농후하게 띠고 있다.
31 김인회는 개국 이념으로의 홍익인간은 원래 사람과 자연을 함께 생각하는 개념이었지 결코 사람 중심의 개념이 아니었는데, 교육이념으로 채택될 때 사람 위주의 인간중심주의로 변질되었다고 주장했다. 김인회, 「21세기 한국교육과 홍익인간 교육이념」, 『정신문화연구』 74호, 1999, 47쪽.

이런 측면은 유교적인 '합리주의'와도 일맥상통하는 것이기도 하다.

지금까지 한국정치에서는 정치와 종교는 각자 고유한 영역을 지켜 왔으며, 종교를 둘러싼 갈등 내지 문명충돌로 해석될 수 있는 사태로부터는 상대적으로 자유로웠던 것으로 여겨진다.[32] 이슬람 과격파에서 볼 수 있는 근본주의(Fundamentalism)나 신정정치(theocracy)로부터는 멀리 떨어져 있다. 유일신 신앙을 근간으로 하는 비슷한 세계관끼리의 갈등과 충돌 같은 사태와는 역시 거리가 멀다.

2) 민주화와 민주주의: 민주화 이후의 민주주의

오늘날 지구상에 존재하는 거의 모든 국가들은 '민주주의'를 정치이념으로 채택하고 있다. 심지어 소수자의 지배 내지 일당 독재를 실시하는 국가들에서조차 민주주의 정치 이념의 실현을 표방하고 있다. '민주주의'는 마치 현대의 '신화'(myth)처럼 되어 있다. 물론 민주주의를 어떻게 정의하느냐에 따라서 얼마든지 달라질 수 있다.

현재 한국에서 '민주주의'는 보편적인 가치 내지 당연한 것으로 여겨지고 있다. 주지하는 것처럼 한국의 민주주의는 그냥 주어진 것이 아니라 오랜 독재와 군부통치에 대한 비판과 반대를 통해서, 다시 말해서 '민주화' 운동을 통해서 얻어진 것이다. 어떤 기준에 의거하건 간에 한국이 '민주화'되었다는 점에 대해서는 크게 이의는 없는 듯하다. 해방 이후 70년에 이르는 동안 거둔 성과의 하나라 할 수 있다.[33]

---

32 소소한 충돌 사례가 전혀 없지는 않았다. 하지만 정치나 공공영역에서 크게 충돌하거나 심각한 문제가 되지는 않았다.
33 한국의 경우 '민주화'와 더불어 '산업화'를 동시에 성공한 사례로 꼽히기도 한다. 그런 성과를 억지로 폄하할 것까지는 없다고 하겠다.

하지만 '민주화'가 곧바로 '민주주의'를 담보해주지 않는다는 데에 문제의 본질이 있다. 위악적으로 말해 본다면 '민주화'되었는데 여전히 '민주주의'가 문제시되는 – '민주화'되었는데 정작 '민주주의'는 없다! – 역설적인 모순 상황이라 해도 좋겠다.[34] 따라서 민주화의 '정체'와 '내실'은 또 무엇이었는지 한 번쯤 따져 물어볼 필요가 있다. 이에 대해서 형식적이고 절차적인 민주주의 제도(법, 절차)는 확립되었지만, 이제 본격적인 과제는 역시 민주주의의 실질과 내역을 확립하는 것이라는 식으로 설명할 수도 있겠다.[35]

'민주화 이후의 민주주의', 이 말은 현재 한국의 민주화와 민주주의 현주소와 상관관계를 압축적으로 그리고 상징적으로 말해 준다. 민주화 이후 일상화된 갈등과 비효율성을 통해서 보듯이, 오히려 민주주의의 '위기'를 말하는 목소리도 들려오고 있다. 법과 제도와 절차가 아무리 좋아도 그것을 떠받쳐 줄 수 있는 사람이 없으면, 민주주의는 제대로 작동하지 않는다. 민주주의는 민주적인 사람들 사이에서 가능한 것이 아닐까, 비민주적인 사람들 사이에서 어떻게 민주주의가 가능하겠는가.

이 사안에 대한 필자의 생각은 이러하다. 독재와 군부통치에 종지부를 찍고 이룩해 낸 '민주화'의 성과가 과소평가되어서는 안 되겠지만, 오히려 그렇기 때문에 민주주의 '이념'에 대해서 더 진지하게 생각해야 한다는 것. 형식적인 제도나 절차 같은 것들이 그 자체로 목적인 것처럼 '절대시'되거나 심지어 '물신화'(物神化)되는 경향마저 없지 않으며, 그런 와중에서 정작 인

---

34 필자의 경우, 엄밀하게 말해서 한국의 '민주화'는 '군부통치(독재), 권위주의 체제로부터의 탈피', 더 줄여서 말한다면 '탈권위주의'라 해야 한다는 입장을 밝혀보기도 했다. 적극적인 의미의 민주화보다는 탈권위주의라는 성격의 소극적인 측면에 주목하는 입장이라 해도 좋겠다.

35 이를 '민주주의의 공고화'라 부를 수도 있고 '실질적 민주주의의 확립'으로 부를 수도 있다. 뭐라고 부르건 상관없다고 생각한다.

간은 '소외'당하고 있다는 것. 모든 것을 다수결과 같은 숫자와 산수로 환원시켜 버리는 경향[다수의 횡포!]과 포퓰리즘(populism) 역시 그런 분위기를 부추기고 있다.

때문에 현재 한국정치에서 진정한 민주주의 실현을 위해서는 민주주의를 떠받쳐 주는 '이념'의 '이념성' 내지 '초월성'에 대한 인식이 필요하다고 생각한다. 홍익인간 이념을 빌려서 말하자면, 정치는 역시 인간의 일이지만, 과연 누구를 위한 정치이며, 또 무엇을 위한 정치인가에 대한 심도 있는 이해가 필요하다는 것이다. 정치의 목적을 생각하지 않으면 안 된다는 것. 민주주의 정치가 단순한 '형식'과 '절차'를 넘어서 그 '목적'과 '이념'을 제대로 실현하고자 할 때 – 여기서 우리는 '신시'(神市) 개념을 떠올려 볼 수 있다 – '인간을 위한 정치' 더 나아가서는 '신의 왕국'에 한 걸음 가까워질 것이다.[36]

3) 서구 중심주의와 국가 · 민족 정체성

이른바 전 지구적 규모의 '근대' 세계 형성이 '유럽'(Europe), 특히 서부 유럽에 의해 주도되었다는 것은 이미 충분히 지적되어 왔다. 서세동점(西勢東漸) 혹은 'Western Impact'란 말은 지극히 상징적이다. 그때까지 독자적인 하나의 문명권으로 존재했던 복수의 문명권이 하나의 '세계'가 되는 과정에서 문명충돌 현상도 있었으며, '표준'(standard)을 둘러싼 치열한 경쟁도 당연히 전개되었다. 서구의 '문명'(civilization)과 '야만'(barbarian) 그리고 동아시아의 '중화'(中華)와 '이적'(夷狄)이라는 같은 구조의 논리가 부딪혔다. 논리가 아니

---

36 '신의 왕국'이란 표현을 조금 부연 설명하자면, 마치 초월적인 존재로서의 신이 인간세계에 구현하고자 하는 바람직한 '질서' 정도로 이해하면 되겠다. 이 글의 문제의식으로 말한다면 홍익인간 이념이라 해도 좋겠다.

라 힘이 지배를 정당화시켰다.

표면상으로는 근대화와 자본주의를 내세웠지만 현실에서는 제국주의와 식민지(반식민지)의 관계로 나타났다는 것도 부인할 수 없다. 생활세계 자체가 바뀐 만큼, 의식과 사유 역시 바뀌지 않을 수 없었다. 그 과정에서 정체성 (identity) 문제, 특히 식민지(혹은 반식민지)가 되면서 '국가'와 '민족'의 정체성 문제가 절실해졌다. 앞에서 본 대로 1920년대에 '홍익인간'이 재발견된 것 역시 그런 측면에서 이해할 수 있다. 이미 '국가'를 잃어버린 만큼, '민족' 정체성이 더 중시되었다. 민족 의식은 치열하게 전개된 독립운동의 사상적 원동력이 되기도 했다. 해방 이후, 홍익인간이 교육이념으로 자리 잡게 된 것이나 '개천절'이 국가 경축일의 하나로 자리잡을 수 있었던 것도 그 때문이라 하겠다.

하지만 이미 아는 것처럼 냉전체제 하에서 남북에 각각 상이한 체제가 들어서면서, 미국과 소련의 영향력 하에서 국가와 민족 정체성 자체가 도전과 위기에 직면하게 되었다. 두 개의 축이 있고, 그 자장 내에 형성되는 영향권의 확립이라 해도 좋겠다. 그 범위 안에서 '보편성'의 강조와 더불어 개별 국가의 특수성에 대한 강조는 곧바로 '편협한' 민족주의 내지 '국수주의'처럼 여겨지기도 했다. '지식'의 생산과 유통 구조 자체가 그런 분위기를 한층 더 고조시켰다. '민족' 색채를 띠고 있는 '민족종교'(신종교)들의 위상을 더듬어 보면 급격한 몰락세를 보여주었다.

2차 대전 이후 독립한 신생국가로 출범한 한국의 경우, 다른 신생국가들과는 달리 서구에 대해서는 지극히 호의적이었다. 아시아, 아프리카의 다른 식민지는 대부분 서구 열강의 그것이었으며, 그래서 서구에 대해서는 원초적인 거부감이 있었다. 일본의 식민지였던 한국의 경우 '반일' 감정은 높았지만, 상대적으로 서구에 대해서는 호감을 갖고 선망하였으며, 나아가서는 일종의 탈출구처럼 여기기도 했다. 시간과 역사에 대한 의식 역시 그렇다. 단적으로 올해는 몇 년인가 하고 물으면, 대부분의 사람들은 서슴없이 '2014 년'이라 할 것이다. 하지만 2014라는 숫자는 어디서 비롯되는가. 서기(西紀)라는 것이 유일한 표기 방식인가. 그것은 과연 '보편'적인 것인가.[37] 세계적으로 보자면 이슬람력(曆)도 있고, 불기(佛紀)도 있고, (최근에는) 유기(儒紀)도 있다.

그와 관련해서 최근 관심을 끌기 시작한 단기(檀紀) 연호(年號)는 좋은 예가 된다. 역사에서 단기 연호 사용에 대한 최초의 기록은 『고려사』 권 112 열전 제25에 기록된 '백문보(白文寶)전'이다. 구한말 창설(1909년)된 대종교는 단체로서 단기를 공식 연호로 채택했지만, 그 무렵을 전후해서 사회적으로도 널리 사용되기 시작했다. 홍익인간의 재발견과 같은 맥락에서 이해할 수 있겠다. 이후 단기 연호가 사용되었으며, '3 · 1독립선언서'에서는 '조선 건국 4252년 3월 1일'로 표기했다.

건국 이후에는 1948년 9월 25일 공포번호 4호 「연호에 관한 법률」로 단기 연호를 제정, 시행하였다. 하지만 1961년 11월 21일 5.16 군사정권의 '국가재건최고회의'에서 가결되어 같은 해 12월 2일 공포된 법률 공포번호 775호 「연호에 관한 법률」을 통해서 서기 연호를 채택하여 오늘에 이르고 있다. 현재 단기연호는 일부 관심을 가진 사람들 사이에서, 그리고 '개천절'에 즈음했을 때 잠시 관심을 가지는 정도에 지나지 않는다. 최근에는 '단기 연호

---

37 서양 사람들은 시간과 공간을 신으로부터 절대적으로 주어진 질서로 여긴다. 그래서 서기를 당연하고 절대적인 연대 표기 방식으로 이해한다. B.C.(Before Christ)나 A.D.(Anno Domini)는 예수의 탄생을 기점으로 그 이전과 이후의 역사가 완전히 다르다는 의식을 말해준다. 기독교와 떼려야 뗄 수 없는 관계에 있다는 것이다. 서양에서 서기 연호가 정립된 것은 1582년 그레고리우스 13세에 의해서였다.

부활 100만 서명운동'이 전개되기도 했지만⋯.[38]

연호는 영어로 'year-appelation'으로 번역되지만,[39] 서양에서는 연호 개념 자체가 정립되지 않았기 때문에 이해하기는 어렵다고 하겠다. 참고로 북한에서는 1997년 7월 8일 '공동결정서'를 통해 김일성의 출생연도 1912년을 원년으로 하는 '주체연호'를 제정해 서기와 같이 사용하고 있다. '주체연호'를 먼저 쓰고 서기연호를 괄호 안에 쓰거나 단독으로 쓸 때는 '주체연호'만 사용한다. 1912년 이전은 서기로 표기한다.[40]

필자가 보기에, 우리 사회는 '서구 중심주의' '유럽 중심주의'에 대한 비판과 '오리엔탈리즘'(Orientalism) 논의를 통해서 국가·민족 정체성 문제를 비로소 인식하게 된 듯하다.[41] 의식(意識)과 사유(思惟)라는 측면에서는 이제갓 시작되었다고 해도 좋겠다. 한편에서는 세계화(globalization)가 더 가속화되고 있으며, 동시에 민족국가(nation-state)와 민족주의(nationalism)가 이미 시효가 다한 것처럼 여겨지기도 한다. 하지만 세계화되면 될수록 국가·민족의 정체성 문제가 더 중요해진다는 것, 그리고 동아시아에서는 민족주의가 여전히 현실성을 갖는다는 측면도 부인할 수는 없다. 생뚱맞은 '자민족 중심주의'(ethnocentrism), 편협된 민족주의나 국수주의는 당연히 경계해야겠지만, 그렇다고 해서 자신이 누군지도 모르는 '국적 없는 국제신사'가 되어서도 안 될 것이다.

---

38 "단기연호의 부활이 결코 폐쇄적인 국수주의의 부활이 아니라 국가생활의 이상의 구현임과 아울러 인류 보편의 문명사적 소명의 실현이라는 점"을 지적하고 있다. 양승태 2013 참조.
39 연호 사용은 한무제(漢武帝) 당시 동중서(董仲舒)의 제안에 의해 사용된 건원(建元) 연호가 최초라고 한다.
40 단기연호 제정과 폐기에 대한 논의는 양승태(2007), 정영훈(2014a)를 참조했다.
41 책 제목에 직설적으로 '서구중심주의'를 내건 강정인 교수의 『서구중심주의를 넘어서』 (서울: 아카넷, 2004)가 좋은 예라고 하겠다.

4) 한국정치의 부정적인 유산들

앞에서 비평한 내용은 문명과 민주주의 그리고 국가·정체성 같은 한국정치의 거시적인 측면이었다면, 지금부터는 한국정치의 미시적인 측면에 대해서 논평해 보고자 한다. 그 성격상 역시 부정적인 측면을 다소 자의적으로 지적하는 형태가 될 것이다. 같이 한 번 생각해보자는 뜻으로 이해하면 좋겠다.

첫째, 현실 정치에 대한 '불신'이라는 측면이다. 현재 한국사회에서 현실정치와 정치인에 대한 신뢰는 지극히 낮다. 정치는 흔히 '정치판'으로 불리며, 그래서 사회적으로 명망 있는 분들 중에는 의도적으로 정치를 멀리 하려는 사람도 없지 않다. 또한 가장 믿을 수 없는 부류로 정치인들이 꼽힌다. 현실 정치는 언제나 그런 측면이 없지 않지만, 한국사회의 경우 그것이 더욱 심하다. 하지만 정치는 그 사회의 가장 특징적이고 총체적인 표현이기 때문에, 결국 그 책임은 구성원들에게 돌아갈 수밖에 없다.[42] 문제는 왜 그런가 하는 것이다. 스스로 정치이념을 만들어내지 못하고, 자주적으로 근대화를 이룩해 내지 못한 결과와 무관하지 않다. 필자가 보기에 이 문제는 한국의 근현대사 체험과 긴밀하게 연결되어 있으며, 아래에서 지적할 측면들이 서로 얽히면서 빚어낸 결과로 여겨지기도 한다.

둘째, '식민지 체험'과 '식민성'에서 비롯되는 비주체적인 측면이다. 20세기 초엽에 어쩔 수 없이 겪었던 식민지 체험과 거기서 비롯되는 식민성은 민족 정기(精氣)의 굴절을 초래했다. 남의 눈치만 보는 굴종의 삶에서 주체적인 판단과 결단을 기대할 수는 없다. 식민지 지배를 위한 분할통치(devide

---

42 자기가 속한 공동체의 정치 현상에 비판을 가하는 것은 실은 자기 얼굴에 침뱉는 것과 같다.

and rule)는 민족의 일체감을 약화시켰다. 서로에 대한 의심과 불신, 현재를 보는 눈의 차이, 독립의 방법을 둘러싼 견해의 차이는 모두를 갈라 놓았다. 민족적 구심점은 사라지고 불만스러운 개체들만 남게 되었다. 계급과 이념의 유행이 더욱 그런 경향을 더욱 부추겼다. 식민지 체제 하에서 일부 지도층이 보여준 행태, 특히 태평양전쟁 하에서의 그것은 '친일파' 논란을 불러일으키기도 했다. 지금도 그같은 논란이 완전히 끝난 것 같지는 않다. 덧붙여 둔다면 이제 우리는 그같은 식민지와 식민성을 완전히 벗어나 있는가 하는 물음을 한 번쯤은 던져볼 필요가 있다. 일본의 자리를 해방 이후 소련과 미국 대체하지는 않았는지, 지금은 또 어떤지, 돌이켜 생각해 보는 것이 무의미하지는 않을 것이다.[43]

셋째, 1945년의 짧은 해방 공간 이후 전개된 현대정치사 역시 '이념과 인간의 관계'에 짙은 그림자를 남겼다. 세계적 차원에서 형성된 '냉전'의 첨병지대 혹은 국제적인 냉전의 축소판으로서의 국내적 냉전, 그리고 동족상잔(同族相殘)의 전쟁…. 식민 지배가 남긴 뒤틀린 요소들을 제대로 청산하기도 전에 다시금 분열된 것이다. '분단'과 '내전'(6.25) 상태는 여전히 이어지고 있다. 지구상에 남아 있는 마지막 냉전지대로. 자생적인 이념과 이데올로기가 아닌 외래 이데올로기의 극한 대립과 전쟁의 비극은 '인간을 위한 이념'이 아니라 '이념을 위한 인간'의 희생에 다름아니었다. '빨갱이' 혹은 '빨갱이 새끼'라는 말이 빚어내는 폭력성은 새삼 말하지 않아도 될 듯하다. 이데올로기 시대가 종말을 고하며, 탈냉전 시대가 도래하고 사회주의권이 붕괴되어도, 한국정치에서는 여전히 철지난 '색깔논쟁'이 벌어지고, '종북좌파'라는 범주

---

43 '신'식민지주의로 해석하는 주장과 논란도 없지 않았다. 또한 '세계화'(Globalization)라는 것도 그 실질에서는 '미국화'(Americanization)가 아니냐는 지적도 나왔다.

를 매개로 심각한 '남남갈등'이 빚어지기도 한다.

넷째, 오랜 기간에 걸친 '독재'와 '군부통치'가 남긴 정신적 후유증을 들 수 있다. 독재, 그리고 쿠데타에 의한 군부통치는 한국만의 것은 아니고, 2차 대전 이후 독립한 신생국가들에서 공통적으로 나타난 현상이었다. 특히 아시아, 아프리카 국가들에서 흔히 볼 수 있는 현상이었으며, 더구나 남북이 대치하고 있는 상황이 그 가능성을 증폭시켜 보여주는 조건이 되었다. 억압에 의한 독재는 물론이고, 쿠데타에 의한 군부집권의 문제점은 길게 말할 필요는 없다. 기존질서를 일거에 무너뜨리는 쿠데타는 '하극상'의 횡행과 더불어 '전통'과 '권위'가 설 수 있는 여지를 없애 버린다. 칼자루를 쥐고 휘두르는 자가 최고다. 특별히 원로나 어른을 예우하지 않는다. '성공한 쿠데타'라는 말이 있듯이, 결과만 좋으면 모든 것이 정당화될 수 있다는 식의 결과주의가 횡행한다. 강한 자가 살아 남은 것이 아니라 살아 남은 자가 강하다는 것이다. 살아 남아야 한다는 것. 이기주의가 파고든다. 그 모든 것들이 군사적인 개념에 입각해서 치러지는 '전략과 전술'로 파악된다. '사는 것이 곧 전쟁'이라는 생각을 부추긴다.

다섯째, '압축적 근대화'에 수반되는 다양한 형태의 부작용과 후유증을 들 수 있다. 서구에서 몇 백 년 동안에 이룩해 낸 근대화, 산업화 과정을 한국에서는 단시일 내에 압축적으로 그리고 성공적으로 해 냈다는 것은 자랑스러운 일이기도 하다. 하지만 거기에 따르기 마련인 부작용, 후유증도 심각하다. 물질만능주의, 경제성장(발전) 과정에서 있었던 정경유착과 문어발식 경영, 건전한 자본주의 정신의 빈곤, 부동산 투기와 빈부격차의 심화, 불거진 분배의 문제, 그 결과로서의 사회 양극화 현상 등. 전통적으로 한국인들의 세계관은 '현세중심적'인 데다가 '내세관'이 약한 만큼, 현실에서 그리고 자신이 살아 있는 동안에 모든 걸 해결하고 싶어한다.[44] 그래서 항상 정치에 관심이 집중된다. 모든 것을 '정치'를 통해서 해결하려는 성향이 강하다. 비정치적인 것까지 어느 순간 정치적인 문제로 변질되거나 굴절되어버리기도 한다. 대중들의 인기에 영합하는 포퓰리즘 역시 한몫을 한다. 갈등은 더욱 심해진다. 또한 급격한 성장 및 산업화 과정을 거치면서 도처에서 생태계 파괴와 환경오염 등의 문제도 드러났다. '지속가능한 성장' 얘기도 나왔다.

여섯째, 정치/ '권력'과 '도덕'에 대한 이해 부족 및 두 영역(권력과 도덕)의 관계에 대한 애매함과 이중성이란 문제를 들 수 있다. 도덕에서 정치 영역의 독자성을 확보해 낸 사상가는 마키아 벨리(1469-1527)였다. 그렇다고 도덕을 무시한 것은 아니었다. 말하자면 마키아 벨리는 흔히 말하는 마키아벨리스트 내지 마키아벨리주의자는 아니었다. 필자가 보기에 한국 사회는 두 범주의 속성과 관계를 자각적으로 경험하지 못했으며, 제대로 소화해 내지 못한 것으로 여겨진다. 다들 '도덕'을 말하면서 실상은 그렇지 않은 이중성을 띠게 된다.[45] 겉과 속이 다르다. 선거 때면 흔히 볼 수 있는 폭로전이나 정치 외적인 요소들이 오히려 결정적인 변수가 되어 버리는 현상이 그런 예증이다.[46] 같은 사안이라도 주체가 누구냐에 따라서 평가가 달라진다. 이념도 없고 논리도 없고 원칙도 없다. '편의'만 있을 뿐이다. 그러니 가장 확실한 변수는 '권력'(power)에 다름아니다. 법이나 제도는 시녀에 지나지 않는다. 지역감정과 패권주의, 혈연·학연·지연으로 이어지는 사람들의 연결고리(인

---

44 예컨대 윤회(輪廻)적인 세계관에서는 현실에서의 불평등이 나름대로 '설명'되고 '정당화'되기도 한다. 현세에서 열심히 살면 죽음 이후, 혹은 다음 생에서 보상받는다고 여겨진다. 그것은 '옳음과 그름'의 문제가 아니라 '믿음'과 '신념'의 영역에 속한다.

45 쉬운 예를 들자면, 남이 하면 '불륜, 스캔들'이고 자신이 하면 '사랑'이라는 식이다.

46 시장이나 교육감 선거에서 정작 후보자의 정치적인 식견이나 교육 이념이 아니라 자식들의 언행이 중요한 결정 변수가 되는 것 역시 그렇다.

맥), 그물망(연고주의)의 한가운데에 권력이 웅크리고 있다.[47] 지도층의 부도덕함은 그래서 더 두드러진다.

IV. 맺음말: 인간을 위한 정치

이 글에서는 '홍익인간' 이념에 기초해서 지난 70여 년간의 한국정치를 거시적으로 되돌아보면서 논평하고, 나아가 현재 시점에서 한국정치의 존재양태와 나아가야 할 길을 같이 한 번 생각해 보고자 했다. 지난 세월 동안 현대 한국정치는 적지 않은 성과를 이루어 왔다. 과대평가해서도 안 되겠지만 억지로 폄하할 필요도 없을 것이다.

다행히도 한국의 경우, 거시적으로 보자면 정치 영역에서 종교적인 갈등과 전쟁으로부터 자유로운 편이었다. 절대적인 유일신의 위압과 횡포(?)로부터 벗어나 있다. 이슬람 과격파에서 볼 수 있는 근본주의나 신정정치(theocracy)에서는 멀리 떨어져 있다. 또한 오랜 기간에 걸친 독재와 군부통치에서 벗어나서 적어도 절차적인 차원에서의 '민주화'를 이룩할 수 있었다. '민주화 이후의 민주주의', 현상적으로 보자면 일상화된 갈등과 비효율성, 포퓰리즘 등을 걱정하는 단계에 이르러 있다.

동시에 한국정치가 떠안고 있는 문제점들도 적지 않다고 생각한다. 세계화와 더불어 더욱 거세지고 있는 서구 중심주의에서 벗어나서 국가와 민족의 정체성과 주체성을 확립해 가야 한다는 것, 뿐만 아니라 미시적인 차원에

---

47 심지어 '탈세간'의 스님들 세계에서조차 총무원장 선출과 관련해서 '장기집권' '삼선개헌'
이니 하는 정치적 용어가 등장했던 것은 지극히 상징적이다.

서 보자면 한국정치가 떠안고 있는 부정적인 유산들도 적지 않다. 현실 정치에 대한 '불신', '식민지 체험'과 '식민성'에서 비롯되는 비주체적인 측면들, 분단-내전(6.25)의 아픈 체험과 이데올로기 대립, 지금도 마지막 냉전 지대로 남아 있으며, 때때로 불거지는 이념 논쟁과 남남갈등, '독재'와 '군부통치'가 남긴 정신적 후유증, '압축적 근대화'에 수반되는 다양한 형태의 부작용과 후유증, 정치/ '권력'과 '도덕'에 대한 이해 부족 및 두 영역(권력과 도덕)의 관계에 대한 애매함과 이중성 등…. 이들은 앞으로 한국정치가 어떻게 해서든 풀어 가야 할 과제들이기도 하다.

그러면 우리는 어떻게 해야 할 것인가. 이미 만연되어 있는 인간 소외를 넘어서 '인간을 위한 정치'를 어떻게 빚어갈 것인가. 패러디하자면 '인간의, 인간에 의한, 인간을 위한 정치'를 어떻게 구현해낼 수 있을까. 한편으로 나 자신, 나아가 국가와 민족의 정체성을 구축해 가면서 다른 한편으로 부정적인 유산을 풀어갈 수 있는 이념적 장치, 그리고 새 시대를 열어젖힐 수 있는 정치이념 모색이 필요하다고 하겠다. 어느 새 우리는 '이념'과 '초월성'을 잊어버렸으며, 너무나도 세속화되어 버렸기 때문이다. 그런 작업이 결코 쉬울리 없다. 아무것도 없는 데서 새로운 것을 찾아내기란 어려운 일이다. 지난 역사와 전통 속에서 시사를 얻어내는 것 역시 하나의 방법일 수 있겠다. 먼 옛날 최초의 국가공동체를 세우면서 구상했던 단군신화와 홍익인간 이념을 되돌아보는 것도 나름대로 도움이 될 수 있지 않을까. 현단계의 국가(정치)와 교육을 되돌아보고 바람직한 방향을 모색하는 도움이 될 수 있는 논거가될 수 있기 때문이다.

건국 이야기로서의 단군신화와 홍익인간에 담겨 있는 세계관에는 서구의 헬레니즘이나 헤브라이즘에 결코 뒤지지 않는 보편적인 세계관으로 우뚝설 수 있는 보편적인 요소들이 내재하고 있다. 그렇다고 그들이 곧바로 어떤 체계나 방법을 구체적으로 제시해 주는 것은 아니다. 신화는 마치 어떤 '기호'와도 같다. 원초적이고 총체적인 지혜와 메시지를 전해주고 있다. 그 것을 우리 시대에 맞게끔 '해독'[재해석]해 내야 하는 것이다. 다시 말해서 그 이념과 세계관에 담겨 있는 보편적인 요소들을 승화, 발전시켜 가는 것은 오 늘을 사는 우리의 몫이다. 이미 낡았다고 무시할 것이 아니라 애정을 가지 고 바라보면서 과감한 현대적 재해석과 현실적인 응용이 필요하다. 그것은 우리 자신의 정신사적 빈곤을 메움과 동시에 주체적인 세계관을 정립해 가 는 것이기도 하다. 구한말을 살았던 선각자들, 1920년대 신민족주의 사상가 들, 그리고 대한민국 정부 수립 이후 주체적으로 교육이념을 설정했던 지식 인들의 지적인 작업이야말로 좋은 선례(先例)라 할 수 있지 않을까.

제2부
사회개벽운동

천도교의 3·1독립운동과 시민적 공공성

야규 마코토(柳生眞)　원광대학교 원불교사상연구원 연구교수

Ⅰ.머리말

3·1운동의 민족대표 33인이 모두 종교인(천도교·기독교·불교)인 것은 잘 알려져 있다. 종교인들이 독립운동을 주도하게 됨으로써 3·1운동은 독특한 색채를 띠게 되었다.

3·1운동의 특이성은 「기미독립선언서」에 잘 나타나 있다. 시기적으로 한두 달 앞선 「무오독립선언서(대한독립선언서)」나 「2·8독립선언서」만 하더라도 일본 제국주의의 기만과 폭력성을 성토하는 내용이 주를 이루고 있었다. 예를 들면 다음과 같다.

> 피(彼)의 합방(合邦)하든 죄악(罪惡)을 선포징판(宣布懲辦)하노니 일(一). 일본(日本)의 합방동기(合邦動機)는 피소위(彼所謂) 범일본(汎日本)의 주의(主義)를 아주(亞洲)에 사행(肆行)함이니 차(此)는 동양(東洋)의 적(敵)이오 이(二). 일본(日本)의 합방수단(合邦手段)은 사기강박(詐欺强迫)과 불법무도(不法無道)와 무력폭행(武力暴行)이 극비(極備)하얏스니 차(此)는 국제법규(國際法規)의 악마(惡魔)이며 삼(三). 일본(日本)의 합방결과(合邦結果)는 군경(軍警)의 만권(蠻權)과 경제(經濟)의 압박(壓迫)으로 종족(種族)을 마멸(磨滅)하며 종교(宗敎)를 강박(强迫)하며 교육(敎育)을 제한(制限)하야 세계문화(世界文化)를 저장

(沮障)하얏스니 차(此)는 인류(人類)의 적(賊)이라.[1](「무오독립선언서」)

　실(實)로 일본(日本)은 한국(韓國)에 대(對)흔 행위(行爲)는 사기(詐欺)와 폭력(暴力)에서 출(出)흔 것이니 실상여차(實上如此)흔 위대(偉大)흔 사기(詐欺)의 성공(成功)은 세계흥망사상(世界興亡史上)에 특필(特筆)할 인류(人類)의 대치욕(大恥辱)이라 흐노라.[2](「2.8독립선언서」)

　그러나 「기미독립선언서」를 보면 일본의 배신이나 불의를 비난하기보다는 오히려 다음과 같이 적개심의 부정과 미래지향성이 두드러진다.

　자기(自己)를 책려(策勵)하기에 급(急)한 오인(吾人)은 타(他)의 원우(怨尤)를 가(暇)치 못하노라 현재(現在)를 주무(綢繆)하기에 급(急)한 오인(吾人)은 숙석(宿昔)의 징변(懲辨)을 가(暇)치 못하노라 금일(今日) 오인(吾人)의 소임(所任)은 다만 자기(自己)의 건설(建設)이 유(有)할 뿐이오 결(決)코 타(他)의 파괴(破壞)에 재(在)치 아니하도다.[3]

　또한 선언서 전체를 통틀어 '구(舊)'와 '신(新)'이 대비되고 식민지지배와 차별에 신음하는 한민족을 해방시킬 뿐만 아니라 지배자인 일본인까지도 낡은 사상의 속박에서 해방시키려는 강한 의지가 나타나 있다. 이것은 도학적·종교적인 극기(克己)와 회개(悔改)의 촉구라고 할 수 있다.

.

1 「대한독립선언서」, 한국사데이터베이스.
2 「일본유학생 선언서」, 한국사데이터베이스.
3 「기미독립선언서」, 한국사데이터베이스.

식민지 조선에서는 형식상 신앙의 자유를 보장했다. 그러나 이것은 종교에게 고작 사적인 안심입명(安心立命)과 인심세태(人心世態)를 개선함으로써 식민통치에 이바지하는 역할을 기대했을 뿐, 총독부는 종교계가 민족의식을 고취시키거나 사회질서를 어지럽히거나 혹은 종교적 예언 등에 빙자한 '유언비어(流言蜚語)'를 퍼뜨리는 것을 매우 경계하고 통제와 감시의 대상으로 삼고 있었다.

그런 악조건 속에서도 종교인들은 대중들의 구제와 교화 활동에 매진하는 한편 식민지 지배자와 과감하게 대화를 시도하고 해방의 메시지를 던진 것이다. 이렇게 보면 3·1운동은 한국 종교계가 주도하여 한국과 일본의 공공적 대화를 시도한 운동이었다고 볼 수 있다. 물론 3·1운동 그 자체는 식민지 경찰과 군대 앞에 무참하게 짓밟히고 말았지만 운동 주도자들의 대화 시도는 경찰 취조실과 재판소에서도 끈질기게 지속되었다.

II. '식민지 공공성'의 영역으로서의 종교

종교계가 3·1독립운동의 핵심이 된 이유를 생각하기 위해서는 윤해동(尹海東)이 제기한 '식민지 공공성' 개념이 유효할 것이다. 윤해동은 "식민지에도 사적 이해를 반영함으로써 공통의 이해를 관철시키려는 의도로 만들어낸 공공의 가치 혹은 공공의 영역이 존재하고 있었다."[4]고 지적한다. "피식민자들은 지배적인 공공성 담론의 틈새를 엿보면서 그것을 자신의 것으로

---

4 윤해동, 황병주 엮음, 「식민지 근대와 공공성: 변용하는 공공성의 지평」, 『식민지 공공성-실체와 은유의 거리』, 서울: 책과함께, 2010, 33쪽.

만들어 지배적 여론을 넘어서려 하거나, 그것을 비틀어 자신의 것으로 전유하거나, 수면 아래로 잠복시켜 일상 속에서 자신의 것으로 만든다."[5]

그런 의미에서는 종교도 역시 식민지 공공성의 영역이었다. 왜냐하면 조선총독부는 1910년 8월 29일에 선포된 『조선총독부관보(朝鮮總督府官報)』 제1호의 「유고(諭告)」에서 공식적으로 '신교(信教; 신앙)의 자유'에 대해 "문명열국(文明列國)이 하나같이 인정(均認)한 바"라고 명언했기 때문이다.

신교(信教)의 자유(自由)는 문명열국(文明列國)이 균인(均認)혼 바ㅣ라 각인(各人)이 기숭배(其崇拜)혼 교지(教旨)를 의(倚)ᄒ야써 안심입명지지(安心立命之地)를 구(求)홈은 고수기소(固雖其所)ㅣ나 종파(宗派)의 이동(異同)으로써 만(漫)히 시기분쟁(試其紛爭)ᄒ며 우자명신교(又藉名信教)ᄒ야 도의정사(叨議政事)ᄒ며 약기이도(若企異圖)홈은 즉도독량속(卽荼毒良俗)ᄒ야 방해안녕(妨害安寧)혼 자(者)로 인(認)ᄒ야 당(當)히 안법처단(按法處斷)치 아니치 못하리라 연(然)이나 유불제교여기독교(儒佛諸教與基督教)를 불문(不問)ᄒ고 기본지(其本旨)는 필경(畢竟) 인심세태(人心世態)를 개선(改善)홈에 재(在)혼 고(故)로 고(固)히 시정지목적(施政之目的)과 불위배치이이(不爲背馳而已)뿐 아니라 도로혀 가(可)히 차(此)를 비보(裨補)홀 자(者)로 불의(不疑)ᄒ니 이시(以是)로 각종종교(各種宗教)를 대(待)홈에 호무협어친소지념(毫無挾於親疎之念)을 물론(勿論)ᄒ고 기포교전도(其布教傳道)에 대(對)ᄒ야 적당(適當)혼 보호편의(保

---

5 윤해동, 황병주 엮음, 앞의 글, 40-47쪽. 식민지 조선의 대중들이 그 가치를 공유한 영역 또는 방식의 사례로 윤해동은 1920년대에 등장한 조선어 라디오 방송과 영화관, 또는 전시체제하의 국가총동원 시기(1938-1945)에 대량으로 유포되고 헌병과 경찰이 수집하던 '유언비어' 등을 들고 있다.

護便宜)롤 여(與)홈에 불린(不吝)홈이라.[6]

물론 총독부가 무조건 또는 적극적으로 신앙의 자유를 인정하려 한 것은 아니다. 그 의도는 다른 데에 있었다. 종교를 암암리에 '좋은 종교'와 '나쁜 종교'로 나누어, 전자만 보호하고 후자는 법에 따라 가차 없이 처단하는 것이다.

전자의 종교는 유교 · 불교 · 제교(諸敎)와 기독교를 막론하고 교리에 따라 안심입명(安心立命)의 경지를 얻게 하고 인심세태(人心世態)를 개선하는 종교이다. 그것은 곧 '시정(施政)의 목적' 즉 원활한 식민통치에 방해가 되지 않고 오히려 도움이 되는 종교이다. 반면에 후자는 종교의 이동(異同)을 가지고 분쟁을 일으키거나 신앙의 이름을 빌려 정사(政事)를 논의하고 '이상한 일을 도모하며'(若企異圖), 좋은 풍속을 해치고(茶毒良俗) 안녕을 방해(妨害安寧)하는 것으로 단정한다.

실제로 한일합방 훨씬 이전부터 동학이나 유림 세력이 항일투쟁을 전개하고 일본군이 그 진압에 매진한 경험이 있었다. 그래서 일본 쪽에서는 종교가 반일독립운동의 원동력이 될 수 있다는 것을 알아서 그것을 통제 하에 두는 노력을 아끼지 않았다. 「유고」의 이 구절도 통감부 시대부터 이루어져 온 종교 통제 정책을 추인한 것이다.

유교에 대해서는 일찍이 1910년 4월에 '향교 재산관리 규정'을 발표하면서 향교 재산을 통감부에 종속시켰다. 이어서 1911년 6월 15일에는 '경학원(經學院) 규정'을 선포하면서 성균관을 폐지하고 경학원으로 개편했다.

불교계에 대해서도 1911년 6월 3일에 「사찰령」을 공포하고 사찰의 재산

---

6 「諭告」, 『朝鮮総督府官報』 제1호 1910년 8월 29일 31면.

권과 인사권 행사는 총독의 허가를 받도록 규정했다. 사찰의 전법(傳法)과 포교도 지방장관의 허가를 받아야 하고, 법령을 위반한 경우 징역 혹은 벌금형에 처한다고 규정하였다. 이어서 7월 8일에「사찰령 시행규칙」을 선포하여 주요 30개 사찰에서는 주지스님의 임명에 총독의 허가를 받도록 하고, 나머지 사찰은 주지스님을 임명할 때 지방장관의 허가를 받게 했다.[7]

1915년에는「포교규칙」에 따라 공인종교(公認宗敎)와 유사종교(類似宗敎)의 범주가 제도화되었다. 즉 포교규칙 제1조에서 "본령에서 종교라 칭함은 신도(神道), 불교(佛敎), 기독교(基督敎)를 위(謂)함"이라고 정해지고 한국의 자생적 신종교들은 총독부에게 공인되지 않는 단체로서 유사종교로 취급되었다.[8]

일본 본토에서도 메이지(明治)~다이쇼(大正) 시대에 정식으로 공인된 종교는 교파신도(敎派神道) 13파와 불교(佛敎) 13종(宗) 56파(派)뿐이었고, 놀랍게도 그리스도교계 교단이 공인된 것은 1941년이었다. 그때까지는 정부의 공인 없이 활동이 묵인되었던 셈이다. 이 시기에 전시체제(戰時體制) 하에서 종교계를 통제하고 전쟁에 적극적으로 협조하게 만들 필요성을 느낀 일본정부는 종교단체법을 제정하였다. 이에 따라 일본 내의 각 가톨릭 교구와 수도회를 통합한 일본천주공교교단(日本天主公敎敎團)과 개신교 32파가 통합된 일본기독교단(日本基督敎團)이 결성되었다.

한일합방 전후의 종교정책에 비추어 보아도, 또 대일본제국의 종교정책을 살펴보아도 조선총독의 이름으로 선포된「유고(諭告)」의 내용은 겉으로

---

7 장석만,「기준점으로서의 3·1운동」,『한국 근대종교란 무엇인가?』, 서울: 모시는사람들, 1994, 200-201쪽 참조.
8 장석만,「일제시대 종교 개념의 편성」, 윤해동, 이소마에 준이치 엮음,『종교와 식민지 근대』, 서울: 책과함께, 2013, 81-82쪽 참조.

는 신앙의 자유를 인정하고 종교를 보호하는 것처럼 보이면서 기실은 종교를 (식민지) 공권력으로 통제하고 식민통치에 도움이 되는 종교와 해가 될 수 있는 종교를 나눈 뒤에 통치에 방해가 되는 종교를 처단하겠다는 의지를 밝히는 데 중점을 두었다. 하지만 설령 그렇다 하더라도, 일본이 인심의 안정과 사회풍속의 개량 차원에서 신앙의 자유를 인정한 것은 한국의 종교계에서는 일종의 활로이기도 했다. 바로 여기에 종교라는 영역에 '식민지 공공성'이 성립될 여지가 있었던 것이다.

이미 천도교는 그 시기에 교육활동과 언론출판 사업에 주력하고 있었다. 교육에 대해서는 비용과 시간이 많이 걸리는 학교 신설을 피하고 운영난으로 허덕이는 기존의 사립학교를 지원하기도 하고, 또 인수해서 경영하기도 했다. 1906년 2월에 박문사(博文社)를 창립한 것을 비롯하여 보문관(普文館), 창신사(彰新社), 보성사(普成社) 등의 출판사를 운영하였다. 특히 보성사는 3 · 1운동 당시 독립선언서를 인쇄한 출판사로 유명하다.

그리고 「만세보(萬歲報)」, 「대한민보(大韓民報)」와 같은 신문, 천도교청년회에서 설립한 〈개벽사〉에서 『개벽』 등 여러 잡지를 간행하면서 천도교의 홍보와 활발한 언론활동을 전개했다. 특히 『개벽』지는 식민지 하의 한국 문학자와 지식인들에게 발표 기회를 제공하고 한국문화의 유지와 진흥에 크게 공헌했다.[9]

한편 기독교도 병원 · 학교 건설 등 주로 인도주의적 활동을 전개했다. 19세기 후반부터 20세기 초에 한국에 건너온 미국 선교사들은 예수의 복음뿐만 아니라 19세기 미국 중산층의 생활양식과 문화와 가치관 - 영적(靈的)이고 도덕적인 진보, 민주주의, 과학과 기술의 발전, 자선운동 등 - 을 함께 가

---

9 임형진, 「3 · 1독립운동과 천도교의 종교연합」, 『유관순 연구』14호, 2009, 53-55쪽 참조.

져오면서, 신도들에게 술과 오락을 금지하고 안식일(安息日)을 지키게 하며 개인윤리 실천을 통한 사회개량·개혁을 권고했다.[10]

이와 같은 종교계의 사업들은 한편으로는 총독부가 기대하는 사회 개선에 기여했지만 다른 한편으로는 이런 사업들을 통해서 각 종교가 구축한 물질적, 정신적 기반이 독립운동의 기반이 된 것이다.

III. 법정을 공공토론의 장으로

3·1독립운동에서 가장 이해하기 어려운 것 중 하나는 손병희를 비롯한 민족대표들의 행동이다. 당초 장소로 예정되던 파고다공원(현 탑골공원)에 학생을 중심으로 한 군중이 모여 든다는 소식을 듣자마자 '경찰이나 헌병과 군중의 충돌을 피하려고' 갑작스럽게 계획을 변경하였다. 그리고 태화관에서 자기들끼리 선언문을 낭독하고 만세를 외친 후에, 손병희가 주인에게도 폐를 끼칠 우려가 있으므로 독립운동가가 여기에 모여 있다고 알리라고 하면서 경찰에 신고하게 했다. 그리고 그 자리에 있던 민족대표들은 모두 스스로 경찰에 연행되어 갔다.

그렇다면 왜 그들은 파고다공원에 나가서 대중들 앞에서 독립선언서를 소리 높여 낭독한 다음에 독립만세를 외치고서 군중들을 이끌고 행진하며 조선총독부를 둘러싸지 않았을까? 그때 민족대표들은 무엇을 생각하고 있었을까? 한 가지 생각할 수 있는 가설은 그들이 체포되고 재판에 회부되는 것 자

---

10 장동민, 「3·1운동 시 기독교와 천도교 연합과 그 사상적 배경」, 『敎會史學』 제7권제1호, 2008, 193쪽.

체가 목적이었다는 것이다. 재판에 회부되면 경찰과 법정에서 심문을 통해 소신을 밝힐 수 있다. 그렇다면 식민지 지배자들이 피지배자와의 대화의 장소를 설정할 수 있다. 소위 법정투쟁이다. 손병희 등은 이것을 노리고 있었던 것이 아닐까?

사실 손병희에게는 이미 이와 비슷한 운동의 경험이 있었다. 해월 최시형이 지휘한 교조신원운동(敎祖伸寃運動)이 그것이다. 비록 교조 수운의 무죄와 동학 공인은 받아들여지지 않았지만 조정 대신들을 동학과의 대화 자리에 앉히는 데에는 성공했다. 손병희는 이와 같이 집권층과의 공공적 대화의 자리를 만들어 본 경험이 있었던 것이다. 그래서 이러한 경험을 바탕으로 식민지 공공성을 법정 투쟁의 형식을 빌려서라도 '공공장'으로 승화시키려 한 것이다.

3·1운동을 '공공성'의 시각에서 보면 종교 영역에서 우발적으로 발생한 식민지 공공성이 3·1독립운동이라는 민중 스스로 새로운 독립국가 건설을 촉구하는 운동, 말하자면 식민지 없는 공공성 확립의 운동으로 발전되었다고 할 수 있다. 그리고 3·1운동 재판 중에 손병희와 일본인 판사가 벌인 종교와 정치를 둘러싼 논쟁은 식민지 공공성을 국가·민족 차원의 공공성으로 승화시키고, 더 나아가서는 그것을 동양 그리고 세계에까지 확대하려는 구상을 가졌던 손병희와, 피지배자의 자기 주장을 인정하지 않고 식민지 공권력의 범위 내에 가두어 놓으려고 하는 식민지 권력 사이의 이론투쟁이라고 할 수 있다.

　문(永島碓藏 판사) : 피고는 천도교를 생명으로 삼고 있다는데 남을 훈화(訓化)시켜야 할 지위에 있으면서 정치의 와중에 뛰어들어 조선독립을 도모한 것은 피고의 사상과 어긋난 일이 아닌가?

답(손병희): 그것은 종교를 만족스럽게 행하기 위해 조선독립을 도모한 것

이므로 종교가 만족스럽게 행해지지 않는 한 어찌됐든 종교인이 정치에 관

여하게 될 것입니다.

문: 하지만 역사상 진정한 종교는 정치와 뒤섞이지 않았던 것은 분명한데

천도교는 정치에 대한 비밀결사이기 때문에 이번에 조선독립을 도모한 것

이 아닌가?

답: 국가가 종교를 도와주지 않고 정치가 자립할 수 있습니까? 그렇지 않

은 한 종교는 정치를 좇아가는 것이므로 그 목적을 이루기 위해 조선 독립

을 도모한 것입니다. 나는 조선이 독립국이 되어도 관직에 오를 생각은 없

습니다. 내가 독립 후 관직에 오르면 정치상의 욕심이 있었다는 소리를 듣

게 되더라도 할 말이 없지만 나에게는 종교의 목적을 이룬다는 것 이외에는

아무것도 없습니다.[11]

경성지방법원(京城地方法院) 예심(豫審) 때 일본인 판사 나가시마 다이조
(永島碓藏)와 손병희 사이에 종교와 정치의 관계를 둘러싼 논쟁이 벌어졌다.
나가시마가 손병희에게 독립운동에 관여한 것은 종교인으로서의 신념과 어
긋나지 않느냐고 물었다. 그리고 옛날부터 진정한 종교(인)는 정치에 관여
하지 않는 법이라고 하면서 천도교가 실은 종교로 위장한 비밀결사임이 틀
림없다고 단정했다. 이에 대해 손병희는 우리가 조선 독립을 도모한 것은
종교의 목적을 이루기 위해서였다고 반박했다. 그리고 종교가 만족스럽게
행해지지 않는 한 종교는 정치에 관여하게 된다고 덧붙였다.

11 「三‧一運動(経過)」, 金正明 編, 『明治百年史叢書 朝鮮独立運動 I 民族主義運動篇』 第
    2章, 東京: 原書房, 1967, 802쪽,

그의 주장에 대해 가와세 다카야(川瀨貴也)는 북접(北接)의 흐름을 이은 천도교는 종교적 차원을 정치적 차원보다 높이 평가하고 자기들의 종교 활동을 자유롭게 할 수만 있다면 된다고 생각한 구석이 보인다고 지적했다. 즉 천도교의 자유로운 종교 활동을 보장하고 도와주는 새로운 정부의 등장을 몽상해서 3·1운동을 일으켰다고 본 것이다.[12]

다만 여기에는 몇 가지 문제가 있다. 먼저 그것이 3·1운동의 의의를 지나치게 과소평가하고 있다는 점이다. 이것은 천도교만의 운동이 아니라 민족대표로 기독교·불교계 인사를 포섭한 운동이었으며 준비 단계에서는 박영효(朴泳孝)·윤치호(尹致昊) 등 구한말 정치인들도 민족대표로 포섭할 계획도 있었다. 한갓 천도교 교단만을 위한 운동이었더라면 타종교나 정치계 인사들과 같이 할 필요도 없고, 만약 그들을 끌어들이려 했다고 해도 상대방이 응할 리도 만무했을 것이다.

다음으로 천도교가 종교 활동의 자유를 얻기 위해서였다면 독립운동을 일으키는 것은 상식적으로 생각해도 역효과일 수밖에 없다는 점이다. 손병희 자신이 1901년부터 1906년까지 일본에 거주하면서 일본 군부·정계 인사와도 교류한 경험이 있었기 때문에, 그들의 '속내'를 너무나도 잘 알고 있었다. 예컨대 1904년 4월 30일, 손병희는 한국의 법무대신에게 「비정개혁안(批政改革案)」을 보냈다. 그 주된 내용은 한국이 일본을 지배한 후의 경영 방법은 "①정부의 각 10부에 일본인 고문을 설치하는 것, ②민중 몇 백만 명을 각 지방에 혼주(混住)시키는 것, ③농산지와 산림지(山林地)를 매수하여 토지의 권리를 모두 빼앗는 것, ④화폐를 통용시켜 재정의 권리를 모두 빼앗는

---

12 川瀨貴也, 「天道教幹部『民族代表』について ―アジア主義·文明·ナショナリズム―」, 『植民地朝鮮の宗教と学知』 第3章, 東京: 青弓社, 2009, 138쪽 참조.

것, ⑤광산과 철도의 이익을 얻는 것" 등 크게 다섯 가지로 예상되는 일본의 계획을 써 놓았다. 이렇듯 그는 한국을 식민지화하려는 일본의 야욕을 간파하고 있었다.[13] 그런 그가 합방 후에는 일본에 대해 자기들의 신앙의 자유를 얻기 위해 독립선언을 주도했다는 것은 이해하기 어렵다. 그것은 오히려 탄압을 자초하는 일이 아닌가? 일본의 식민지 체제 하에서 자유롭게 종교 활동을 하자면 굳이 자기들의 목숨과 교단 괴멸의 위험을 무릅쓰고 독립운동을 일으키기보다는 차라리 식민통치에 적극 순응하고 추종하는 편이 훨씬 효과적이었을 것이다.

세 번째 문제는 가와세의 분석에는 손병희와 천도교가 종교의 개념을 어떻게 이해했느냐에 대한 분석이 없다는 점이다. 먼저 나가시마는 종교를 어디까지나 사적(私的)·개인적인 것이며 정치에 관여하지 말아야 되는 것으로 여기고 있었다. 그가 생각했던 '종교'는 아마도 앞에서 살펴본 「유고(諭告)」의 내용대로 정치에 관여하지 않고 그저 남을 훈화(訓化)하고, 각기의 교의(敎義)에 따라 안심입명(安心立命)을 얻게 하고, 인심세태의 개선에 도움이 되는 것으로 보인다.

한편 "종교를 만족스럽게 행하기 위해" 혹은 "종교의 목적을 이루기 위해" 독립을 도모했다고 한 손병희의 말은 '보국안민(輔國安民 또는 保國安民)'이라는 동학·천도교의 가르침과 그 역사에서 우러나온 종교관이라고 볼 수 있다. 실제로 그는 독립운동을 일으키게 된 이유로 "한일합방 때의 칙어(勅語)에는 일시동인(一視同仁)이라고 했음에도 합병 후에 조선은 항상 압박을 받

---

13 孔牧誠, 「孫秉熙の「用日」戰略とその限界 - 日本亡命期(1901-1906)の足跡と思想を中心に」, 九州大學地球社會統合科學府 박사학위논문, 2019.

고"[14] 있다고 지적하고, 또 "일본인이 조선인을 부르기를 '요보(ㅋ ボ)'라 하여 열등시하고 있는 것은 불만[15]"이라고 하면서, 조선인에 대한 일본인의 압박과 차별을 지적했다. 약한 자, 학대받고 멸시받은 자의 편에 서서 그들을 도와주고 감싸주고 자립하게 하는 것을 도외시하고 무엇이 종교의 목적일 수 있겠는가? 다만 법원이 내린 판결 이유에서 그가 지적한 식민지의 모순과 민족차별에 대해서는 무시하고, 독립운동을 일으킨 동기를 손병희의 개인적인 불만으로 돌리고 말았다.

> (윌슨 미국대통령이 파리강화회의에서 민족자결주의를 발표하자) 그 기회를 타서 조선민족도 동 주의에 기초하여 독립희망의 의지를 발표하면 혹은 조선독립도 기약할 수 있다고 사유(思惟)했던 참에 그가 생명으로 여기는 천도교의 교당(教堂) 신축기부금 모집에 대해 해당 관헌(官憲)으로부터 중지 명령을 받고, 이어서 그 반환을 명령된 일이 있어서 그 처치에 크게 불만을 품고….[16]

IV. 동학 · 천도교의 역사와 '종교' 인식

1. 동학 · 천도교의 역사와 공공성

천도교의 전신(前身)인 동학은 인격 수양과 동시에 그 역사를 통해 공공

---

14 「三·一運動(経過)」, 金正明 編, 앞의 책, p.792.
15 「三·一運動(経過)」, 金正明 編, 앞의 책, p.793.
16 「三·一運動(経過)」, 金正明 編, 앞의 책, p.821.

적(公共的) 성격을 발전시킨 종교였다. 동학은 원래 '다시개벽', '시천주(侍天主)', 그리고 '보국안민(輔國安民)'과 같은 가르침 속에 이미 신분·남녀 등의 차별을 전제한 봉건적 사회질서·질서의식과 다른 새로운 공공성을 내포하고 있었다. 최제우는 외부에 존재하는 일체의 권위를 인간 안으로 들여옴으로써 인간의 자율성을 확보한 것이다.[17]

동학의 신앙공동체인 접(接)과 포(包)는 그것이 구현된, 한국 역사에서 새롭게 나타난 공공장(公共場)이었다. 접 내부에서는 동학도들이 신분과 남녀의 벽 없이 어울리고 부유한 자와 가난한 자가 유무상자(有無相資)하는 생활공동체이자 상호부조 조직이기도 했다.

1864년에 최제우가 처형된 후에도 해월 최시형은 끊이지 않는 동학 탄압과 수색을 피해 가면서 포교를 계속하고, 1890년에는 거의 한반도 전체에 접이 형성되기에 이르렀다.[18] 최시형은 1892년부터 교도들을 규합해서 교조신원운동(敎祖伸寃運動)을 벌였다. 삼례·보은·금구 등지에서 취회(聚會)를 열고 서울 광화문 앞에 복합상소운동을 전개했다. 공공성의 시각에서 볼 때 동학교도들은 이 교조신원운동의 비폭력 시위를 통해 대내적으로 공공성의 감수성을 훈련 받았고 대외적으로 조직력과 자기규율의 역량을 과시했다. 마침내 조정의 고관을 대화의 장으로 끌어내면서 동학교도들도 스스로의 사회적 역량을 자각하게 되었다.

조정은 동학 단속을 구실로 한 관리의 침탈을 엄금해 달라고 하는 교도들의 요구를 받아들일 자세를 보였으나, 탄압과 침탈은 그 이후로도 끊이지 않

---

17 오문환, 「동학사상사에서의 자율성과 공공성」, 『한국정치학회보』 36권 2호, 2002, 12쪽.
18 오문환, 『동학의 정치철학: 도덕, 생명, 권력』, 서울: 모시는사람들, 2003, 277-278쪽 참조.

았다. 그래서 교도들은 불가피하게 서로 연계해서 동학도라는 혐의로 끌려간 사람을 구해내는 자구책을 강구하지 않을 수 없었다. 동학교도들은 이러한 경험을 통해 정부에 대한 불신감과 더불어 권력에도 능히 대항할 수 있는 주체의식과 자신감이 생겼을 것이다. 이것이 동학농민혁명의 복선(伏線)이 되었다.

1894년에 전봉준 등은 '보국안민'의 기치를 내세워 전라도 무장(茂長)에서 봉기했다. 동학농민군들에게 「사대명의(四大名義)」와 「12개조 기율(紀律)」을 제시하는 한편, 「무장포고문(茂長布告文)」을 선포하고 대외적으로 봉기의 대의를 알렸다. 농민군은 황토현과 황룡촌 전투에서 관군에게 승리를 거두고 4월 27일에는 전주성을 무혈점령했다.

그러나 청나라와 일본의 파병 소식이 전해지자 전봉준과 양호초토사(兩湖招討使) 홍계훈(洪啓薰)은 '전주화약(全州和約)'을 맺어, 동학군은 전주성을 철수하고 조선 정부는 폐정을 개혁하는데 합의했다. 전쟁을 종식시켜 외국군의 간섭 구실을 없애려 한 것이다. 전주성에서 철수한 동학농민군은 전라도를 중심으로 마을마다 집강소(執綱所)를 설치하여 폐정개혁을 실시했다. 교조신원운동부터 동학농민혁명까지의 과정에서 동학이 밝힌 내용들을 보면 거의 관의 행패와 외세의 침탈을 막고 일반 백성들의 민폐를 제거하는 내용에 집중되고 있다. 운동 과정에서 동학은 한 신앙 집단의 이해를 넘어서 일반 백성의 이해를 대변하고 아래로부터의 공공성을 주장하는 존재임을 자임하게 된 셈이다.

1894년 11월 20일~12월 10일에 걸친 공주 우금치(牛禁峙) 전투의 패전 이후 동학농민군은 일본군과 조선관군, 민보군(民堡軍)의 초토작전으로 붕괴 과정을 겪게 되었다. 또 다시 소멸의 위기를 맞게 된 동학교단을 재건할 중임을 맡게 된 손병희는 1901년에 문제(門弟)들과 상의하기를 "장래 오도(吾

道)를 세계에 창명(彰明)코저 할진대 금일 문명의 대세를 관찰하지 않으면 불가하다 생각하노라"라고 하면서 일본으로 떠났다.[19]

그는 1904년 2월에 동학지도자 40여 명을 도쿄(東京)에 소집했다. 그리고 교도들의 민회를 조직케 했다. 그 민회는 처음 대동회(大同會)라고 하다가 중립회(中立會)로 바꾸고 다시 진보회(進步會)로 이름을 고쳤다. 그리고 사대강령(四大綱領)을 선포하면서 회원들을 동원하여 서울과 지방에서 일제히 개회하고 단발(斷髮)하고 흑의(黑衣)를 입음으로써 죽음을 무릅쓰고 정부개혁(政府改革)·국정갱신(國政更新)할 각오를 다짐했다. 진보회 사대강령의 내용은 다음과 같다.

1. 황실을 존중하고 독립기초를 공고히 함
2. 정부를 개선함
3. 군정재정을 정리함
4. 인민의 생명재산을 보호함[20]

진보회는 원래 대한제국 황실을 존중하면서 정치개혁을 추진하는 것을 강령으로 내세우고 있었다. 그러나 진보회의 구성원이 동학교도임을 알게 된 대한제국 정부가 그것을 진압하려는 움직임을 보였기 때문에 그것을 피하기 위해 일진회(一進會)와 합동했다.

---

19 李敦化 편,『天道敎創建史』제3편 제6장 聖師의 外遊, 27쪽. 손병희의 일본행은 일반적으로 '망명'으로 불리고 있지만 자국에서 박해를 받아 생명의 위협을 받고 외국으로 피신한다는 의미의 망명이라고는 보기 어렵다. 필자는 '해외 활동' 등의 명칭이 타당하다고 본다.
20 李敦化 편,『天道敎創建史』제3편 제7장 甲辰革新運動, 45쪽.

일진회는 오늘날 한일합방 요청서를 낸 친일단체로만 알려져 있으나 『천도교창건사(天道敎創建史)』에서도 그 초기에는 국내 360여 군(郡)에 지회(支會)를 두고 지방정치를 장악하면서 폐정개혁을 추진했다고 기록하고 있다.

> 역내(域內) 삼백육십여군(三百六十餘郡)에 지회장(支會長)을 두어 크게 전국 정계(政界)를 점령하고 민막(民瘼)을 제거하며 일즉 관리의 민재탈취(民財奪取)한 자는 사실(査實)하야 크게 징계하는 동시에 일일(一一)히 반환케 하고 무명잡세(無名雜稅)를 혁파하고 총대(總代)를 정(定)하야 패정(稗政)을 탄핵하는 등(等) 크게 민권(民權)을 떨치엿다.[21]

그 활동을 보면 동학농민혁명 때에 만들어진 집강소를 방불케 한다. 이것을 재현한 것이라고도 볼 수 있다.

또한 일진회 결성에 앞서 손병희는 1903년에 『삼전론(三戰論)』, 『명리전(明理傳)』을 저술하고 동학사상과 근대적인 과학정신, 경제의식을 접목시키려 했다. 1905년에는 『준비시대(準備時代)』를 써서 법권(法權)·철도·광산·관세의 자유(주권)를 회복하는 것이 급선무라고 강조했다. 그리고 『준비시대』의 절반을 「향자치(鄕自治)」에 할당하고 지역 주민이 주체가 되는 지방자치기구의 상세한 구상을 소개하고 있다.

하지만 이용구(李容九)·송병준(宋秉畯) 등이 일진회 명의로 조선을 일본의 보호국화할 것을 요청하는 청원서를 낸 것은 손병희에게 크나큰 타격이었다. 이용구 등을 불러 번의(飜意)하도록 설득하였지만 그들의 마음을 돌이키는데 실패한 손병희는 결국 천도교(天道敎) 창립을 공포하고 일진회와의

---

21 李敦化 편, 『天道敎創建史』 제3편 제7장 甲辰革新運動, 51쪽.

단절을 선언하면서 60여 명의 일진회 간부에게 출교(黜敎) 처분을 내렸다. 그들이 교단 재산을 거의 가져갔으므로 천도교는 심각한 재정 위기에 직면하기도 했으나 성미(誠米) 제도 실시 등으로 재정을 안정시켰다. 그리고 앞에서 본 바와 같이 교육·출판·언론 등의 분야에서 활발한 사회 활동을 전개했다.

이렇듯 동학·천도교는 최제우 재세 당시에는 신앙공동체인 접(接) 안에서 인간 평등을 실현시켰다. 최시형 때에는 교조신원운동을 통해 수운 최제우의 원죄(冤罪)를 씻고 동학의 공인을 이루고자 비폭력 시위를 벌였다. 아울러 외세의 침략·침투를 물리치기를 정부에 요구하고 일반 민중의 이해를 대변했다. 동학농민혁명에 이르러서는 동학농민군의 실력 행사로 탐관오리를 처단하고 마을마다 집강소를 두고 농민들이 지방관의 부정을 감시하고 선량한 관리와는 협력해서 지역 자치를 실행했다. 손병희 또한 그러한 역사와 전통을 이어받았다.

2. 천도교의 정교일치(政敎一致)적 종교관

손병희는 분명히 이 동학·천도교의 역사를 염두에 두면서 '종교'를 말하고 있었다. 1912년의 법설에서는 종교에 대해 다음과 같이 천도교 나름의 종교의 정의를 제시한 바 있었다.

> 성사(聖師; 손병희)는 종교의 정의에 대하야 일반학자의 설(說)을 힘써 부인하고 종교는 오즉 지정의(知情意)의 통일된 인격적 숭고(崇高)에 의하야 정의를 내릴 수 잇다 하엿으니 즉 종교의 정의(定義)는 어떤 학자의 편견에 의하야 영구불변할 것이 아니오 고상한 인격에 의하야 천연자연(天然自然)

으로 화출(化出)된 것을 이름이라 하얏다. 그럼으로 종교는 이왕 사람이 해석한 바와 같은 모형(模型)에서뿐 볼 것 아니오 대신사(大神師; 최제우)의 말씀한 바 금불문고불문(今不聞古不聞)의 리(理)와 법(法)에서 종교의 정의를 내릴 수 있으니 이것이 천도교라 하얏다.[22]

손병희는 기존의 학자들이 내린 종교의 정의를 힘써 거부하면서 종교라는 것은 지(知)·정(情)·의(意)가 통일된 고상한 인격에 의해 자연스럽게, 저절로 화출(化出)되는 것이라고 주장하였다.

종교의 정의는 지금도 학자의 숫자만큼 많다고 말해질 정도로 많으므로, 그가 말한 '일반학자의 설'이란 구체적으로 누구의 어떤 설을 두고 한 말인지 알 수 없다. 아마 흔히 종교의 정의로 거론되는 초기 기독교 신학자 락탄티우스의 '신과 인간을 다시(re-) 묶는(라틴어: ligare) 것', 즉 인간을 신으로 다시 결합하는 것이 종교(religion)라고 하는 종교관을 염두에 두었던 게 아닐까 싶다.

이에 대해 손병희는 인간 외부의 절대적 존재를 상정하지 않고 고상한 인격에서 나오는 것이 '종교'라고 주장한 것이다. 바꾸어 말하면 아주 높은 경지에 오른 거룩한 인격에서 우러나오는 카리스마에 감화되는 것이 종교라고 할 수 있다. 이와 같은 종교 인식을 바탕으로 그는 정치사(政治事)와 도덕사(道德事)의 불가분, 정신교화(精神敎化)와 물질적 제도(物質的 制度)의 병행을 추구하는 정교일치(政敎一致)를 강조했다.

성신쌍전(性身雙全)의 리(理)에 의(依)하야 천도교(天道敎)는 전적 생활(全

---

22 「宗敎의 定義」, 『天道敎創建史』 제3편 제10장 共同傳授心法, 69쪽.

的生活)을 사람에게 교시(教示)하고 그 법리(法理)에 의하야 정치사(政治事)와 도덕사(道德事)는 인생문제의 근저에서 결코 분리하야 볼 것이 아니오 유일의 인내천 생활(人乃天生活)의 표현에서 된다 함이니 그럼으로 천도교는 세상을 새롭게 함에 있어 정신교화를 존중히 아는 동시에 물질적 제도를 또한 중대시(重大視)하야 그 양자를 병행케 함을 교정일치(教政一致)라 함이었다.[23]

앞에서 보았다시피 손병희가 말한 '종교'는 수운 최제우 이래의 동학-천도교의 전통을 계승한 것이며 높은 인격에 의해 자연스럽게 우러나오고 남을 감화시키는 것이다. 그리고 정치의 일(政治事)과 도덕의 일(道德事)은 유일한 인내천생활(人乃天生活)의 표현으로 본다. 그래서 세상을 새롭게 함에 있어서 정신적인 교화와 동시에 물질적인 제도도 중시하고 양자를 병행시키는 것이 바로 천도교의 '교정일치'이다.

달리 말하면 정신적인 도덕을 닦으면서 물질적 또는 사회적으로 비도덕적·비인간적인 제도가 있다면 그것을 과감하게 고치는 것이 교정일치의 다른 의미라고 할 수 있다. 이러한 종교관 또는 정치관에서 비추어볼 때, 민족 차별과 억압이 만연된 식민지 체제에 항의하는 것은 지극히 당연한 일이다.

V. 한민족의 공공성에서 동아시아적·세계적 공공성으로

'한일합방'을 거쳐 독립운동을 준비하는 과정에서 손병희와 천도교는 민

---

23 「教政一致」, 『天道教創建史』 제3편 제10장 共同傳授心法, 67쪽.

족독립이라는 공통된 목적을 위해 타종교와도 적극적으로 연대하게 되었다. 「기미독립선언서」에서는 "이천만(二千萬) 함분축원(含憤蓄怨)의 민(民)을 위력으로 구속"하는 것이 동양의 영구평화를 보장할 수 없을뿐더러 4억 중국인의 일본에 대한 위구심과 의심을 갈수록 심화시켜 "그 결과로 동양 전국(全局)의 비운을 소치(召致)"할 것이라며 식민지 지배자를 경계했다.

그래서 지금 여기서 주장하는 독립이란 조선인으로 하여금 정당한 삶과 번영을 이루게 할 뿐만 아니라 일본으로 하여금 삿된 길(邪路)에서 벗어나 동양 지지자의 중책을 다하게 하고 중국(인)을 불안과 공포로부터 벗어나게 함으로써 동양평화를 중요한 요소로 하는 세계평화, 인류 행복에 필요한 단계로 삼을 것이라고 밝힌다. 여기서 3·1독립운동은 단지 일본과 한국 양자만의 문제가 아니라 처음부터 다국간(多國間)의 문제로 입체적으로 파악되고 있음을 알 수 있다.

한국 독립을 동아시아 전체의 문제, 나아가서는 세계적 문제로 본 것은 손병희도 마찬가지였다. 3·1운동 후의 재판에서 네가 왜 독립운동을 도모했느냐고 일본인 판사가 묻자 손병희는 다음과 같이 대답했다.

……미국 대통령도 제창한 민족자결(民族自決)의 제의는 참으로 우리들의 피를 뛰게 할 주장이었고 이번의 구주전쟁(歐洲戰爭: 제1차 세계대전)에서는 2,000만 명의 목숨(生靈)을 잃었기 때문에 민족자결의 제의에 의해 세계가 새로워질 것이라 생각되는 까닭에 일본인의 사상도 변하게 될 것으로 여겨지므로 이것에 대해서는 조선을 독립시킨다면 중국(支那)의 감정도 풀리게 될 것이며 장차 일본이 동양의 맹주(盟主)로 설 수 있게 될 거라고 생각했기 때문입니다.

일본의 정책은 점차 변동되어 가고 이번에 도모한 일은 일본의 정책과 합

치되게 될 것이라 믿고 있습니다.[24]

　손병희는 (파리강화회의에서) 윌슨 대통령이 제창한 민족자결 원칙에 의해 세계가 새로워지기 때문에 일본인의 사상도 정책도 바뀌게 된다, 그러므로 일본이 조선을 독립시키면 (조선 사람을 위할 뿐만 아니라) 중국인의 일본에 대한 악감정까지 완화시키게 되므로 결국은 일본을 위한 것이기도 하다고 주장한다. 이 주장이 앞에서 본「기미독립선언서」의 구절과 딱 맞아떨어지는 것은 분명하다. 3·1독립운동이 민족 전체적인 독립운동이었던 것은 틀림없지만 손병희를 비롯한 운동 지도자들은 그것을 일본·한국·중국 등의 동아시아 3국, 더 나아가서는 세계평화와 인류 행복과도 관계되는 문제로 자리매김하고 있었다.

　손병희는 먼저 동양에서 조선은 물론 여러 민족들을 독립시킨 후, 그 나라들로 이루어진 일종의 동맹이나 국가연합, 혹은 독립국가 공동체 같은 것을 만들어서 어느 한 지식이 높은 사람을 리더로 뽑고 서양 세력을 대항하면 어떨까 생각했었다고 한다. 집단방위를 위한 국가연합체라는 점에서 보면 그것은 훗날의 NATO(북대서양조약기구)나 바르샤바조약기구와 같은 것으로 생각된다. 더 나아가 그는 전 세계의 나라들을 하나로 묶어서 전쟁이라는 것을 아예 없애자고 주장했다(당시 이미 국제연맹의 결성이 논의되고 있는 상황으로, 현실성이 전혀 없는 이야기가 아니었다).

　이처럼 3·1운동은 단순한 민족독립운동이 아니라 아시아와 세계까지도 시야에 둔 운동이었다. 즉 3·1독립운동에서는 식민지 공공성이 한 지역과 민족에만 그치는 것이 아니라 동양 전체의 공공성, 나아가서 세계적 공공성

24「三·一運動(経過)」, 金正明 編, 앞의 책, 792-793쪽.

에까지 확대되는 계기를 내포하고 있었던 것이다.

VI. 맺음말

이 글에서는 '식민지 공공성'의 시각에서 3·1독립운동, 특히 「기미독립선언서」와 운동의 중심인물인 손병희의 사상에 대해 살펴보았다. 일반적인 시민적 공공성은 근대 법치국가의 제약에서 벗어날 수 없다. 그러나 식민지 공공성은 오히려 식민지라는 시민적 공공성이 성립되지 않는 곳에서 지배권력과 그 지배적 담론의 틈새에서 일어난다.

그런데 식민지 조선에서는 종교가 바로 그러한 식민지 공공성의 영역이 되었다. 한일합방 이전부터 천도교·기독교 등은 교육·출판·언론·의료 등 갖가지 사회적 사업을 추진하고 사회적·인적 기반을 구축하고 있었다. 그리고 조선총독부도 (갖가지 통제와 감시를 하면서도) 먼저 신앙의 자유를 인정하고 종교의 사회적 활동에 대해 식민지 통치(식민지 공권력)가 미치지 못한 부분을 보완할 것으로 기대하고 있었다. 바로 여기에 종교가 3·1독립운동의 중심이 되는 필연성이 있었다.

3·1독립운동 당시 민족대표들은 태화관에서 자기들끼리 「독립선언서」를 낭독한 뒤 자진신고하고 경찰에 잡혀갔다. 이것도 '공공성'의 시각에서 보면 하나의 전략이었다고 볼 수 있다. 본래 근대 법치국가의 지배 장치인 법정(식민지에서는 더욱 그렇다)을 식민지 지배자와 피지배자가 만나서 대화하면서 자기 뜻을 펴는 '공공장'으로 전환시키려는 전략이었다.

손병희는 법정에서 독립운동을 도모한 것은 식민지 행정에 대한 불만보다 오히려 민족의 존엄성을 완전히 무시하는 일본 식민지 지배에 대해 이의

(異議)를 제기하기 위해서라고 밝혔다. 그리고 파리강화화의에서 윌슨 대통령이 제창한 민족자결 원칙에 자극을 받으면서 독립운동이 단지 한민족(韓民族)의 독립을 위해서만이 아니라 중국의 (일본에 대한) 악감정도 풀리기 때문에 일본을 위한 것이기도 하고, 나아가서는 아시아의 평화와 세계평화, 인류 행복과도 관련된 일이라고 주장했다.

손병희는 공공성을 한 지역, 한 민족의 독립으로 그치는 것이 아니라 아시아 국가들의 연합, 더 나아가서는 세계 각국을 연합시키고 세계에서 침략을 없애고 평화와 행복을 가져오는 방향으로 작동시키려고 구상했던 것이다. 달리 말하면 그(들)에게 있어 3·1운동은 민족적 공공성에서 세계적 공공성으로 나아가는 첫걸음이었던 것이다. 하지만 식민지 권력은 이것을 무시하고 3·1운동을 일으킨 동기를 단지 손병희의 개인적 불만으로 왜소화시켰다.

오늘날 세계를 보면 동남아시아, 유럽, 중남미, 구소련 등 곳곳에서 독립국가의 연합체가 이루어지고 있다. 그리고 3·1운동 재판이 있은 지 얼마 지나지 않은 시기에 국제동맹이 성립되었다. 이렇게 보면 손병희의 아시아 지역적 공공성, 세계적 공공성 확립의 구상은 대단히 시대를 앞서간 것이었다고 할 수 있다.

근대한국 개벽종교의 건국철학과 시민적 공공성

: 원불교와 천도교의 『건국론』을 중심으로

김봉곤 원광대학교 원불교사상연구원 연구교수

I. 머리말

오늘날 대표적인 근대 한국종교인 원불교와 천도교에서는 생명, 평화, 통일운동을 비롯해서 여성, 인권운동 등 각종 사회운동에 관심을 갖고 적극적으로 참여하고 있다.[1] 이러한 원불교와 천도교의 사회참여는 개벽세상을 실현하고자 하는 종교적 신념과 가치실현에서 오는 것인데, 오늘날의 문제와 관련하여 특히 8.15 해방 이후 원불교와 천도교에서 제시한 건국론이 주목된다. 자본주의의 급속한 성장과 산업 사회의 폐해, 남북분단의 현실 속에서 전개되고 있는 민족통일과 인권 확립을 위한 시민사회 운동이 해방 이후 극심한 좌, 우익의 대립속에 새로운 국가와 시민 사회 건설을 논의하던 상황과 상당히 유사하며, 당시 제기한 여러 가지 방책이 오늘날의 문제 해결에 있어서 원론적으로 상당한 영향을 끼치고 있기 때문이다.

8.15 해방이 되자 각종 정치, 사회, 종교단체에서 새로운 국가 건설을 위해 활발하게 건국론을 제시하였는데, 원불교나 천도교 역시 정교동심과 인

---

[1] 박광수, 「원불교 사회참여운동의 전개양상과 과제」, 『원불교사상과 종교문화』 30, 2005; 천도교 역시 핵무기 반대와 남북통일을 위하여 노력하고 있다(권태룡, 「민족신앙으로 통일물꼬 트겠습니다-적극적인 사회참여 밝히는 천도교 오익제 교령-」, 『통일한국』 97, 1992). 천도교에서는 1972년 7.4남북공동성명 발표 후 남북자 적십자회담과 조국통일의 성공을 기원하는 등 특별기도를 실시하기도 했다(천도교중앙총부교서편찬위원회, 『천도교약사』, 서울: 천도교중앙총부출판부, 2006, 522쪽).

내천 정신에 입각한 새로운 국가 건설을 위한 정책을 제시하였다. 원불교는 1945년 9월 건국준비위원회에 가담하고 전재동포구호사업에 참여하면서 1945년 10월 원불교 종법사인 정산 송규에 의해서 새로운 국가론을 제시하였다. 천도교에서는 해방 후 다시 결성된 정치결사체인 청우당(靑友黨)을 통해 제2차 미·소공동위원회에 제출할 목적으로 1947년 4월『천도교의 정치이념』이라는 소책자가 간행되었다.

그러나 1948년 남북이 분단되고 한국전쟁으로 분단이 고착화되고 이념대립이 극심해지면서 건국론에 대한 검토가 이루어지지 못했다. 현재까지 이들 종교의 건국론에 관한 연구는 주로 원불교 쪽에서 진행되어 왔다. 1981년 원불교출판사에서 소개한 이후,[2] 1984년부터 본격적인 연구성과가 나오기 시작하여 1998년까지 15편 내외, 그리고 그 이후 지금까지 10편 내외 등 모두 25편 내외의 연구 논문이 쏟아져 나왔다.[3] 이들 논문에서는 정산의『건

---

2 양은용,「정산종사의 저술과 관련 연구 분석」,『평화통일과 정산종사건국론』, 익산: 정산종사탄생100주년 기념사업회, 원불교출판사, 1998, 305쪽.
3 조수자,「『건국론』에 나타난 국가발전 이념」,『원불교학연구』14, 1984; 김호병,「정산의 구국이념연구」,『원광보전연구지』7, 1984; 한종만,「정산종사의 건국론고」,『정산종사의 사상』, 익산: 원불교사상연구원, 1992; 김귀성,「정산종사의 사회교육관:『건국론』을 중심으로」,『원불교사상과 종교문화』15, 1992; 박상권,「송정산의『건국론』에 대한 의의와 그 현대적 조명」,『원불교사상』19집, 1995; 김영두,「송정산 건국론 사상의 재조명」,『원불교학』창간호, 1996; 김용욱,「송정산의 중도주의와 건국·통일론」,『원불교학』2, 1997; 정기래,「송정산의『건국론』과 평화사상」,『원불교학』2, 1997; 황인관,「중립화통일론과『건국론』」,『원불교학』2, 1997; 유명원,「송정산의 건국론과 조소앙의 삼균주의에 관한 연구」, 원광대 석사논문, 1997; 백낙청,「통일사상으로서의 송정산의『건국론』」,『평화통일과 정산종사건국론』, 익산: 정산종사탄생100주년 기념사업회, 원불교출판사, 1998; 박영학,「정산종사의 해방 이후 외세인식」,『평화통일과 정산종사건국론』, 익산: 정산종사탄생100주년 기념사업회, 원불교출판사, 1998; 김도종,「정산종사의 정치철학」,『평화통일과 정산종사건국론』, 익산: 정산종사탄생100주년 기념사업회, 원불교출판사, 1998; 김정호,「송정산 건국론의 계시」,『평화통일과 정산종사건국론』, 익산: 정산종사탄생100주년 기념사업회, 원불교출판사, 1998; 양은용,「정산종사의 저술과 관련 연구 분석」,『평화통일과 산종사건국론』, 익산: 정산종사탄생100주년 기념사업

국론』에서 정치적으로 중도주의 노선과 평화통일론을 표방하였다는 것과 개벽종교로서의 정교동심 이념을 중시하였음이 주로 강조되었다. 천도교의 건국론은 다소 늦은 1998년부터 임형진과 정용서에 의해 연구되기 시작하였다.[4] 최근에 임형진은 「천도교청우당론」, 「당지」를 포함한 『천도교의 정치이념』을 간행함으로써 해방 후 천도교의 정치이념의 자료가 전면 공개되었다.[5] 이러한 자료소개와 선행 연구를 통해 원불교와 천도교의 건국론에 관해서는 그 내용과 의의가 충분히 고찰되었다고 생각한다. 그러나 여전히 개별종교의 고찰에 머물고 있어서 종교간에 어떠한 차이가 있는지, 시민적 공공성을 어떻게 이해하고 있는가에 대해서는 여전히 파악되지 못하고 있는 실정이다.

오늘날 원불교와 천도교 등 근대 한국종교는 시민적 공공성을 추구하고 있고, 이러한 시민적 공공성은 개인이나 특정 권력자를 위한 것이 아니라 시민이나 구성원 전체를 위한 공적인 성격을 갖는다. 이러한 시민사회의 공공성은 하버마스가 지적하는 바와 같이 공적 영역 내지 공론장을 통하여 실현

회, 원불교출판사, 1998; 강만길, 「韓國 近代史 속에서 본 宋鼎山의 『建國論』」, 『원불교사상과 종교문화』 22, 1998; 신순철, 「건국론의 저술 배경과 성격」, 『圓佛教學』 4, 1999; 김영두, 「정산 송규종사의 『건국론』과 삼동윤리」, 『圓佛教學』 4, 1999; 박영학, 「해방 후 불법연구회의 팜프렛에 관한 연구 : 송정산의 『건국론』을 중심으로」, 『圓佛教學』 3, 1998; 강종일, 「중립화 통일이념과 『건국론』」, 『圓佛教學』 8, 2002; 이진수, 「소태산의 정교동심관(政教同心觀) 연구」, 『원불교사상과 종교문화』 46, 2011; 원영상, 「광복 후 분단체제에 대한 원불교의 대응과정 연구」, 『신종교연구』 28, 2013; 이성전, 「정산의 치교사상-정치를 중심으로」, 『원불교사상과 종교문화』 69, 2016; 박맹수, 「정산 송규의 『건국론』 해제」, 『한국독립운동사연구』 53, 2016; 김석근, 「'마음혁명'을 통한 '독립국가' 완성과 '국민' 만들기 - 정산 송규의 『건국론』을 읽는다-」, 220차 월례연구발표회 자료집, 원광대학교 원불교사상연구원, 2017.

4 임형진, 「東學과 天道教 青友黨의 民族主義研究」, 경희대 박사논문, 1998
   정용서, 「일제하 해방후 천도교세력의 정치운동」, 연세대 박사논문, 2010.
5 임형진편, 『천도교의 정치이념』, 『동학네오클래식』 12, 서울: 모시는사람들, 2015.

된다. 즉 주체적인 시민의 형성과 공론장에서의 상호 주체성의 존중, 합리
적인 의사소통을 통해 형성된 여론을 통해 그 목적을 달성할 수 있는 것이
다.[6] 이와같이 여론을 조성할 수 있는 시민의 형성과 시민들의 공공에 대한
요구와 참여가 시민적 공공성의 핵심이라고 할 수 있는데, 이러한 시민적 공
공성의 요소는 일찍이 원불교와 천도교의 건국론에서 선구적인 형태로 제
시되고 있다. 따라서 원불교와 천도교의 건국론에 나타난 건국철학과 시민
적 공공성의 내용 및 상호 연관성을 추적해 볼 필요가 있다. 이는 향후 보다
온전한 시민사회와 민주공화국의 실현을 위해서도 매우 가치있는 작업이가
될 것이다.

II. 원불교의 건국론과 중도주의

원불교의 건국론은 1945년 10월에 원불교 2대 종법사 정산 송규에 의해
작성되었다. 여기에는 8.15 이후 넘쳐나는 전재동포와 많은 문맹률, 그리고
식민지 국가 새로운 국가 윤리와 시민사회는 어떻해야 하는가에 대한 진지
한 고민이 담겨 있다.

해방 당시 500만에 달했던 해외 한인 중 돌아온 사람은 300만 명 정도였고
돌아오지 않거나 못한 사람도 200만명에 이른다.[7] 당시 남한인구 1천600-1

---

6 하버마스, 한승완 역, 『공론장의 구조변동』, 서울: 나남출판, 2001, 93쪽.
7 장석흥, 「해방 후 귀환문제 연구의 성과와 과제」, 『한국 근현대사 연구』 25, 2003, 11쪽
   등. 해방 이후 일본에서 귀환한 사람은 140만 명 내외, 만주에서 100여만 명, 중국대륙
   에서 10여만 명, 하와이, 대만, 오키나와 등 남태평양 군도에서 10만여 명이 귀환하였다.
   그 밖의 지역은 귀환자 현황 자체가 밝히지 않는 실정이다.

천700만에서 300만 명 가까운 인구가 새롭게 편입된 것이다. 그러나 전통적인 농업에 기반을 둔 남한사회는 이들을 충분히 구제할 수 없었다. 이에 이들에 대한 구호가 해방정국에서 가장 시급한 사회문제로 대두되었다. 특히 토지 기반을 갖지 못했던 이들이 대도시로 집중되면서 사회문제는 더욱 심각성을 드러냈다.[8]

원불교에서도 해방이 되자 즉시 국가 건설에 적극 참여하였다. 그해 9월 정산 송규는 건국사업에 협조하는 효과적인 길은 당시 사회문제가 된 만주 · 일본 · 중국 등지에서 돌아오는 해외귀환동포의 구호라고 생각하고 원의회의 동의를 얻어 '전재동포원호회'를 조직했다.[9] 당시 교단의 입장은 총무부장인 송도성이 친필로 작성하여 공포한 〈불법연구회 전재동포원호회 설립 취지서〉에 잘 드러나 있다.

우리 조선에도 자유해방의 날이 왔다. …이는 오로지 해외 각지에서 와신상담 희생 노력하신 애국지사 제위 선배의 가져오신 거룩한 선물로 마땅히 동심합력하여 일사불란한 태도로 이 건국위업에 공헌하여야 할 것이다. 이제 중앙을 비롯하여 각지의 위원회가 조직되어 치안유지 및 행정감독에 관한 상당한 역할을 하고 있으나 목하에 유일한 최급무로는 전재동포 원호 문제이니 남에서 일본, 북에서 만주 중국 등지로부터 조수 밀리듯 하는 전재 동포가 남부여대(男負女戴)하고 피곤함과 굶주림을 견디지 못하여 로지 (露地)에 즐비하게 쓰러져 있는 참혹한 현상을 볼 때에 목석이 아닌 사람으

---

8 장석흥, 앞의 글, 12쪽.
9 원불교사상연구원, 「원불교전재동포구호사업의 재조명 I」, 『원불교사상연구원 원보』 32, 1989, 2쪽.

로서야 어찌 이에 눈물이 없고 감동이 없을 바이랴. 이에서 본회에서는 전재동포원호회를 설립하고 건국위원회와 연락하여 일대 구호운동을 환기코저 하오니 각지 동덕(同德)은 이에 진심으로 찬동하시와 열렬한 성원역조(聲援力助)가 있기를 바라서 마지않는 바이다.

을유(乙酉) 9월(九月) 일(日)

발기인(發起人)

유허일(柳虛一), 최병제(崔炳濟), 송도성(宋道性), 황정신행(黃淨信行), 박제봉(朴濟奉), 성의철(成義徹), 박창기(朴昌基), 성해운(朴海運), 성성원(成聖願)[10]

전재동포의 참혹한 상황을 목격하고 유허일 등 원불교 교단 9인의 발의로 불법연구회 전재동포원호회가 결성된 것이다. 구호 활동은 9월 4일 이리역전, 9월 10일 서울역전에 '전재동포구호소'를 설치하면서 시작되었다. 이리에서는 13개월 반, 서울에서는 6개월 반, 전주에서는 5개월 동안 구조활동을 전개하였다. 그리고 부산에서도, 굶주리고 헐벗고 병들어 방황하는 귀환 동포들을 구호하였다. 식사·의복의 공급으로부터 숙소 안내, 무임승차권 제공, 응급 치료와 분만 보조, 그리고 사망자에 대한 치상에 이르기까지 다양한 방식으로 구호활동을 펼쳤다.[11] 이 활동을 위해 원불교에서는 중앙총부의 임원들을 비롯하여, 각 지방 교당의 교도들이 자진 참여했다. 대략 80여만 명을 구호하였으며, 근로동원인수는 500명, 출동일수는 1만 수천 일, 근로예산은 80만 원, 회중(會中)과 회원의 차비나 물품, 기타 소비금이 40만 원에

---

10 先進文集編纂委員會 編,『主山宗師文集』, 익산: 圓佛教出版社, 1980, 217쪽.

11 원영상,「근대 개혁불교의 사회적 공공성 - 불법연구회의 귀환전재동포구호사업을 중심으로 -」,『선문화연구』24, 2018, 312-313쪽.

달하였다.[12]

이러한 구호활동과 함께 1945년 10월 당시 불법연구회를 이끌고 있던 정산 송규는『건국론』을 지어 원불교의 새로운 국가관을 제시하였다. 전재(戰災) 동포 구호사업이나 교육기관 설립, 고아원 설립, 한글 교육 등을 추진하면서, 새로운 국가건설의 필요성을 느꼈고 건국준비위원회에 참가하고 미군정과의 접촉이 이루어면서, 중앙 정계의 현실도 어느 정도 파악할 수 있었다.[13] 송규는 1945년 10월까지 발표된 건국론을 입수하고 각 당의 선언이나 지도 방식, 인심의 변천 상태를 관찰하였다.

> 8월 15일 이후로 여러 대표의 선언도 들었고, 그 지도방식도 보았으며, 인심의 변천 상태도 대개 관찰한 나머지, 어느 때는 혹 기뻐도 하고, 어느 때는 근심도 하며, 어느 때는 혹 이렇게 했으면 좋지 않을까 하는 생각도 자연 나게 되므로, 자연히 발로되는 그 생각 일면을 간단히 기술하고 이름을 『건국론』이라 하였다.[14]

즉, 8.15 이후 여러 가지 건국론이 출현하는 것을 보고, 그 내용이나 지도 방식, 인심의 변천을 기준으로 잘잘못을 평가하고 나름대로 새로운 건국론을 지었던 것이다. 정산 송규는 건국론을 제시한 이유를 다음과 같이 밝혔다.

12 불법연구회,『원기31년 사업보고서』, 63-64쪽.
13 신순철, 앞의「건국론의 저술 배경과 성격」, 507-508쪽.
14 송규,「평화통일과 정산종사 건국론」,『건국론』, 1998, 6쪽.

건국이 있는 후에야 주의도 있고, 평등도 있고, 자유도 있고, 이권도 있어서 우리의 행복을 우리 스스로 사용할 것이나, 만약 건국이 없는 때에는 주의와 평등과 이권을 그 누구에게 요구하겠는가.

즉, 건국을 해야 주의나 평등, 이권 등을 실현할 수 있기 때문이라는 것이다. 이러한 송규의 건국론은 원불교에서 말하는 일원상의 대도를 실현하기 위한 사은(四恩)의 실천과도 관련이 있다. 사은이란 천지은(天地恩), 부모은(父母恩), 동포은(同胞恩), 법률은(法律恩)을 말한다. 특히 법률은은 개인이나 가정, 사회, 국가, 세계에 인도정의의 공정한 법칙을 제시하는 것으로서,[15] 올바른 법률의 제정과 실천을 통해 부모, 동포, 천지에까지 보은할 수 있게 하는 것이다.

이러한 송규의 건국론은 교조인 소태산 박중빈이 도덕과 정치에 대해서 동남풍과 서북풍, 자모와 엄부의 관계에 비유한 정교동심의 정치사상을 계승한 것이라고 할 수 있다. 정교동심이란 종교가 제 구실을 다하기 위해 정치가 없어서는 안 됨을 이해하고, 정치는 정치의 제 구실을 다하기 위해 종교가 수행하는 역할을 이해해주는 상호 조화의 입장을 말한다.[16] 송규에게 있어서도 정치는 도치와 덕치 즉 교화와 분리될 수 없는 것이었다.[17]

송규는 자신의 건국론에 대하여 정신으로써 근본을 삼고, 정치와 교육으로써 줄기를 삼으며, 국방, 건설, 경제로써 가지와 잎을 삼고, 진화의 도로써 그 결과를 얻어서 국력을 배양하는 것이라고 하였다.

15 한국민족문화대백과사전(http:encykorea.aks.ac.kr),「사은(四恩)」.
16 유병덕,「소태산이 본 종교와 정치의 상관성」,『원불교사상』2, 1997, 205-209쪽.
17 김도종,「정산종사의 정치철학」,『평화통일과 정산종사건국론』, 익산: 정산종사탄생 100주년 기념사업회, 원불교출판사, 1998.11, 283쪽.

송규는 건국론의 방책에서 무엇보다 정신이 근본이 되어야 한다고 하였다.[18] 그는 국민의 단결을 위해 마음의 장벽을 타파하자고 하였고, 건전한 정신의 함양을 통해 건전하고 굳센 국가를 건설하고자 하였다.[19] 이어서 자력확립, 충의봉공, 통제명정(統制明正), 대국(大局)관찰 등 5대 정신의 함양을 주장하였다. 이러한 정신이 우리의 마음속에 충실해야 국가가 완전하게 되는 것이니, 이 5대 정신을 선전, 교육, 훈련 등 각 기관을 통하여 모든 대중들이 뼈 속까지 깊이 뿌리박힌 국민성이 되도록 하자고 제안한 것이다.[20]

송규는 이어서 정치, 교육, 국방, 건설과 경제의 방책을 제시한 다음 최후로 진화의 도를 제시하였다. 즉 정치에서는 조선의 현실에 적당한 민주국가 건설과 불급이 없는 중도주의의 운용, 시정의 간명함과 엄중한 헌법이 필요함을 강조하고, 훈련과 실력양성 및 국민지도에 적당한 종교의 장려를 주장하였다. 교육에서는 초등교육의 의무화, 전문대학의 확장, 정신과 예의, 근로교육의 필요성을 제시하였고, 국방에서는 국방정신의 고취, 국방군의 창설과 국방시설의 강화, 군인으로서의 본분을 다하는 방책을 제시하였다. 그리고 건설과 경제에서는 전기, 지하자원 개발, 운수교통, 농지와 산림의 개량의 필요성과 노동력 확보 방안을 제시하고, 위생보건 설비 확충, 공익재단의 설치, 저급생활의 향상 등을 목표로 경제가 운영되어야 한다고 주장하였다. 특히 일본인 재산은 국유로 하되, 주택은 전재민 구호에 이용하자고 하여 건국론이 전재민 구호사업과도 관련이 깊음을 알 수 있다.[21]

송규는 자신의 건국론이 진화와 중도주의를 통해 달성될 수 있을 것이라

---

18 김영두,「송정산 건국론 사상의 재조명」, 228쪽.
19 김석근, 앞의「마음혁명을 통한 독립국가 완성과 국민만들기」, 29쪽.
20 『건국론』, 제2장 精神.
21 건국론,「제3장 정치」,「제4장 교육」,「제5장 국방」,「제6장 건설과 경제」참조.

고 보았다. 먼저 진화가 되는 길로는 ⑴ 정치에 관한 공로자 우대 ⑵ 도덕에 관한 공로자 우대 ⑶ 사업에 관한 공로자 우대 ⑷ 발명자 우대, ⑸ 특별기술자 우대, ⑹ 영재의 외학장려, ⑺ 연구원 설치, ⑻ 세습법 철폐, ⑼ 상속법 제한 등을 제시하였다. 특히 세습법을 철폐하여 모든 대우를 본인의 선, 불선에 따라 시행하는 것이 국민의 정신개조와 사회발전에 큰 권장이 된다고 하였다.[22] 이러한 진화의 길은 소태산 박중빈이 제시한 약자에서 강자가 되는 길로서, 자주성의 회복이며, 사은의 실천을 통한 우주적 영성을 회복하는 것이기도 하다. 신민에서 민중, 민중에서 국민, 국민에서 영성적 시민으로의 진화가 이루어지는 길에서 우리는 원불교 정치사상의 극점을 살펴 볼 수 있으며, 개벽종교가 추구한 최종 목표가 어디인가를 가늠할 수 있는 것이다.

아울러 이러한 건국론은 중도주의에 바탕을 두고 운용되어야 한다고 생각하였다.

우리는 공정한 태도와 자력의 정신으로서 연합국에 똑같이 대할지언정 자기의 주의나 세력 배경을 삼기 위하여 어느 일개 국가에 편부하여 다른 세력을 대항하려는 이 어리석고 비루한 생각은 절대로 말아야 할 것이다. 조선의 정세를 살피건대 중도주의가 아니고는 도저히 서지 못할 것이며, 연합국의 원조가 아니면 건국사업이 순조롭게 진행되지 못할 것이다.

우리나라는 연합국의 원조를 받아야 하지만, 미국이나 소련에 기울어서는 안되고 중도주의에서야 한다는 것이다. 그래서 송규는 불편불의(不偏不倚)한 조선의 정신을 새로이 찾자고 하였다. 또한 이러한 조선의 정신은 대

22 건국론, 「제7장 진화의 도」.

국의 견지에서 대국을 잘 살핌으로써 가능하다고 보았다. 송규가 제시한 대국의 견지는 다음과 같다.

1. 국제정세를 살피고 연합국의 진의를 잘 알아서 우방의 원만한 동정을 얻는 것이요

2. 국내의 유무식급과 유무산자급과 기타 각당 각파의 현상을 잘 알아서 원만한 선책을 발견하는 것이요.

3. 개인명예에 편착하지 아니하고 국가의 명예를 잘 드러내는 것이요

4. 개인의 세력을 다투지 아니하고 국가의 세력을 잘 키우는 것이요

5. 개인의 이해에 몰두하지 아니하고 국가의 이해를 잘 생각하는 것이요

6. 개인의 선불선이 국가의 가치에 높낮음이 되는 이치를 알아서 외인소시에 비루한 행동을 아니하는 것이요.

7. 목전의 좋은 일이 혹 주위에 불안이 되는 이치를 알아서 대중적 정신을 가지는 것이요

8. 임시 유익되는 일이 혹 미래에 손해 있는 이치를 알아서 영원한 미래를 잘 계산하는 것이요.

9. 우주의 원리가 항시 변천 있는 것을 알아서 때를 따라 법을 세우고 한가지 법에 고집하지 않는 것이요

10. 무슨 법이나 과하면 폐단되는 이치를 알아서 한편에 기울어진 마음을 두지 않는 것이니, 우리가 이상에서 말한 바 대국의 정신을 가진다면 이것이 곧 문명의 지견으로서 건국도 자연히 될 것이요, 따라서 우리의 생활이 공존공영하여 쉽게 안락국토를 건설할 줄로 생각한다.

대국의 견지에서 국제정세와 국내정세, 개인간의 관계에 대해 무엇이 올바

른가를 판단하는 대국적인 관점을 갖자는 것인데, 정치나 사회, 경제에서도 중도주의가 필요함을 역설하였다. 그가 생각하는 중도주의는 다음과 같다.

> 중도주의는 과와 불급이 없는 것이니, 즉 상대편에 서로 권리 편중이 없는 동시에 또한 각자의 권리를 정당하게 잘 운용하자는 것이다. 예를 들면 관리는 관리에 대한 권리, 민중은 민중에 대한 권리, 자본주는 자본주에 대한 권리, 노무자는 노무자에 대한 권리가 서로 공평 정직하여 조금도 강압 착취와 횡포를 자행하는 폐단이 없게 하는 법이니, 모든 정책을 이와 같이 사정하는 것을 중도주의라 하며, 또는 그렇게 하는 것이 양편에 서로 불안이 없어서 조선 현실에 사실 적당하지 않을까 한다.

중도주의는 과·불급이 없이 관리는 관리의 권리, 민중은 민중의 권리, 자본주는 자본주의 권리, 노무자는 노무자의 권리를 공평정직하게 하는 것으로서, 좌우의 편중을 막고 좌·우익 간에 서로 불안이 없도록 하자는 것이다. 그의 이러한 중도주의는 먼저 정치적으로는 권력의 균점을 통한 민주공화제를 지향하는 것이다. 이를 통해 해방 정국의 정치·사회적인 국민통합과 단결로 새로운 민족국가를 건설하고자 하였다.[23] 경제적으로는 중요산업을 국영으로 하고, 중소산업은 민영으로 하자고 하였는데[24] 이는 좌익이나 우익 어느 쪽에 편중되지 않고, 계급간에 서로 악수하고 동심협력함으로서 실력을 기르기 위함이었다. 송규는 이러한 중도주의에 입각한 국가 건설의 방책을 다음과 같이 결론짓고 있다.

23 『건국론』, 「제3장 정치」.
24 『건국론』, 「제6장 건설과 경제」.

유산급 처지에 있어서는 과거의 독선주의를 청산하고 공존공영의 정신
하에 모든 건설에 물적 원조를 아끼지 말지며, 무산급 처지에 있어서는 부
동하는 마음을 안정하고 정신과 힘을 다하여 각각 산업에 근무하여, 유산자
에 대한 공연히 대적하는 생각을 두지 말고 자리 이타의 주의 하에서 한 가
지 건설에 협력할 것이며, …… 이와 같이 유산자는 유산자로 무산자는 무
산자로, 관리는 관리대로, 국민은 국민대로, 각각 그 도를 다하고 마음을 합
한다면 건국공사는 그 가운데에서 자연히 성립되는 것이다.[25]

이러한 송규의 중도주의는 유산자와 무산자의 계급을 인정하고 대국의
견지에서 화합의 길을 찾는 것이다. 그리하여 유산자와 무산자, 관리와 국
민 간에 공정한 마음으로 각각 그 도를 다하고, 마음을 합하면 참다운 건국
공사가 이루어진다고 하였던 것이다.

III. 천도교의 건국론과 중도주의

해방 이후 천도교 역시 새로운 국가 건설 과정에 적극 참여한다. 8월 15일
총부 임원들이 모인 자리에서 최린은 "과거는 참회하고 현재는 시국에 비
추어 자중정관(自重靜觀)하자. 그리고 대회를 열어서 교헌을 새로 제정하자"
고 하였다. 이에 따라 8월 23일 천도교청년단을 조직하였다.[26] 이어 천도교

---

25 『건국론』, 「제8장 결론」.
26 천도교중앙총부교서편찬위원회, 『천도교 약사』, 서울: 천도교중앙총부출판부, 2006,
387쪽.

의 정치이념을 사회에 구현하기 위해 설립한 청우당의 복원을 서둘렀다. 9월 14일에는 청우당 본부의 각 부서 책임자가 선정되고, 10월 7일에는 전당대회 준비를 위한 집행부 선출이 있었으며, 10월 31일에는 천도교청우당 부활전당대회를 개최하였다. 전당대회에서는 민족통일결성촉진, 전재동포구제, 실업대책, 기관지 발행들을 결의하였고, 김기전(金起田)을 위원장으로 하는 중앙위원 및 각 부 책임자가 선임되었다.[27] 이러한 청우당의 부활과 함께 다시 10월 5일에는 〈개벽사〉를 다시 설립하고 개벽지를 복간하였다.[28]

북한에서는 1945년 10월까지 대부분의 청우당 지방 조직들이 만들어졌다. 이어 1946년 1월 25일에는 천도교청우당 중앙위원회의 소집으로 서울에서 열린 청우당 지방조직대표회의에서 북한 지역에 독립적인 당의 창설을 요구하였다. 북한의 지방 조직과 서울의 청우당과의 관계가 원활하지 않기 때문이었다.[29] 이에 따라 1946년 2월 평양에서 천도교청우당 결성대회를 갖고, 북한에서도 청우당이 2월 18일 창설되었다. 위원장 김달현, 부위원장 박윤길, 김정주, 정치위원 김달현, 박윤길, 김정주, 전찬배, 김윤걸, 백세명, 김도현, 상무위원 7명과 김진연, 한몽웅, 이춘배, 조기주, 장학병, 김봉엽 등이 선임되었다.[30] 그리고 2월 18일 "윤리종교적 내용과 민주주의 성향을 갖는 조항"과 "일반정책에 관한 제반 사항이 포함"된 당 규약과 강령을 체택하고 북조선 청우당의 당면임무를 아래와 같이 결의하였다.

1. 소비에트 연방 및 제민주주의 국가와의 우호를 강화한다.

27 정용서, 앞의 논문, 170-171쪽.
28 임형진, 천도교의 정치이념, 『동학네오클래식』 12, 서울: 모시는사람들, 2015, 283쪽.
29 정용서, 앞의 논문, 176쪽.
30 정용서, 앞의 논문, 176쪽.

2. 모든 반일본 제정당과 함께 민족통일전선을 형성한다.

3. 모든 대규모 산업을 국영화한다.

4. 토지를 국유화하여 빈농층에게 나누어준다.

5. 국민교육체제를 개선한다.

6. 20세 이상의 모든 국민들에게 활발한 정치 참여의 기회를 제공한다.

7. 국민의 언론, 출판, 집회, 신앙의 자유를 보장한다.

8. 정치, 경제, 문화 생활의 전 영역에 걸쳐 남성과 여성의 동등한 권리를 인정한다.

9. 모든 권력이 인민에게 속하는 조선민주주의공화국 건설을 위해 투쟁한다.

소련과의 우호를 토대로 산업의 국영화와 토지의 국유화, 국민교육, 국민의 기본권 보장을 결의한 것이다. 이러한 청우당의 당면과제는 1947년 북조선청우당 당원 강습교재로 나온 『천도교청우당론』에서 다시 확인되었다.

1. 소련 및 제민주주의 국가와의 적극 친선을 도모함.

2. 반일반제적 신민주주의 제정당과 우호협조하여 민족통일전선을 期함.

3. 인내천(人乃天)의 신문화로써 민족 원기의 진작과 신생활의 창조를 꾀함.

4. 노동자, 농민, 어민, 소시민, 근로지식층의 생활 향상을 꾀함.

5. 중요산업의 국가경영과 토지의 국유화를 기함.

6. 인민교육의 일체를 국가 부담으로 하여 사회교육의 철저화를 꾀함.

7. 인격 향상과 기술 중점의 교육제도를 기함

8. 20세 이상의 남녀에게 선거권과 피선거권을 부여함.

9. 광공업, 수산업의 급속한 발달과 농업의 과학화, 중농화를 꾀함

10. 실업방지, 보건, 위생, 교양, 문화 등 사회정책의 실시를 기함

11. 언론, 집회, 신앙, 결사 출판의 자유

12. 여성의 정치적, 경제적, 문화적 평등을 기함.

즉, 청우당론에서 인내천의 신문화와 사회교육의 철저화, 인격 향상과 기술 중점의 교육제도, 광공업·수산업 발전, 사회정책의 실현 등 보다 구체적인 강령을 제시한 것이다. 특히 인내천의 신문화와 사회교육이 강조되고, 구체적인 산업 발전과 사회정책 등이 모색되고 있다. 이는 북한 지역에서는 소련의 지지하에 조선노동당이 제1당이 되고 모든 권력을 집중하고 있었기 때문에, 당 강령이 보다 구체화되고, 그러한 이념을 반영할 수 있는 실질적인 체제를 갖추고 있음을 알 수 있는 것이다.

이어 천도교청우당은 1947년 5월 2차 미소공동위원회를 앞두고, 정치이념과 역사를 담은 책자를 만들었다. 몇년 전에 『천도교의 정치이념』이라는 제목으로 출간된 이 책은 1947년 3월 31일 김병제를 대표집필로 했지만, 그 전에 남북한의 천도교 이론가들이 서울과 평양을 오가며 연구와 자문을 거친 뒤에 발표된 것으로서 그 시기까지의 천도교교단의 정치적 견해를 집약한 최고의 이론서라고 할 수 있다.[31]

『천도교의 정치이념』은 모두 6장으로 구성되어 있다.

제1장 천도교의 정치사상과 사회적 근거

제2장 천도교의 정치사상과 이론적 근거

제3장 천도교의 정치운동사와 그 의의

31 김병제, 이돈화 외, 「천도교의 정치이념」, 서울: 모시는사람들, 2015, 281쪽.

이 책에 관해서 김병제는 발간사를 통해 "천도교의 정치사상의 사회적 기반과 이론적 근거를 밝히는 동시에 천도교의 정치운동의 사실을 들어 그 이념 노선과 투쟁 대상이 무엇이었는가를 예증하고, 아울러 해방 후 신조선 건설에 대한 대체 요강을 제시하였다."라고 하여 천도교의 정치사상과 신조선 건설에 대한 이념의 형성 과정과 배경을 제시하였다. 다만 구체적인 이론적 체계와 현실적 정책을 완전히 내세우지 못하였다는 한계가 있다고 저자들 스스로가 밝히고 있다.[32] 목차에서도 알 수 있듯이 이 책은 천도교 정치사상의 사회적, 이론적 근거를 제시하고, 이어 천도교 정치운동사를 일별하여 그 속에서 청우당이 출현한 의의를 밝힌 다음 천도교의 건국이념을 제시하였다. 끝으로 이러한 이념을 실천하는 청우당의 존재에 대해서 차례로 서술하고 있다.

청우당에서 제시하는 천도교의 건국이념은 조선의 현 단계에 적응한 '조선적 신민주주의(朝鮮的 新民主主義)'를 주장하는 것이다. 조선적 신민주주의란 조선의 자주독립과 아울러 조선민족 사회의 현 단계에 맞는 민주정치, 민주경제, 민주문화, 민주도덕을 동시에 실현하려는 민주주의이다.

첫째, 민주정치는 평등과 자유를 보장하는 인민의 기본권을 확립하는 동시에 주권자가 되는 길을 제시하였다. 인민의 의사를 대변하는 입법기관의 대의원이나 인민의 공무를 대행하는 행정기관의 행정관, 그리고 인민의 양

---

32 김병제, 이돈화 외, 앞의 책, 8쪽.

심적 명령을 실현하는 사법관을 인민의 일반적 · 평등적 · 직접적 선거에 의해 선출하며, 월권할 경우에는 파면하는 권한을 갖도록 하자는 것이다.[33]

둘째, 민주경제는 동귀일체의 신생활 이념을 기반으로 한 민주주의 경제 실현을 목표로 하였다. 생산수단과 분리되어 있던 생산력 담당자(농민, 노동자, 기술자 등 근로층)가 생산수단(토지, 광산, 공장, 교통기관, 기계 등)을 갖도록 함으로써 사회적 생산의 정당한 토대를 부여하고 경제권을 인민 전체에 옮겨 놓자는 것이다. 그리하여 계급적 대립이 없는 단일성인 민족경제를 실현하자는 것이다. 이에 청우당에서는 10만 명 내외의 지주가 250만 호의 비농민을 지배 착취하는 계급 대립을 해소하고[34] 경제적 생산역량을 향상시키자고 하였다. 또한 조선은 농토의 협소, 농업기술의 미발달, 낮은 농업 생산력으로 농산물로 대외경쟁력을 갖추기 어려우므로 국가의 경제력을 향상시키기는 데에는 농업보다 열 배 이상 유리한 공업을 발달시키고 일용품을 지급, 자족해야 한다는 것이다. 경제정책으로 중요 산업은 국유로 하고 그 경영은 국영 또는 공영으로 하며, 농업 생산 양식을 근대화하여 잉여 노동력을 공업 노동력으로 전환하자는 것이다.[35]

셋째, 민주문화는 동귀일체의 신사회 생활에 적응한 민주문화를 목표로 하였다. 종래의 서당 교육이나 출세주의, 이기적인 교육 방식으로는 자신의 재능을 최대한 발휘하거나 생활을 고도로 향상시킬 수 없으므로, 교육제도의 사회화, 교육기관의 대중화, 교육정신의 민주화를 실시하자고 하였다. 초등교육의 의무화, 기술자 양성, 노동자 농민의 교양, 부인의 계몽을 통해 동

---

33 위의 책, 57쪽.
34 김병제, 이돈화 외, 앞의 책62쪽.
35 위의 책, 63쪽.

귀일체의 민주문화를 이룩하고, 천재 교육을 통해서 우리 민족과 세계에 공헌할 수 있는 길을 열어놓자는 것이다. 아울러 예술에서도 특권계급에 봉사하는 음악이나 문학 등 봉건적·일제적 잔재를 청소하고, 대중생활을 향상시키고 대중정서를 함양할 수 있는 민주주의에 입각한 신문화를 건설할 것을 주장하였다.[36]

넷째, 민주윤리는 사인여천에 맞는 새 윤리를 목표로 하였다. 윤리는 고정불변의 것이 아니라 사회가 변함에 따라 변천하는 것이므로, 종래의 삼강오륜의 계급적 윤리가 아니라 이제는 인간 상호간 평등적 입장에서 윤리를 세워야 한다는 것이다.

이에 새로운 윤리는 인간적 평등과 인간성 평등을 기반을 한 사인여천을 최고 목표로 하여 (1) 진실과 근면 2) 근기(根氣)에 바탕을 둔 성(誠) (2) 경천, 경인, 경물(敬物) 등의 삼경(三敬) (3) 정직과 충실이 완비된 신(信) 등 성경신을 민족 전체의 표준 도덕으로 하자는 것이다.

이러한 천도교의 건국론에서 대외적인 입장은 역시 미국이나 소련 어느 한쪽에 일방적으로 치우치지 않은 조선식 민주주의 건설이다.

> 조선은 어디까지 조선민족의 조선인 만큼 정치도 우리 힘으로 수립해야 할 것이다. 다시 말하면 국제 민주주의의 원칙에 의하여 우리 민족 절대 다수가 요망하는 진정한 민주주의 국가사회를 건설해야 할 것이며, 연합국의 원조는 우리의 주권이 손상됨이 없이 자력의 부족을 보충하는 정도로서 민족적 우호관계를 돈독히 하는 데만 한할 것이요, 그 이상의 타력 신뢰, 외세 의존은 배제하지 않을 수 없다. 신뢰는 자주가 아니요, 의존은 독립이 아니

---

36 김병제, 이돈화 외, 앞의 책, 68쪽.

기 때문이다. 조선민족이 요망하는 정치, 경제, 문화는 연합국의 지도자들보다 민주주의를 이해하는 조선의 평민이 더 잘 안다. 그러므로 우리는 미국형인 자본가 중심의 자유민주주의를 원치 않는다. 왜냐하면 자본주의 제도가 내포한 모순과 폐해를 미리부터 잘 알기 때문이다. 동시에 소련류인 무산자 독재의 프롤레타리아 민주주의도 필요치 않다고 생각한다. 그것은 조선에는 일찍이 자본 계급의 전횡이 없었기 때문이다.[37]

즉 미국형 자본가 중심의 자유민주주의도 아니고 소련류인 무산자 독재의 프롤레타리아 민주주의도 아닌, 조선의 자주독립과 아울러 조선민족 사회에 맞는 민주정치, 민주경제, 민주문화, 민주도덕을 동시에 실현하는 민주주의를 건설하자는 것이다. 이에 청우당에서는 친미반소 혹은 친소반미적인 극단 경향으로써 자신들의 세력기반을 키울 것이 아니라, 인민의 권리를 존중하고, 자유와 평등에 입각한 신국가 건설에 나서자고 촉구하였다.[38]

IV. 원불교 건국론에 나타난 시민적 공공성

원불교의 건국론에서는 마음의 단결을 중시하였고, 단결을 통해서 국력을 배양하자고 하였다. 단결의 핵심적인 요소는 사적인 자아 대신 대국적인 관점에서 의사를 소통해야 한다는 것이다. 바로 이러한 대국적인 견지에서 마음의 장벽의 극복이 시민사회에서 필수적인 합리적인 의사소통의 덕목이

---

37 김병제, 이돈화 외, 앞의 책, 51-52쪽.
38 위의 책, 53-55쪽.

되는 것이다. 그 열 가지 장벽을 제시하면 다음과 같다.[39]

첫째는 각자의 주의에 편착하고 중도의 의견을 받지 아니해서 서로 조화되는 정신이 없는 것이요, 둘째는 각자의 명예와 이상에 사로잡혀서 사기존인(捨己尊人)하는 마음을 가지지 못한 것이요, 셋째는 불같은 정권야욕에 미혹되어 대의정론을 무시하는 것이요, 넷째는 시기와 투쟁을 일으키며 간교한 수단으로써 대중의 마음을 현란하게 하는 것이요, 다섯째는 사체(事體)의 본말을 알지 못하고 일편의 충동에 끌려서 공정한 비판력을 가지지 못하는 것이요, 여섯째는 지방성과 파벌 관념에 집착하여 대동의 정신을 가지지 못하는 것이요, 일곱째는 남의 작은 과오를 적발하고 사사로운 혐의와 묵은 원한을 생각하며 널리 포용하는 아량이 없는 것이요, 여덟째는 사심과 이욕이 앞을 서고, 독립에 대한 정성이 철저하지 못한 것이요, 아홉째는 진정한 애국지사의 충정을 잘 받들지 못하는 것이요, 열째는 단결의 책임을 남에게 미루고 각자의 마음에는 반성이 없는 것이니, 이상 말한 열 가지 그 장벽만 타파한다면 단결은 자연히 될 것이라는 것이다.

여기에서는 토론의 기본자세에 관해 설명하고 있다. 합리적인 의사 소통과 도출을 위하여 주의나, 명예, 이상, 정권야욕, 충동, 지방성과 파벌 관념을 타파해야 하며, 대중들의 올바른 의사 수렴을 위해서 대중의 마음을 현란시키지 않아야 한다는 것이다. 또한 토론의 원칙으로 일의 본말을 명확히 파악해서 공정한 비판력을 가져야 한다고 말하고 있다. 송규는 이러한 의사소통 능력을 정신훈련을 통해서 길러져야 한다고 판단하였다.

39 송규, 『건국론』.

조선 민중이 아직도 일반적 정신 수준이 저열한 것은 장구한 시일에 국가적 훈련이 없었던 관계이다. 그러므로 국가의 정론을 세운 후에는 국민 훈련법을 시행하여 매년 정기 또는 임시로 전국을 통하여 도, 군, 면, 리 등 구역의 순서를 따라 어느 계급을 물론하고 일제히 단기훈련을 받게 하며, 강사는 사회 종교의 각계 명사를 동원하고 또는 지방인사를 이용하며 강연 제목은 애국정신과 공중 도덕의 주지하에서 수시 공선해서 시폐를 교정하고 인심을 진흥하며 또는 극장, 가요 등을 동원하여 이에 협력시키고(교육, 종교 등과도 서로 연결이 되게 함) 이와 같이 오래 계속하면 일반적 정신이 점차 향상될 것이며, 정신의 향상을 따라 국가의 기초가 또한 견고한 힘을 얻게 될 것이다. 단, 강제를 정할 때는 미리 상황을 조사한 후 선정함.

현재 민중의 정신 수준이 낮은 상태에 있으므로, 국민 훈련법을 시행하여 지역에 따라 모든 계급이 교육을 받도록 하여 정신의 향상을 도모하자는 것이다.

이러한 정산 송규의 의사소통에 관한 이론은 박창기에 의해 보다 구체적인 방안이 제시되었다. 박창기(朴昌基, 1917-1950)[40]는 「불법연구회의 정치이념」을 집필하여 새로운 조선과 불법연구회의 흥망이 전무출신 청년남녀의 어깨에 달려 있으므로, 정치사상과 정치지식에 대한 소양을 갖추지 않으

---

40 본명은 南基, 법호는 默山, 법훈은 대봉도. 1917년 10월 23일 서울에서 부친 將珤과 모친 李共珠의 2남 중 장남으로 출생했다. 1942년(원기 27) 전무출신했으며, 중앙총부학원교무, 전재동포구호사업, 중앙총부교감을 역임했다. 1945년 전재동포구호 사업에 참여했고, 원불교의 정치관, 원불교의 교육관을 발표했다. 동국대학 불교학과에 입학하여 1950년 5월 졸업했으나, 1950년(원기 35) 9월 27일 서울 수복을 하루 앞두고 양주에 있던 강필국(황정신행의 아들)을 데리러 가다가 피살되었다. 1985년 3월 제103회 수위단회에서는 그의 높은 공덕을 추모하여 대동도의 법훈을 추서하기로 결의했다.(『원불교대사전』, 334쪽. 한정석)

면 안 된다고 하고서, 원불교의 원만하고 진보적인 이상적 정치 기반을 마련하고자 하였다. 박창기는 불법연구회가 다음과 같은 일곱 가지 정치 원리에 입각하여야 한다고 하였다.[41]

1. 진심으로 회원의 복리만을 위하는 대의의 정치
2. 회중(會中) 전체를 본위로 하는 회중 중심 정치
3. 회원들이 자유로이 발표한 총의를 본위한 대중정치
4. 명랑성을 가진 공개정치
5. 회원의 권리를 존중하는 인권정치
6. 교육과 산업을 병진하는 교산병진정치
7. 정강을 표시하여 대중의 진로를 명시하는 정치

이 중 제1조는 회원의 공심(公心)과 인도정의(人道正義)에 합당한 대의(大義)의 정치를 구현한다는 불법연구회의 정치이념을 제시한 것으로 2조, 3조, 4조, 5조에서 그 방도를 제시하였다. 제6조 교산병진정치(教産竝進政治)는 교육과 산업을 통해 불법연구회의 정치와 경제를 장구하게 유지하자는 것이며, 제7조는 정강을 제시하여 대중들이 나아갈 길을 제시하자는 것이다.

특히 불법연구회의 정치원칙을 제시한 2조, 3조, 4조 5조는 오늘날 소위 시민적 공공성의 요소와 거의 일치하고 있다. 즉 시민사회의 공공성은 국가와 시민사회에 존재하는 사회영역 안에서 개인들이 정치적 공론장을 통해 국가에 미치는 여론을 만드는 공중으로 전환되고, 이 공중을 통하여 여론이 조성된다. 박창기가 주장한 정치이념 역시 회중 전체를 본위로 하는 정치,

---

41 박창기, 「불법연구회의 정치이념」, 『黙山正師文集』, 이리: 원불교출판부, 1985.

자유로이 발표한 총의를 본위로 한 대중정치, 명랑성을 가진 공개정치, 회원의 권리를 존중하는 인권정치라고 하였으므로, 양자간의 유사성이 두드러지게 나타나는 것이다.

박창기는 2조에서 회중 전체를 본위로 하는 정치의 필요성에 대해 다음과 같이 언급하였다.

> 한 국가나 한 단체는 한 사람의 생각이나 한 사람의 힘으로 구성하는 것도 아니요 운영되는 것도 아니다. 오직 대중의 생각과 대중의 힘을 가지고 비로소 구성도 되는 것이요 운영도 하는 것이니 그러므로 단체 대중의 인심 집중(人心執中)의 대상은 어디까지나 사람을 초월하여 신성한 회중(會中) 전체가 되어야 할 것이다. 왜 그러냐 하면 사람을 대상으로 하여 인심을 집중시키려면 그 결과는 개인의 건전한 자유의식의 발달을 저해하여 補脾胃(남의 비위를 잘 맞춤)나 일삼는 인간만을 조성하게 되며, 또는 편중한 정치의 원인이 되기 쉬우며 또는 그 대상자가 교체하게 될 때 수습키 어려운 인심 혼란 상태를 야기하는 원인 외에는 별스런 의의가 없을 것이다.[42]

국가나 단체는 개인의 생각이나 힘으로 구성되거나 운영되는 것이 아니라는 것이다. 사람을 대상으로 인심을 집중하면 개인의 건전한 자유의식의 발달을 저해하거나 남의 비위를 맞추는 인간을 조성하고 편중한 정치의 원인이 된다는 것이다. 과거 전제정치 시대에 사람을 대상으로 인심을 집중한 결과 통치에 대해 비판하지 못하고 인민들의 자유가 속박되었다는 것이다. 이에 박창기는 인지(人智)가 고루 열려 가는 현대에서는 일반대중의 인심으

---

42 박창기, 앞의 글, 157쪽.

로 하여금 회중 전체를 사랑하고 회중 전체를 믿으며 회중 전체를 위하여 자기를 희생하는 정신으로 지도 함양하며, 회중 전체를 지상으로 한 회중 중심 정치를 실현하여야 한다고 강조하고 있다.

박창기는 이러한 회중 중심 정치는 회중 전체의 발전 향상을 본위로 하여야 하므로, 한 사람이 뛰어나다고 해서 다른 방면까지 일체의 최고 지배권을 갖거나 형식과 정실에 사로잡혀서 지배력을 갖게 해서는 안 된다고 보았다. 단체 대중 가운데에는 도덕이나 정치, 경제, 교육 등 각기 장단이 있을 것이니, 남녀, 노소, 위계, 연수, 형식 등에 구애치 말고 뛰어난 자들로 하여금 그 역량과 수완을 십분 발휘하여 회중 전체에 원활한 발전 향상만을 기약하는 회중 중심 정치를 실현애야 한다고 생각하였다.

이어서 3조에서는 회중 중심의 정치는 민의를 존중하는 대중정치가 되어야 한다고 주장하였다. 현재 세계는 민주주의의 공화(共和)정치로 전환하고 있는데, 정치는 사람이 하는 것이요 또는 사람을 위해서 하는 것이니, 정치의 주체이면서도 대상인 모든 인심을 잘 이해하고 파악하여 그 인심을 존중하는 정치를 해야 한다는 것이다. 인심을 살피지 못하고 구시대의 완고한 사상이나 계급적 정신을 가지고 정치를 행하면 정치의 신성(神聖)을 파괴하고 인심을 이산시키며 변태적 기형정치가 된다는 것이다. 이에 박창기는 정치체제는 반드시 민의를 본위로 한 여론정치 즉 대중정치라야 한다고 주장하였다. 회원에게 언론에 대한 자유를 절대 보장하고, 어느 방법으로든지 회원들의 소리를 널리 들어볼 용의와 성의를 가져야 할 것이며, 더욱이 회원들로 하여금 각자의 의사를 기탄없이 말하도록 만든 연후에 그 중인(衆人)의 소리와 중인의 의견을 존중하는 가장 자유 활달하고 가장 진보적인 대중정치를 실현하자는 것이다.

그리고 4조에서는 정치는 명랑성을 가진 공개정치가 되어야 한다고 주장하였다. 과거처럼 백성들을 따르게만 하고 알게 하지 않는 식으로 엄폐를 해서는 안 된다는 것이다. 정치가 일체를 엄폐하기만 하면 인심의 명랑성이나 공정성을 상실하게 되므로 정치는 공개정치를 최대한 실현시켜야 한다는 것이다.

5조에서는 회원의 평등한 권리와 질적 향상을 보장하는 인권정치를 주장하였다. 비록 남녀나 연령, 계위, 지식이나 성격의 차이가 있을지라도 불법연구회를 구성하는 요소에서는 평등한 역할을 하고 있기 때문이라는 것이다. 불법연구회를 육성하고 발전시키려는 이념과 활동의 권리는 누구도 강탈할 수도 없고 양도할 수도 없는 선천적 권리라고 주장하였다. 그래서 박창기는 이 권리는 정치적으로 특정한 계급적 사상을 가지고 인권 평등을 무시하거나 유린해서는 안 된다고 하였다. 본회의 공약에 의해 최고 지배력을 맡은 주권자들도 회원의 한 사람으로서 집행의 책임을 잠깐 가진 데에 불과한 것이고, 주권 자체가 자신의 영구적 소유가 아닌 까닭이다. 그러므로 지배력인 주권이 그 범위와 한도를 벗어나서 회원의 권리를 말살해서는 안 될 것이고, 새로운 사상과 새로운 이론을 주장하더라도 무조건적인 억압과 선동적 배척을 해서는 안 된다는 것이다. 넓은 아량과 깊은 도량으로서 새 사상과 새 이론의 시비곡직을 분석 판단하여 그 근본정신과 이론이 옳을 때는 진심으로 찬조하고 성심으로 원조하여 회원의 질적 향상과 회세(會勢)의 발전을 기약하지 않으면 안 된다는 것이다. 특히 고려해야 할 사항은 여자와 청소년의 권리를 보장하며 동시에 질적 향상을 양심적으로 책임지고 원조하는 인권 정치를 실현해야 한다고 강조했다.

이러한 박창기의 대중 민주주의 정치 원리는 비록 불법연구회에 한정한 것이라 할지라도 그 원리와 방법에 있어서 오늘날 시민사회에서 요구하는 대화의 원리의 근본정신과 크게 차이가 없다. 시민으로서의 주체의 인정과 서로간의 인격의 존중, 그리고 서로 다른 의견이라도 토론을 통해 합리적인 방법으로 여론을 조성해 가는 것이야말로 시민적 공공성의 원리를 참되게 구현할 수 있는 요체가 되는 것이다.

V. 천도교 건국론에 나타난 시민적 공공성

천도교의 건국론에서는 인내천(人乃天)의 종지에 따라 우주의 진화상 최정점에 있는 인간의 영성적 진화를 구현하는 평등자유의 제도와 인간 지상(人間至上)의 도덕, 사인여천의 윤리를 마련하고자 하였다.

천도교에서는 인내천의 종지에 대해 인간은 종교적으로는 우주 본체가 인격화된 천주의 조화적·자율적 화생인 천지만물 가운데에서 본체의 전일적 성격을 품부한 객체이며,[43] 사상적으로는 진화상의 최정점에 있다고 해석한다.

> 천지만물은 일원적 우주친화력이 서행(徐行)한 자율적 조화에 의하여 지금의 우주와 같은 삼라만상을 낳은 것이므로 우주 진화는 전단계가 후단계보다 불완전하다. 다시 말하면 후단이 전단보다 비교적 완전한 것이며, 그리하여 인간은 우주 최후 단계에 생성한 동물인고로 인간성 중에는 우주의 전 성격을 구비한 것이다.[44]

43 『천도교의 정치이념』, 「당지」, 90-91쪽.
44 『천도교의 정치이념』, 92쪽.

즉, 인간은 우주 최후 단계의 진화상의 결실로서 우주의 전 성격(全性格)을 구비하고 있기 때문에, 인내천(人乃天)이라고 할 수 있고, 우주적 진화, 생물 진화, 인간 진화의 단계를 거쳤기 때문에, 물리화학적 본능(우주적)과 생명 생리적 본능(생물적), 영성 본능(인간적)의 3대 본능을 구비하였다는 것이다. 이 점에서 인간은 소우주이며, 소분천(小分天)이며 신령의 아들이라는 것이다.[45]

이에 따라 인내천의 원리는 인본사상과 사인여천의 윤리, 인간지상의 도덕, 여천합일(與天合一)의 종교, 평등자유의 제도를 실현하는 기초가 된다고 이해한다.[46] 먼저 인본사상의 기초가 된다. 인본사상은 인간 자기야말로 실재 본위라는 깨닫고 모든 제도와 문화를 인간 본위로 건설하자는 것이므로 정치에서 이상적 민주주의, 경제에서 공동생산·공동분배, 문화에서 대중문화주의, 교육에서 보편타당주의, 도덕에서 평등자유와 같은 인본사상의 맹아가 된다. 둘째, 사인여천의 윤리이다. 인간은 천주의 분신이므로 천주에게 경의를 표하는 심성으로 사인여천의 경의와 만민평등의 윤리를 창건할 수 있다. 존비귀천의 차별을 철폐하는 것은 물론, 천륜인 부자형제 간, 그리고 장유의 질서의 차별 속에서도 인간격 본질의 평등을 인정하게 된다. 셋째, 인간 지상의 도덕이다. 인내천은 인간격의 존엄성을 사랑하고 경천, 애인, 경물의 원리가 된다. 악인은 행위는 밉지만 본성은 경이로운 것이며, 초목과 생물은 이용후생의 대상이라도 생생(生生)의 본질이 학대되지 않는다. 넷째, 여천합일의 참된 종교가 되며, 다섯째, 평등 속에 차별적 조화가 있고, 차별 속에 평등적 동귀일체가 되는 제도를 실현해가는 원리가 된다.

45 위의 책, 92쪽.
46 위의 책, 94쪽.

이처럼 천도교는 인내천의 원리에 따라 인민 자체가 정치의 주체가 되는 민주국가를 목표로 한다. 그리고 이러한 민주국가는 정치 훈련과 참여를 통하여 실현될 수 있다고 보고 있다.[47]

아울러 이러한 정치훈련을 위해서는 훈련의 주제가 되는 인생의 의미부터 알게 해야 한다고 주장한다. 즉 인생의 의미는 소아(小我=肉體我)에 있지 않고 대아(大我=人生本質)를 발견하는 데 있다는 것이다.[48] 대아는 내적 충동에 움직이는 자신(소아)과는 달리 사람이 하늘이라는 것을 깨달아서 유한한 자아가 무한해지고 상존항구의 무궁아(無窮我)가 되는 것이니 대아를 살게 하는 것이야말로 천도교의 사명인 포덕천하, 광제창생이라고 하였다.[49]

이처럼 인간을 인내천으로 규정하고 대아가 되는 인간을 실현하려고 하는 천도교는 인간의 권리에 대해서도 다음과 같이 규정하고 있다.

> 첫째, 인민은 법률상 일률(一律) 평등으로 할 것
>
> 둘째, 인민은 법률에 의하여 권리와 자유를 상실한 자를 제외하고는 일률로 정치, 경제, 문화, 사회 생활의 전 영역에 참여할 권리를 가질 것
>
> 셋째, 만 20세 이상의 인민은 평등한 선거원, 피선거권을 향유할 것
>
> 넷째, 인민은 언론, 출판, 집회, 결사, 신앙, 연구, 시위, 파업의 자유를 가질 것
>
> 다섯째, 인민은 신체의 자유를 가질 것. 즉 법률에 의함이 아니면 체포, 구, 금심문 또는 처벌을 받는 일이 없을 것

---

47 『천도교의 정치이념』, 101쪽.
48 위의 책, 130-131쪽.
49 위의 책, 130-131쪽.

여섯째, 인민은 거주의 자유를 가질 것. 그 거주의 장소를 법률에 의함이 아니면 침입, 수색 또는 봉쇄할 수 없도록 할 것

일곱째, 인민은 이전의 자유를 가질 것

여덟째, 인민은 신서(信書) 비밀의 자유를 가질 것

아홉째, 인민은 법률이 허락하는 한도에서 재산 사유의 권리를 가질 것

열째, 인민은 육체적, 정신적 노동력의 보호를 받을 권리를 가질 것

열한째, 인민은 청원, 소원, 소송을 제기할 권리를 가질 것

열두째, 인민의 기타 자유와 권리는 사회의 질서, 공공의 이익을 방해하지 않는 한 균일한 국가의 보호를 받을 권리를 가질 것

열셋째, 인민의 자유와 권리를 제한하는 법률은 국가 안정의 보장, 긴급 위난의 낭비, 사회질서의 유지 또는 공공이익의 증진을 위하여 필요한 것에 한함

이처럼 천도교에서는 인내천의 종지에 따라 인간의 평등과 자유를 극대화하고 기본권으로 보장하였다. 나아가서 이러한 인민의 권리를 지속적으로 보장하기 위해서는 적극적으로 시민의 참여가 필요하다고 주장하였다.

한편 인민의 의사를 대변하는 대의원이나, 인민의 공무를 대행하는 행정관, 인민의 양심적 명령을 실현시키는 사법관을 막론하고 다같이 인민의 일반적, 평등적, 직접적 선거에 의해 이들을 선출하는 동시에 이들의 실제 행동이 인민의 본의에 월권하는 경우는 파면하는 권한도 가져야 한다고 보았다. 그렇게 해야 비로소 인민은 진정한 통치의 주권자가 되고 관리는 진정한 인민의 공복이 될 것이고, 그렇게 해야 진실로 인민을 위한 법률이 제정되고 경제가 건설되며 교육이 실시될 것이며, 그렇게 해야 비로소 다수가 소수의 무리한 지배와 압박을 받지 아니하며, 선이 악에게 억울한 굴종을 당하

는 상황을 면하게 될 것이라는 것이다. [50]

이처럼 천도교에서는 인민의 기본권을 확정하고 지속적인 시민의 참여를 통해 진정한 주권자로서의 길을 제시하였으며, 자유롭고 평등하며 공정한 시민사회 형성을 위해서 불합리한 정치, 사회, 경제적 모습을 타파하고자 하였다. 즉 계급과 남녀, 토지소유의 불평등과 같은 봉건적 제 관계 청산, 근로대중을 노예화하는 식민지적 성격 제거, 자유민주주의와 세계인류문화를 파괴하는 반동적 파쇼 등을 타파하여 개인, 사회, 국가 간에 불평등한 관계를 제거하고자 한 것이다. 그리고 이러한 불평등한 요소를 제거한 뒤에야 동귀일체적 민주, 평등, 평화, 자유의 참된 행복을 추구할 수 있다고 보았다.

VI. 맺음말

8.15 해방 후, 새로운 나라에 대한 열망으로 각종 정치, 사회, 종교단체에서 건국론을 제시하였고, 원불교나 천도교 등 근대 한국개벽종교에서도 종교적 가치와 이념의 실현을 위해 건국론을 제시하였다. 원불교는 건국준비위원회에 참여하고 전재동포구호사업에 참여하면서 1945년 10월 정산 송규에 의해서 새로운 국가론이 제시되었다. 천도교는 정치결사체인 청우당(靑友黨)을 통해 제2차 미소공동위원회에 제출할 목적으로 1947년 4월 『천도교의 정치이념』이라는 소책자가 간행되었다.

정산 송규가 마련한 원불교의 건국론은 정신으로써 근본을 삼고, 정치와 교육으로써 줄기를 삼으며, 국방, 건설, 경제로써 가지와 잎을 삼고, 진화의

---

50 『천도교의 정치이념』, 57쪽.

도로써 그 결과를 얻어서 국력을 배양하는 데 그 목적이 있었다. 송규는 마음의 단결을 토대로 한 국민 정신을 강조한 다음, 정치, 교육, 국방, 건설과 경제의 방책을 제시하고, 최후로 진화의 도를 제시하였다. 먼저 조선 민중의 정신 수준을 향상시키기 위해서는 정치, 경제, 사회, 도덕 분야에 뛰어난 자를 우대하고 세습법을 철폐하여 약자가 강자가 되는 진화의 길을 열어 주는 것이 필요하였다. 송규는 이러한 건국론은 중도주의에 바탕을 두고 운용되어야 한다고 생각했다. 또한 대국적인 견지에서 마음을 살피는 중도주의를 기본 소양으로 갖출 것과, 미국이나 소련 등 국가간에 있어서나 관리와 민중, 자본가와 무산자 등이 중도주의의 입장에서 좌익, 우익의 경계를 넘어서 서로의 길을 인정하고 서로 협력하는 길을 모색하자고 하였다.

이에 반해 천도교는 인내천의 종지에 따라 민족개벽과 사회개벽에 역점을 두었다. 천도교는 민족 자주의 이상적 민주국가의 건설과 동귀일체(同歸一體)의 신생활(新生活)에 기반한 경제제도의 실현, 사인여천(事人如天) 정신에 맞는 새로운 윤리의 수립을 목표로 하였다. 천도교 역시 미국이나 소련에 일방적으로 치우치거나 좌, 우익에 편향되는 것을 경계하고, 중도주의 입장에서 민주정치, 민주경제, 민주문화, 민주도덕이 실현되는 신민주주의의 국가를 건설하고자 하였던 것이다.

이러한 원불교나 천도교의 건국론과 정치이념은 시민적 공공성의 방안을 제시하고 있다는 점에서 주목된다. 원불교에서는 마음의 단결을 위해 상호간에 합리적인 의사소통을 가로막는 열 가지 폐단을 타파할 것을 제시하여 시민적 공공성의 실현을 위한 기초적인 조건을 제시하였다. 즉, 올바른 의사 수렴을 위해서는 다른 사람의 인격을 존중하고 중도주의에 입각하여 대의명분에 따라서 토론이 이루어져야 할 것과 의사소통 과정에서 권력자의 강압과 횡포의 방지 등을 통해 시민적 공공성의 원리가 구현되게 하였다.

아울러 이러한 건국론에서의 시민적 공공성의 원리는 박창기가 제시한 불법연구회의 정치이념에서 회중 중심(會中中心)의 정치, 회원들의 자유로운 의사를 발표하는 대중정치, 명랑성을 가진 공개정치, 회원의 권리를 존중하는 인권정치의 원리로 구체화되었다. 회원간의 주체의 인정과 서로간의 인격의 존중, 그리고 서로 다른 의견이라도 토론을 통해 합리적인 방법으로 여론을 조성해 간다고 하는 시민적 공공성의 원리를 구체화하였던 것이다.

이에 비해 천도교에서는 인내천의 종지에 따라 우주의 진화상 최정점에 서 있다고 보고, 누구나 자유와 평등의 권리를 향유할 수 있도록 입법, 사법, 행정에 실제 참여하고 주체가 되는 길을 제시하였다. 특히 인민(민중)이 관료를 직접 선거하고 파면하는 권리를 가져야 한다고 주장함으로서 시민이 주권자가 되는 길을 제시하였다. 아울러 천도교에서는 봉건적 제 관계의 청산, 식민지적 성격의 제거, 반동적 파쇼 등의 타파를 통해 개인, 사회, 국가 간에 불평등한 관계를 제거하고자 하였으며, 이러한 불평등한 요소를 제거한 뒤에 동귀일체적 민주, 평등, 평화, 자유의 참된 행복을 추구할 수 있다고 하였다.

결국 두 종교 간의 시민적 공공성의 차이는 원불교는 계급간의 화합을 중시하고, 공도자(公道者) 숭배와 중도주의에 입각한 상호간의 합리적 의사소통을 중시하였으며 훈련 등을 통해 약자가 강자되는 길을 제시하였다. 이에 비해 천도교는 계급을 인정하지 않고 인내천(人乃天)의 종지(宗旨)에 따라 기본권을 보장하고, 개인의 자유, 평등을 구체적으로 실현하는 정치제도와 사회, 경제, 문화 방면에 대한 개혁과 불합리한 측면을 제거하는 것에 그 초점이 맞추어져 있다고 할 수 있는 것이다.

정산 송규의
계몽운동과 민족운동

박맹수   원광대학교 원불교사상연구원 원장

Ⅰ. 머리말

2015년은 광복 70주년이자 원불교 개교 100주년이 되는 해이다. 원불교는 1916년에 전남 영광에서 소태산 박중빈(1891-1943, 이하 소태산)의 '대각(大覺)'을 계기로 개교(開教)하여 일제강점기와 해방정국, 한국전쟁기를 거쳐 오늘에 이르고 있는바, 원불교 100년의 역사는 한국근현대사와 그 궤적을 나란히 하고 있다고 해도 과언은 아니다. 원불교 100년사 중에서도 특히 소태산이 대각을 이루고 불법연구회(佛法研究會)를 창립하여 그 지도자로 활동했던 1916년부터 1943년까지의 시기는 한국사에 있어 그야말로 '우리 모두가 깡그리 어둠 속에 묻혔던 시기'[1]이자, "한마디로 절망과 분열이었고, 자기 망각이었으며, 미래에 대한 희망의 상실상태, 몸과 마음 양쪽의 극심한 가난이 연속되던"[2] 참으로 불행했던 시대였다. 그렇다면 이와같이 우리 민족 모두를 어둠으로 몰아넣었던 제국주의 일본의 엄혹한 식민 지배 아래에서 소태산이 이끌었던 불법연구회는 과연 어떤 대응을 보였을까? 아쉽게도 일제강점기 불법연구회에 대한 역사학계의 연구는 거의 없고 원불교 교단 내 인사

---

1 민영규, 『강화학 최후의 광경』, 서울: 우반, 1994, 26쪽.
2 김지하, 「마당과 일원상」, 『김지하의 일원상 개벽에서 화엄개벽으로』, 익산: 원불교100
  년기념성업회, 2009, 16쪽.

들이 식민정책에 따른 '수난사적 관점'에서 조명한 연구가 대부분이다.[3]

일제강점기에 탄생한 신종교는 대체로 네 가지로 유형화할 수 있다. 첫째 기독교 중심의 대부흥운동형, 둘째 종말론적 미신형, 셋째 정치운동 및 계몽운동형, 마지막은 종말론 및 미신과 결별하고 정치적 변혁운동과도 결별한 채 사람들의 내면구제와 사회공헌에 치중한 신종교이다.[4] 원불교의 전신인 불법연구회는 바로 네 번째 유형에 속하는 신종교이다.

잘 알려져 있듯이 일제강점기 신종교 신자들은 가난한 농민이거나 비식자(非識者)층이 압도적이었으며, 종말론적 미신에 경도되는 경우가 많았다. 그러나 소태산의 불법연구회는 달랐다. 불법연구회에 귀의한 신자 가운데는 지식인층이 많았으며, 그 운영과 활동은 당대 지식인층과 조선총독부도 인정할 만큼 합리적이고 과학적인 성격, 즉 근대적 성격을 지니고 있었다.[5] 따라서 불법연구회의 활동은 당대 지식인층과 총독부의 주목 대상이었다. 당시 지식인층과 총독부 당국이 '근대적'인 불법연구회에 널리 주목한 사실은 민족지였던 《동아일보》와 《조선일보》, 《시대일보》, 총독부 기관지 《매일신보》는 물론이고, 이른바 '내지(內地)'로 불리던 일본 내의 《오사카아사히신문》 등이 1920년대부터 1930년대에 걸쳐 불법연구회 관련 기사를 지속

---

3 이장선, 「원불교 수난사 소고」, 『원불교학연구』 10집, 1979; 박장식, 김형오, 이공전 대담, 「일제하의 교단사 내막」, 『원광』 105호, 1980년 12월호; ; 박광전, 「일제하의 원불교 상황」, 『원불교사상연구원 원보』 19호, 1983년 5월; 이은석, 「일제하의 교단」, 『정전해의』, 익산: 원불교출판사, 1985; 김정용, 「일제하 교단의 수난」, 『원불교 70년정신사』, 익산: 원불교출판사, 1989; 양은용, 「구산 송인기의 천황모독사건과 일제말기 원불교의 수난」, 『한국종교사연구』 7집, 1999.
4 조경달, 「식민지조선에 있어 불법연구회의 교리와 활동」, 『전쟁재해와 근대동아시아의 민중종교』, 서울: 유지사, 2014, 245-248쪽.
5 백낙청, 「한국 민중종교의 개벽사상과 소태산의 대각」, 『백낙청 회화록』 3, 서울: 창작과비평사, 2007, 397쪽; 조경달, 앞의 글, 256쪽.

적으로 싣고 있었던 사실을 통해서도 잘 알 수 있다.[6]

불법연구회는 일제(日帝) 식민정책에 맞서 무장투쟁과 같은 강력한 민족주의적 활동 대신에 '굉장히 온건한 투쟁[7]'을 전개한 반면에, 일제 말기의 전시총동원(戰時總動員) 체제 아래에서는 그 어떤 친일 행위나 전쟁 협력 활동에도 참여하지 않는 이른바 '비정치화(非政治化)' 노선을 지향했다.[8] 이런 특성 때문에 불법연구회에 대해서는 민족주의적 운동에 소극적이었다는 비판을 가하는 논자도 없지 않다. 그러나 "식민지기 불법연구회는 무력한 민중들의 피난소였으며, 그 신앙공동체는 이상적인 것으로 평가 받았다. 그리고 정치화하지 않은 사실은 (총독부-주) 당국을 안심시킴과 동시에, 정치화하지 않음으로써 민중들은 그 공동체 안에서 행복을 실감할 수 있었다"[9]는 견해에도 주목할 필요가 있다.

〈표-1〉 일제강점기 불법연구회 관련 신문기사 목록

1924년 6월 4일	불법연구회 창립총회(시대일보)
1925년 5월 26일	익산에 수도원(동아일보)
1928년 11월 25일	세상 풍진 벗어나서 담호반의 이상적 생활(동아일보)
1934년 5월 28일	불교의 진리에 입각, 근검역행, 실천동지 5백명이

6　〈표-1〉 일제강점기 불법연구회 관련 신문기사 목록 참조.
7　"여러 가지로 압제를 한다 하여도 아무 소리 말고 종노릇을 잘하여 주며, 경우에 따라서 매라도 맞고 약자의 분수를 잘 지키고, 될 수 있는 대로 외면은 어리석고 못난 체를 하여 강자로 하여금 안심을 시키고 내용으로 급히 할 일을 어떠한 방면으로든지 돈벌기를 주장하고, 배우기를 주장하며, 다만 몇 사람씩이라도 편심을 버리고 단심 만들기를 위주하여, 자본을 세우고, 교육기관을 설치하여 가지고, 기르치며 배우며, 서로 권고하되…."
　　소태산, 이공주 수필, 「약자로 강자되는 법문」, 『월말통신』 1호, 불법연구회, 1928, 21쪽.
8　조경달, 앞의 글, 261쪽.
9　조경달, 앞의 글, 262쪽.

	공동생활 영위, 반도의 새로운 마을(오사카아사히신문)
1934년 8월 3일	지방단체의 궐기(조선일보)
1934년 8월 7일	이재민대회의 결의(조선일보)
1935년 5월 9일	익산 북일면에 불법연구회(매일신보)
1936년 4월 22일	무료의원 설치(동아일보)
1937년 6월 25일	심전개발과 자력갱생, 장래가 기대되는 익산 불법 연구회(매일신보)
1937년 8월 1일	불교혁신 실천자, 불법연구회 박중빈 씨(조선일보)
1937년 9월 11일	불교혁신운동과 불법연구회의 장래(중앙일보)
1937년 10월 26일	불법연구회에서 문자보급운동(조선일보)
1941년 10월 21일	시대의 선구자(경성일보)[10]

이 글에서는 일제강점기 불법연구회의 창립과 활동을 '민족운동'의 관점에서 분석해 보고자 한다. 구체적으로는 소태산을 도와 불법연구회 창립에 핵심적인 역할을 했던 그의 수제자 정산 송규와 그의 가문(부친 송벽조, 동생송도성)의 활동을 분석 대상으로 삼고자 한다. 글의 전개 순서는 먼저, 정산의 생애를 조명하고, 이어서 정산의 생애에 가장 '결정적' 영향을 끼친 스승소태산과 불법연구회에 대해 간략히 서술한 다음에, 소태산 사후에 정산이 전력을 기울여 전개했던 교단 수호 활동을 살펴볼 것이다. 마지막으로 정산이 해방정국을 맞이하여 건국의 경륜을 서술한 『건국론』의 내용과 정산 사상의 핵심을 드러내고 있는 삼동윤리(三同倫理)를 살펴보고자 한다.

---

10 교화부 편수과, 「1930년대의 불법연구회」, 『원광』78호, 1973년 8월호, 110쪽.

II. 정산과 그의 가계

정산 송규(鼎山 宋奎, 1900-1962. 이하 '정산'이라 칭함)는 일제강점기에서 해방정국을 거쳐 1960년대 초반까지 활동한 종교운동가이자 사회운동가, 교육운동가이다. 정산은 원불교 교조 소태산의 뒤를 이어 제2대 종법사(宗法師)를 역임했으며, 호남을 대표하는 사립대학 원광대학교의 설립자이기도 하다. 본관은 야성(冶城)이고 본명은 도군(道君)이며 법명은 규(奎)이고 법호는 정산(鼎山)이다.

정산 송규

대표적인 저술로는 그의 오도송(悟道頌)이라 할 수 있는 「원각가(圓覺歌)」(1932)를 시작으로 대승불교 경전 『금강경』을 한글로 옮긴 『금강경경해(金剛經 經解)』(1936), 원불교 초기 역사를 서술한 『불법연구회창건사』(1937-1938), 원불교의 혁신예법을 서술한 『예전(禮典)』(1952), 종법사 재임 시에 설한 각종 법설을 경전화한 『법어(法語)』(『정산종사법어(鼎山宗師法語)』, 1972), 그리고 1945년 10월에 해방조국의 건국 방략을 제시한 『건국론』 등이 있다.

정산은 1900년 8월 4일에 지금의 경상북도 성주군(星州郡) 초전면 소성동에서 부(父) 송벽조(宋碧照, 본명 인기), 모(母) 이운외(李雲外)의 장남으로 태어났다. 정산이 태어난 경북 성주는 한말 개화기에서 일제강점기에 이르기까지 다수의 독립운동가를 배출한 독립운동의 요람이자 성지이다.[11] 성주를 대표하는 독립운동가로는 심산 김창숙(1879-1962)을 비롯하여 정산과 그

---

11 경상북도에서 2014년에 1월에 펴낸 『경북독립운동사(독립운동가 인물사전)』 제6권에는 성주 출신 독립운동가 76명의 역사가 수록되어 있다.

의 가문에 직간접으로 깊은 사상적 영향을 끼친 공산 송준필(1869-1944),[12] 그리고 야성 송씨 가문 인사들이 다수 있다.[13] 또한 1876년 개항을 전후하여 위정척사 운동에 앞장섰던 한계 이승희(1847-1916) 역시 성주 출신이며, 1918년부터 중동학교 교장으로 재직하면서 다수의 독립운동가를 양성한 최규동(1882-1953)도 성주가 고향이다. 이처럼 한말개화기에서 일제강점기 내내 그 어느 지역보다도 민족의식이 강하게 표출되었던 경북 성주는 정산의 사상 형성과 그 후의 활동에 대단히 '중대한' 영향을 끼쳤을 것으로 짐작된다.[14]

정산은 9세 때부터 조부 송훈동의 사숙(私塾)에서 한학(漢學)을 배웠다. 조부는 어린 정산에게 늘 유서(儒書)를 근실히 읽기를 권했다. 그러나 정산은 "유서만 읽어 가지고서는 큰 사업을 이루지 못할 것이라 하여 주야로 경영하기를 훌륭한 이인(異人)을 만나서 나의 뜻을 이루리라"[15] 작정하고, 명산대천을 찾아다니며 훌륭한 스승을 만나고 자신이 품고 있는 이상을 실현하고자 간절히 염원하였다.[16] 스승 만나기를 염원한 정산은 10대 시절에 몇 차례나 가야산 등지를 순행하기도 했다고 전해진다.[17] 이런 정산의 역정은 야성 송씨 문중 인사들과 성주지역 인사들이 대대적으로 민족운동 대열에 참

---

12 신순철, 「정산종사의 유학과 송준필 선생」, 『원불교사상연구원 원보』 20, 1983, 2-3쪽.
13 양은용, 앞의 글, 348쪽, 〈표-1〉 구산(송벽조) 문중의 독립유공인 참조.
14 필자는 공산 송준필 선생을 비롯한 야성 송씨 문중과 성주 출신 인사들이 한말 개화기부터 일제강점기 내내 민족운동에 대대적으로 참여한 것이 정산으로 하여금 '종교를 통한 구국(또는 경국)'이라는 제3의 길을 모색하게 만든 중요한 배경 가운데 하나였다고 생각한다.
15 이공전, 「정산선사의 구도역정기-고 구산선생께서 수기해 두신 선사의 전반생 약력초고」, 『원광』 49, 1965년 8월호, 27쪽.
16 어린 정산이 유학 공부에 머물지 아니하고 훌륭한 스승 만나기를 고대하였던 배경에는 경북 성주를 중심으로 강하게 형성되어 있었던 민족적 분위기도 한몫 했을 것으로 보인다. 이 점에 대해서는 서동일, 「1919년 파리장서운동의 전개와 역사적 성격」, 한국학대학원 박사논문, 2009 참조.
17 이공전, 앞의 글, 28쪽.

여한 것[18]과는 일정한 '차이'가 있는 것으로, 굳이 말한다면 전통적인 민족운동과는 구분되는 제3의 길 곧 '새로운 정신세계 창조' 또는 '종교를 통한 구국(경국)의 길을 모색하는 것'이었다고 할 수 있다.

이처럼 청소년기에 정산은 그 나름의 구도 역정을 거듭하면서 '제 3의 길'을 찾는 데 부심을 거듭하다가 마침내 1918년 봄에 전라도로 건너오기에 이르렀다.[19] 그리고 이듬해인 1919년에는 임시로 체재 중이던 전북 정읍 화해리에서 대각을 이룬 지 얼마 지나지 않은 28세의 청년 소태산과 극적으로 해후하였다.[20] 이후 정산은 소태산으로부터 "나의 마음이 그들의 마음이 되고, 그들의 마음이 곧 나의 마음이 되었다"[21]고 극찬 받을 정도로 소태산의 깊은 신뢰를 받고 수제자가 되기에 이른다. 한편, 정산이 소태산의 제자가 된 것을 계기로 정산의 부친인 구산 송벽조(1876-1951)는 모든 가산을 정리하여 1919년 10월경에 전남 영광으로 이사를 단행하였으며, 1922년에는 정산의 친제 송도성이, 그리고 1924년에는 구산 자신도 소태산의 제자로 입문하기에 이른다.[22]

III. 정산의 스승, 소태산 박중빈

소태산은 조선왕조 말기에 태어나 일제강점기에 활동했던 탁월한 종교사

---

18 서동일, 앞의 글, 81-82쪽.
19 이공전, 앞의 글, 28쪽.
20 이공전, 위의 글, 29쪽.
21 『대종경』「신성품」18장, 『원불교전서』, 익산: 원불교출판사, 1977, 314쪽.
22 양은용, 앞의 글, 340쪽.

상가, 사회운동가, 교육운동가이다. 본관은 밀양(密陽)이며, 어렸을 때 이름은 진섭(鎭燮)이고, 자는 처화(處化), 호는 소태산(少太山)이다. 원불교 교단 내에서는 대종사(大宗師)로 존칭받고 있다.

소태산은 조선의 국운이 기울어질 대로 기울어진 1891년 5월 5일에 전라남도 영광군 백수면 길룡리에서 평범한 농민이었던 부친 박성삼(朴成三)과 모친 유정천(劉定天)의 4남 1녀 가운데 3남으로 태어났다. 7세 때부터 인근의 (향촌)서당에 다니면서 초보적 수준의 학문을 배웠다. 하지만 소태산은 서당에서 배우는 내용에 별다른 흥미를 느끼지 못했던 것으로 전해진다.[23] 특히 자연현상 등에 '호기심'이 많았던 그는 어린 학동들을 대상으로 초보적 수준의 문자 습득 교육에만 머물러 있던 전통식 커리큘럼으로는 자신의 왕성한 호기심을 충족시킬 수 없었다. 그리하여 소태산은 서당을 그만 둔 채 9세 무렵부터는 자연현상은 물론이고 우주와 인간의 근본 이치에 이르기까지 깊은 의문을 품기에 이르렀다.[24] 그러나 주변에는 그의 깊은 의문을 해결해 줄 만한 사람이 없었다. 이에 보통 사람과는 달리 높은 차원에 있는 초월적 존재로부터 해답을 얻고자 했다. 그래서 먼저 산신(山神)을 만나기 위해 산상에서 기도를 올리는 생활을 5년간이나 계속하였고, 그 다음에는 도사(道士)를 만나 의문을 해결하고자 구도 생활을 계속했다. 그러나 산신과 도사 만나기를 고대했던 소태산의 염원은 그 어느 것 하나 제대로 이루어지지 못했다.[25] 따라서 소태산의 고민은 더욱 깊어질 수밖에 없었다. 깊은 고민에 빠진 소태산은 마침내 외부의 존재를 통해 문제를 해결하려는 생각을 단

---

23 송규, 「불법연구회창건사」, 『회보』 37호, 불법연구회, 1937년 8월호, 47-50쪽.
24 송규, 위의 글, 『회보』 37호, 45-47쪽.
25 송규, 위의 글, 『회보』 38호, 1937년 9월호, 57-64쪽.

념하고 22세 전후부터는 깊은 사색과 기도에 전념하는 생활을 계속했다. 그 어떤 기성의 수행법을 선택하는 것도 불가능했던 그는 22세 무렵부터는 입정삼매(入定三昧)의 경지에 들어가 망아(忘我)의 침잠 상태에 드는 '대입정'의 경지를 체험하기에 이르렀다. 그러나 주변 사람들은 오히려 그 같은 소태산의 모습을 보고 '폐인(廢人)' 취급을 하곤 했다. 그런 상태가 5년 정도 계속되던 1916년 4월 28일 이른 아침, 소태산은 마침내 동쪽 하늘이 서서히 밝아올 때 우주만유와 인생의 근본을 제시하는 비전이 선명하게 떠오르는 체험, 즉 '대각'을 하기에 이른다.[26]

소태산이 대각한 진리는 바로 "만유(萬有)가 한 체성(體性)이요, 만법(萬法)이 한 근원(根源)이로다. 그 가운데 불생불멸의 진리와 인과보응의 이치가 한 두렷한 기틀을 지었도다"[27]라는 내용이었다. 소태산은 이 같은 대각을 얻은 기쁨을 "청풍월상시(淸風月上時)에 만상자연명(萬像自然明)이라" 즉 "맑은 바람 불고 달이 떠오를 때, 만물의 실상은 자연히 드러난다"[28]라고도 표현하였다.

대각 직후 소태산은 유교, 불교, 선교(=도교) 등 3교의 경전을 비롯하여 기독교의 성서(聖書)까지도 두루 섭렵하였는데, 그중에서도 특히『금강경(金剛經)』의 내용이 자신이 깨달은 진리와 일치한다는 것을 알게 되었다.[29] 그래서 그 근본 진리를 밝히는 데는 불법(佛法)이 제일(第一)이라고 생각하여 석가모니를 선각자로서 존숭하는 동시에 불법에 근거한 새로운 종교공동체를

26 『불법연구회창건사』(1937-1938)에서는 소태산의 이 결정적 체험을 일러 '대각(大覺)'이라고 표현하고 있다.
27 「대종경」서품 1장,『원불교전서』, 앞의 책, 95쪽.
28 「대종경」성리품 1장,『원불교전서』, 위의 책, 258쪽.
29 송규, 앞의 글,『회보』40호, 1937년 11월호, 38-39쪽.

구상하기에 이르렀다.

그러나 그는 자신이 깨달은 진리를 펴기 위해서는 기존 불교와 사원(寺院)의 구태의연한 모습 그대로는 안 되고 종래의 불교와는 전혀 다른 새로운 불교, 새로운 교단을 설립할 필요가 있다고 생각했다. 그래서 "물질이 개벽되니 정신을 개벽하자"[30]라는 슬로건을 내걸고 새 교단 창립을 선언하는 한편, "수신(修身)의 요법, 제가(齊家)의 요법, 강자약자(强者弱者)의 진화상(進化上) 요법, 지도인으로서 준비할 요법"[31] 등 세계를 구제할 새로운 대책을 「최초법어」로 발표하였다. 그와 더불어 기존 불교와 같은 불상(佛像)이 아니라 '일원상(一圓相; 圓의 형태) 법신불(法身佛)'을 신앙의 대상, 수행의 목표로 정하는 한편, 불교의 시대화, 대중화, 생활화를 주장하여 시주, 탁발, 공양 등을 폐지하고, 그 대신에 신자 각자가 정당한 직업에 종사하여 교화 사업을 시행하는 '생활불교'를 표방하였다.

새로운 종교 공동체운동, 곧 새 교단을 열기 위한 소태산의 의지는 곧바로 실천으로 옮겨졌으며, 그에 따라 소태산과 같은 동네 주민들을 중심으로 인근 40여 명이 모여 들었다. 소태산은 모여든 사람들 중에서 김기천(金幾千), 김광선(金光旋) 외 8명을 고제(高弟)로 선발했다. 그리고 '대각' 다음 해인 1917년에 저축조합을 조직하여 새로운 운동을 전개해 나가기 시작했다. 이 저축조합 운동은 일반적으로 알려진 단순한 조합이 아니라, 근검저축, 허례폐지, 미신타파, 금주금연, 공동출역(共同出役; 공동노동) 등을 주지(主旨)로 한 민중들의 자주적인 신생활운동의 성격을 지닌 것이었다.[32]

---

30 원불교에서는 이것을 일러 '개교표어'라고 부르며, 『원불교교전』 맨 앞 장에 실려 있다.
31 송규, 앞의 글, 『회보 40호, 39-42쪽.
32 송규, 위의 글, 『회보』41호, 1937년 12월호, 46-50쪽.

저축조합 운동이 일정하게 성공을 보게 되자 소태산은 다시 1918년에 방언공사(防堰工事)를 실시했다. 방언공사란, 소태산의 탄생지인 전라남도 영광군(靈光郡) 백수면(白岫面) 길룡리(吉龍里) 앞바다의 갯벌을 제방으로 막는 간척사업으로, 이 간척지 개척공사를 통해 2만 6천여 평 정도의 농지를 조성할 수 있었다.[33] 이렇게 새로 조성된 농지에 뒷날 정산은 '정관평(貞觀坪)'이라는 이름을 붙였다. 이 간척사업 뒤로도 소태산은 엿 공장, 과수원, 농축산, 양잠, 한방약국 등을 경영하여 탁발과 공양을 폐지한 가운데 종래 불교와는 전혀 새로운 차원의 교단 건설에 필요한 경제적 기반을 확립했다.

이와 같이 1916년부터 1919년에 걸쳐 전남 영광을 중심으로 새로운 교단 창립의 기초를 다진 소태산은 1919년 늦가을부터 약 5년간 전라북도 부안 변산에 칩거하면서 교단 창립에 필요한 교리와 제도를 정비한 뒤에, 1924년부터는 전북 익산을 무대로 '불법연구회'라는 이름으로 공개적이면서도 합법적인 종교운동에 착수하기에 이른다.

IV. 정산, 불법연구회를 계승하다

정산은 소태산이 최초로 행한 대사업인 '정관평' 방언공사 도중인 1918년에 전북 정읍에서 소태산을 만나 전남 영광으로 오게 되는데, 곧바로 고제(高弟)의 반열에 들어가 이후 원불교 교단 내에서 중추적인 역할을 담당하게 되었다.[34]

---

33 송규, 「불법연구회창건사」, 『회보』 42호, 1938년 1월호, 42-50쪽.
34 1918년에 소태산이 정산을 수제자로 받아들이는 과정은 『불법연구회창건사』 및 이공전

소태산의 문하에 귀의한 정산이 제일 먼저 한 일은 바로 대기도(大祈禱) 운동에 참여하는 것이었다. 소태산은 1919년 3·1운동과 거의 같은 시기에 진리의 감응을 얻기 위해 정산을 비롯한 9인 제자들로 하여금 대기도 운동을 전개하게 하였으며, 기도 개시 후 3개월만인 8월 21일의 최종기도에서는 '백지혈인(白紙血印)'이라는 기적을 이루어냈다. 이로써 소태산이 이끄는 초기 원불교는 "무아봉공(無我奉公)과 신성(信誠), 단결(團結), 공심(公心)이라는 정신적 기초가 확립되어"[35] 그 결속을 한층 더 공고하게 할 수 있었다. 또한 백지혈인의 이적을 이루어내는 과정에서 보여준 9인제자의 무아봉공의 정신 등은 원불교 교단의 창립정신으로 자리 잡게 되었다.[36]

한편, 약관 19세에 수위단(首位團; 원불교의 최고 의결기관-주) 중앙(中央; 소태산을 보필하는 최고 수제자-주) 단원으로 발탁된 정산은 1919년의 대기도 운동 과정에서 중심적인 역할을 맡았다. 그리고 다시 그 해 늦가을(1919)부터 몇몇 제자는 소태산과 함께 전라북도 부안군(扶安郡) 산내면(山內面)의 봉래정사(蓬萊精舍)에 은거하여 새 교단 창립을 위한 교리의 이론화 및 새 교단이 필요로 하는 조직과 제도 구상에 몰두하게 된다.[37] 정산도 이때 소태산을 지근거리에서 보필하며 소태산과 함께 5년간에 걸친 교리서 초안, 새로운 종

의 「정산선사의 구도 역정기」에는 매우 '신비롭게' 묘사되어 있다. 그러나 최근 역사학계의 연구에 의하면, 정산이 경상도에서 전라도로 건너오게 되는 역사적 배경에는 1900년대 초부터 1919년에 걸쳐 경북 성주를 중심으로 활발하게 전개되었던 민족운동이 그 배경에 자리하고 있었다는 사실이 새롭게 밝혀지고 있다.

35 원불교정화사 편, 「원불교교사」, 『원불교전서』, 익산: 원불교출판사, 1977, 1056-1057쪽.

36 이공전, 「창립정신론」, 『원광』 53호, 1966년 12월호.

37 소태산과 정산, 그 외 제자들이 부안 봉래정사에 은거하면서 새 교단 창립 준비에 몰두하던 시기를 원불교 교단에서는 '변산시대'라 일컫는다.

교공동체를 정식으로 발족시키는데 필요한 준비 작업에 진력하였다.[38]

이 같은 노력 뒤인 1924년에 정산은 서중안(徐中安) 등의 발기인과 함께 '불법연구회(佛法硏究會-원불교 전신)'를 창립하여 소태산을 총재로 추대하고, 전라북도 이리의 신용리(현재의 전라북도 익산시 신용동)에 총부를 건설하여 본격적으로 새로운 종교공동체 건설에 착수하였다. 스승 소태산은 1924년부터 1943년까지 20년에 걸쳐 불법연구회를 지도하면서 "동정일여 영육쌍전(動靜一如 靈肉雙全), 처처불상 사사불공(處處佛像 事事佛供), 불법시생활 생활시불법(佛法是生活 生活是佛法)" 등의 교리를 내걸고, 불교의 시대화, 생활화, 대중화를 지향하는 새 불교운동을 전개하였다. 예를 들면, 1926년에는 신정의례(新定儀禮)를 발표하여 예법개혁(禮法改革)을 통해 당시 한국 민중이 구속당하고 있던 번잡한 유교적 의례의 개혁을 시도하였으며, 다시 1935년에는 『조선불교혁신론(朝鮮佛敎革新論)』을 간행하여 생활불교 운동에 박차를 가했다. 이 시기 정산은 전방위적으로 소태산의 경륜 실현에 협력하였다.

이상과 같이, 한말 개화기 및 일제강점기를 살다간 소태산과 그의 수제자 정산은 종교가인 동시에 사회개혁가, 농촌운동가로서 허례폐지, 미신타파, 근검저축 등 농민의 계몽과 생활 개선 활동의 선두에 섰다. 정산이 스승 소태산의 지도를 받으면서 '불법연구회'를 중심으로 새로운 종교운동을 펼치던 시기는 바로 일제강점기였다. 그렇기 때문에 소태산과 정산은 조선총독부의 식민정책을 '강하게' 의식하지 않으면 안 되었다. 그래서 불법연구회가 전개했던 새로운 종교운동은 조선총독부의 식민정책에 정면으로 부딪치는 것을 피하면서도, 그렇다고 해서 그것에 동조하지도 않은 채, 식민치하에서 한국 민중들이 스스로 물질적 조건과 사회적 조건, 그리고 정신적 소양을 자

---

38 송규, 앞의 글, 『회보』 44호, 1938년 5월호, 20-28쪽.

발적으로 향상시켜 가는 길을 사려 깊게 지향하였다.[39] 그 같은 사려에서 전개된 불법연구회 활동은 식민지 조선의 지식인과 민중에게는 말할 것도 없고, 식민지 권력의 중추인 총독부마저 감동하게 만들었다. 여기에 관련 자료 하나를 소개한다.

불법연구회를 창시한 박씨는 여하한 인물인가. 잠깐 말하고 다음 동회의 교리, 제도, 기관에 대하여 설명을 시하고자 한다. 박씨는 아직 50 미만의 장년으로서 20여 년 전에 물심양전(物心兩全)의 불법연구회를 목적하고 동지 8-9인으로 더불어 불법연구회기성조합을 설시하고 조합원과 더불어 낮에는 미간 토지를 개척하여 생활의 근원을 삼고, 밤에는 불법의 진리를 연구하여 정신의 식량을 삼아서 드디어 성가(成家)가 되어 연구회가 조직되고 종법사로 추천되어 금일에 지(至)한 만치 씨는 일견 종교인으로서의 정적초연한 태도가 아니요, 투지 충만한 의지실행적 활동 인물로 보인다. 씨는 익산에 본부를 설치한 15년간에 오로지 자립의 정신하에 회원 즉 교도와 같이 투박한 토지를 개간하여 옥토를 만들고 산야를 개척하여 과수 식재하며 양잠 양돈 등 축산에 전력하는 일방, 불교의 대중화에 전력하여 심지어 엿장사까지 하여 근검저축한 것이 현재 2천여 만 원의 회의 재산을 조성한 일면, 씨의 양수(兩手)에는 '공이'가 박여서 농부 이상의 험상궂은 손을 가지고 있는 것으로 보아 씨를 종교인으로 대하는 것보다는 자력갱생의 활모범(活模範)으로 볼 수 있다.(《매일신보》 1937년 6월 25일자)

한편, 불법연구회가 일제의 식민통치 아래에서 '필사적으로' 단행한 종교

39 조경달, 앞의 글, 243-264쪽.

혁신의 주된 내용은 이하의 강령에 단적으로 드러나고 있다.

① 일원상(一圓相)을 신앙의 대상과 수행의 표본으로 하여 받들고, 사은신앙(四恩信仰)과 삼학수행(三學修行)을 통해 모든 종교의 진리를 통합, 활용한다.

② 모든 경전과 교서는 누구나 배우기 쉽도록 쉬운 말과 문장으로 평이간명하게 편찬한다.

③ 교당은 교도가 많은 곳에 세우며, 남녀 교역자(敎役者; 교단 활동 종사자)를 양방으로 양성하여 원활한 교화를 지향한다.

④ 모든 신자는 정당한 직업을 가지고 자력 생활을 영위하며 사회 발전에 공헌하고, 영혼구제에만 치우치지 아니하고 정신생활과 육신생활을 조화시킨다.

⑤ 모든 의식과 예법은 진리와 사실에 기초하여 간편을 주로 하며, 시대에 맞게 대중이 모두 실천할 수 있도록 한다.

⑥ 재가 출가의 차별을 없애고 법위(法位)의 고하만 따르도록 한다.

⑦ 출가 교역자에 대해 결혼을 법으로 제한하지 아니하고 각자의 의사로 결정하도록 한다.

⑧ 교단 운영에 재가와 출가, 남성과 여성이 함께 참여한다.

정산은 불법연구회 창립 당초(1924)부터 1928년까지 최초 4년간은 불법연구회 익산본관의 연구부장으로 재임하였고[40], 이어서 1928년부터 1943년까지는 영광지부(靈光支部)와 익산본관을 오가며 영광지부장 및 영산학원 교

---

40 불법연구회, 「제1회 평의원회(1924년 9월 10일)」, 『불법연구회회의록』, 8쪽.

감 이외에 익산본관의 교무부장, 총무부장, 교정원장 등을 두루역임하면서 소태산을 보좌하는 동시에 불법연구회의 양대 사업 '공부와 사업' 추진에 전력을 기울였다.[41] 1942년부터는 소태산을 도와 불법연구회의 소의경전이자 스승 소태산의 일대 경륜과 포부가 담긴『불교정전(佛敎正典)』편찬 사업을 도왔다. 그러나 그 작업 도중인 1943년 6월 1일에 소태산이 53세를 일기로 열반하자 정산은 종통(宗統)을 계승하여 종법사(宗法師)에 취임하였다. 그런데 정산이 종법사에 취임한 시기는 일제가 태평양전쟁을 도발하여 '국가총동원' 체제 하에서 조선민족을 말살하는 정책을 추진하던 시기였다. 그리하여 총독부는 불법연구회에 대해서도 해산하든지 아니면 일본불교로 이름을 바꾸라고 양자택일을 강요했다. 이때문에 최고지도자로서 정산은 다른 일은 제쳐두고서라도 우선은 총독부의 정치적 압력에 굴복하지 않으면서 교단을 유지해야 하는 지극히 곤란한 상황에 놓이게 되었다. 정산은 불법연구회를 어용화하려는 총독부 당국의 압력을 피하기 위해 고심에 고심을 거듭하였다가, 마침내 부산 초량지부로 피신함으로써 일제의 탄압을 가까스로 모면한 상태에서 8·15해방을 맞이하였다.[42]

---

41 정산이 '영광지부장'으로 재임하던 시절의 활동을 살필 수 있는 원자료로는「영광지부 임원회록」이 있다. (박맹수,「영광지부 임원회록 해제」,『논문집』제2호, 원불교영산대학, 167-173쪽.)
42 정산이 일제강점기 말기에 일제의 강압에 어떤 방식으로 대응하였는지 향후 더욱 구체적으로 해명할 필요가 있다.

V. 정산의 건국사업 협력과 『건국론』

1945년 8월 15일, 일제가 태평양전쟁에서 패배함으로써 식민지 조선은 광복을 맞이하게 되었다. 광복을 맞이한 정산이 시급하게 착수한 것은 안으로는 교단의 체제를 새롭게 정비하는 일과 밖으로는 해방조국의 '건국사업'[43]에 이바지하는 일이었다. 정산은 해방 이듬해인 1946년에 교단 명칭을 불법연구회(佛法研究會)에서 '원불교(圓佛教)'로 개칭하여 교단을 새롭게 재정비하였다.[44] 또한 같은 해에 『원불교교헌』(圓佛教教憲)을 제정하여 교단 조직의 기초를 확

『건국론』 표지

립하고 밖으로 독립한 지 얼마 되지 않은 국가 건설의 방향을 제시하는 『건국론(建國論)』(1945년 10월)을 발표하였는데(사진 참조) 종교지도자가 건국에 관한 경륜을 피력한 것 자체가 특이하거니와 8·15광복이 된 지 불과 2개월 정도 지난 시점에서 당시 정당이나 정치지도자 가운데 정산만큼 구체적으로 건국의 방략을 논의한 예도 드물었다.[45]

『건국론』에서 정산은 모든 정당, 정치지도자, 일반 민중들이 제일 먼저 가

---

43 송규, 『건국론』, 1945년 10월, 필사본, 1쪽.
44 8.15 해방 직후 정산이 교단의 체제를 새롭게 정비하고자 한 데는 일제에 의하여 강요당한 식민잔재의 청산이라는 의미도 동시에 지니고 있었다.
45 백낙청, 「통일사상으로서의 송정산의 건국론」, 『흔들리는 분단체제』, 서울: 창작과 비평사, 1998, 230쪽.

저야 할 건국의 덕목으로 '자력 확립', 곧 자주적인 태도를 강조했다.[46] 다음으로 정산은 '중도주의'를 강조했다. 격렬한 좌우 대립이 충분히 예견되던 상황에서 정산은 필사적으로 대외적으로는 중립주의, 대내적으로는 중도주의를 내세우며 민족대단결을 호소했다. 정산의 절박한 심정이 담긴 한 대목을 소개한다.

그러나 우리는 공평한 태도 자력의 정신으로써 연합국을 똑같이 친절할지언정 자기의 주의나 세력 배경을 삼기 위하여 어느 일개 국가에 편부(偏付)하여 다른 세력을 대항하려는 이 어리석고 비루한 생각은 절대로 말아야 할 것이다. 조선의 정세를 살필진대 중립주의(中立主義)가 아니고는 도저히 서지 못할 것이며, 연합국의 다 같은 원조가 아니면 건국공작이 순조로써 진행하지 못할 것은 사실이다.[47]

중도주의(中道主義)는 과(過)와 불급(不及)이 없는 것이니 즉 상대편에 서로 권리 편중이 없는 동시에 또한 각자의 권리를 정당하게 잘 운용하자는 것인바 예를 들면 관리는 관리에 대한 권리, 민중은 민중에 대한 권리, 자본주는 자본주에 대한 권리, 노무자는 노무자에 대한 권리가 서로 공평정직하여 조금도 강압착취와 횡포자행하는 폐단이 없게 하는 법이니 모든 정책을 이와 같이 사정(査定)하는 것을 중도주의라 하며….[48]

46 송규, 앞의 글, 1945년 10월, 필사본, 4-5쪽.
47 송규, 위의 글, 4-5쪽.
48 송규, 위의 글, 10-11쪽.

뿐만 아니라 정산은 다음과 같이, 건국사업을 진행하는 모든 정당, 정치지도자는 '민주주의' 강령만은 공통적으로 가지고 있어야 한다며 민주주의를 강조했다.

조선의 현상을 정확히 파악한 후에야 적당한 정치가 발견되리니, 그 적당한 정치는 먼저 조선의 내정을 본위로 하고 밖으로 문명 각국의 정치 방법을 참조하여 가감취사(加減取捨)하는 데에서 성안될 것이다. 만약 내외 정세를 달관하지 못하고 어느 한편에 고집하든지 또는 어느 일개 국가의 정책에 맹목적 추종해서는 적당한 정치가 서지 못할 줄로 생각한다. 단, 민주주의의 강령만은 공동표준으로 함.[49]

이상, 정산의 『건국론』에 나타난 건국의 방략은 소태산이 제시한 일원상의 진리에 입각한 사회개혁 및 국가 건설의 길로써 그 내용은 다음 세 가지로 요약된다. 첫째, 모든 사람들에게 우주의 진리를 깨닫게 하는 도치(道治), 다음은 지도자가 솔선하여 바른 일을 행하는 모범을 보여 대중을 덕화하는 덕치(德治), 마지막으로는 법의 위엄과 정의(正義)에 의해 다스리는 정치(政治)의 길이 바로 그것이다.[50]

『건국론』 저술과 보급을 통해 신생조국의 건국 방략을 제시한 정산은 조선민중이 당면한 긴급 과제 해결을 위해 교단 역량을 총결집하여 건국에 필요한 3대 사업을 추진하였다. 그 첫째가 전재동포(戰災同胞) 구호사업이다. 정산은 1945년 8월 15일 '해방'을 맞이하자마자 서울, 이리(익산), 전주, 부산

---

49 송규, 위의 글, 10쪽.
50 「정산종사법어」 경륜편 16-17장, 『원불교전서』, 익산: 원불교출판사, 1977, 809-810쪽.

등에 임시구호소를 설립하여 일본과 만주, 중국 등지로부터 철수해 오는 동포들을 구호하는 한편, 전쟁고아를 수용하여 양육하도록 하였다. 두 번째는 한글보급 운동이다. 이를 위해 정산은 먼저 전국의 교역자를 소집하여 한글 교육을 실시하고 나서 그들을 각 지방에 순회시켜 한글보급, 문맹퇴치 운동을 전개하도록 하였다. 이들 한글보급 운동은 특히 '야학' 개설[51]을 통해 널리 전개되었다. 세 번째는 교육 사업으로, 장래세대의 인재를 육성하기 위해 교육이념으로써 사회정화와 봉공정신을 내걸고 유일학림(唯一學林, 뒤에 원광대학교로 승격)을 설립하여 중등부와 고등부를 설치하고, 그 후 다시 중고일관(中高一貫)의 여자학교인 원광여자중고교를 설립하였다. 또 동산선원(東山禪院)과 중앙선원(中央禪院) 등 선원을 창설하여 후진 양성에 진력했다.

1953년부터 정산은 원불교 교조 소태산의 언행록인 『대종경(大宗經)』의 편수 발간을 개시했다(1962년 완료). 그러나 그 작업이 완결되기 전인 1962년 1월 24일, 문명의 진전에 대응한 이상세계에 대한 전망과 소태산이 제시한 일원상의 진리에 대한 자각에 바탕하여 전 인류가 밟아가야 할 세 가지 대동 화합의 길로서 '삼동윤리(三同倫理)'를 설법한 뒤에 열반하였다.

---

51 원불교 '야학'은 소태산과 그의 제자들이 1918년부터 1919년에 걸쳐 전남 영광에서 '방언공사' 곧 간척지 개척공사를 할 때, 낮에는 일하고 밤에는 소태산의 법설을 들으며 공부하던 것이 그 효시이다. 그 후 1929년 4월에 불법연구회 익산본관 내에 문맹퇴치를 목적으로 하는 야학이 개설되었고, 1935년 5월에는 '수도학원'이라는 이름 아래 150여 명의 학동을 각각 1급반 2급반으로 수용하여 매일 밤 교육하였다.(불법연구회, 『회보』 17호, 각지상황, 1935년 7월호, 46쪽 참조) 일제강점기는 물론이고 8·15해방 직후 한글보급을 목적으로 한 야학은 불법연구회 산하 각 지부에는 거의 빠짐없이 개설되었다고 한다.(2015년 8월 18일, 전북 익산 원불교 중앙총부 원로원에서 소태산의 제자 이백철 종사의 구술증언에 따름.)

VI. 정산의 삼동윤리

19세기부터 20세기 전반에 걸친 한국사회에서는 자국, 자민족의 자주독립과 일본을 비롯한 열강의 군사적·경제적 압력, 전통과 근대, 유교·불교·선교(도교)·동학 등의 전통 종교와 서양 그리스도교, 한국 토착문화와 일본문화, 서양문화 등이 서로 갈등하면서 경쟁하고 있었다. 이런 혼돈의 시대를 산 소태산은 물질상극에 동반한 인간성 상실, 타자에 대한 원망(怨望), 공익의 도외시 등 마음병과 불신·탐욕·나태·우치라는 악연이 일어나고 있는 현실을 직시하고, "물질이 개벽되니 정신을 개벽하자"라는 슬로건을 내걸고 생활불교를 제창하였다.

구체적으로는 자신이 각득한 '일원상의 진리'에 근거하여 일제강점기 내내 상생(相生)의 낙원세계는 인류의 정신 세력을 양성하고, 현실생활에서 물질을 선용하며, 생활을 개선하는 데에 있다고 설파하고 또 설파했다. 물질은 올바른 정신에 의해 선용되거나 활용되지 않으면 안 된다, 그러기 위해서는 물질상극을 치유할 필요가 있다고 주장하는 한편, 의식주 생활에서 본연의 정신을 실천하는 것이 정신적으로 개벽된 생활이라고 호소했다. 정산은 소태산이 제시한 일원상 진리를 근간으로 하면서 스승의 사상을 더욱 발전시켜 삼동윤리(三同倫理)라는 '세계 인류가 크게 화합할 세 가지 대동(大同)의 관계를 밝힌 원리' 곧 인류 보편윤리 실천을 특별히 강조하였다.[52] 삼동윤리란 (1) 모든 종교가 추구하는 진리는 근원에서 하나라고 하는 동원도리(同源道理), (2) 인류와 우주만물은 하나로 연결되어 있다는 동기연계(同氣連契),

---

52 '삼동윤리'는 1961년 4월에 발표되었다.(「정산종사법어」 도운편 34장, 앞의 책, 988-991쪽 참조).

(3) 전 세계 인류가 전개하는 사업들은 모두 인류의 평화를 향한다는 점에서 일치한다는 동척사업(同拓事業)의 세 가지 강령을 말한다.

정산 종사 삼동윤리

同源道理
同氣連契
同拓事業

글씨: 강암 송성용

정산 종사 게송

한 울안 한 이치에
한 집안 한 권속이
한 일터 한 일꾼으로
일원 세계 건설하자

글씨: 이산 박정훈

VII. 맺음말

1910년부터 1945년까지 계속된 일제의 식민정책은 세계적으로도 그 유례를 찾아 볼 수 없을 정도로 폭압적이었으며 수탈적인 성격이 강했다.[53] 일제의 식민정책이 그처럼 가혹할 수밖에 없었던 배경에는 일제가 후발제국주의 국가로 출발했기 때문에 다른 제국주의국가와 달리 그 식민정책이 정복주의적이며 약탈적인 성격이 강했기 때문이었다. 이처럼 일찍이 세계사에서 유례 없는 폭압적인 식민통치에 맞선 조선의 지식인층과 민중들은 국내외 각지에서 무장투쟁을 비롯하여 외교독립론, 실력양성론 등 실로 다양한 방식으로 민족운동을 전개해 왔다는 사실은 주지하는 바와 같다.

1916년에 소태산의 대각을 계기로 탄생한 원불교(전신은 불법연구회)는 일

---

53 백낙청, 「회갑을 맞은 백낙청 편집인에게 묻는다」, 『백낙청 회화록』 4, 서울: 창작과 비평사, 2007, 79쪽.

제강점기 내내 '온건한 투쟁, 온건한 운동'으로 일관했다. 소태산은 물론이고 그의 수제자 정산도 일제에 직접적으로 저항하지 않으면서도 안으로는 자체 역량을 결집하여 새로운 종교공동체 운동을 지속적으로 전개하였다. 그 운동의 방향은 한편으로는 '근대적'이었고, 다른 한편으로는 '비정치적'이었다. 그 활동의 목적은 원불교(불법연구회)에 귀의한 민중들의 자력양성과 자기구제와 사회공헌에 있었다. 저축조합운동, 간척지 개척운동, 야학운동 등은 원불교가 일제강점기에 전력을 기울여 전개했던, 무산 민중의 자력양성과 자기구제를 위한 독특한 운동이었으며, 그 같은 운동의 중심에 바로 소태산과 그의 수제자 정산이 있었다. 원불교는 이미 1928년경에 병원, 대학, 복지시설 건립 계획을 수립했을[54] 정도로 민중구제와 사회공헌에 적극적이었다. 그리하여 일제강점기에 원불교에 귀의한 민중들은 "행복했다".[55]

54 불법연구회, 「제1회 총회 회록」, 1928년 3월 26일, 『불법연구회 회의록』(영인본), 35-39쪽.
55 조경달, 앞의 글, 262쪽.

근대한국 종교의
경제자립운동

: 1920~30년대 물산장려운동을 중심으로

김민영 군산대학교경제학과 교수

I. 머리말

일제강점기 특히 1920년대를 전후로 하는 시기, 한국의 민족운동 진영 일각에서는 기존의 '자강운동론'과 맥을 같이하는 '문화운동론' 이른바 '준비론'과 '실력양성론'이 확산되기 시작한다. 이와 관련하여 문화운동의 이론적 근간에 대해서는 '신문화건설·실력양성론과 정신개조·민족개조론' 등으로 보는 시각이 제기되었다.[1] 또한 그 사상적 배경에 대해서는 1910년대 주로 일본 유학생 출신의 신지식층에 의해 이론화된 '실력양성론'이 1920년대 초 이른바 '문화운동'을 통해 그 실행과정에 적용된 것이라는 주장이 설득력이 있다.[2]

특히 여기에서 살피고자 하는 1920·30년대의 '문화운동과 실력양성론'은 당대의 교육, 문화사상계를 비롯하여 종교계 등 사회 전반에 영향을 미치고 있었다. 그리고 그 실력양성론의 내용을 보면 '경제적 측면'이 무시할 수 없는 부분을 차지하고 있었고, 이를 대표하는 것이 '물산장려운동'이다.[3]

한편 이 시기 근대 한국종교 역시 자신의 운동논리를 통해 시대상황을 비

---

1 박찬승, 『한국근대정치사상사연구-민족주의 우파의 실력양성운동론』, 서울: 역사비평사, 1992, 167쪽.
2 위의 책, 197쪽.
3 오미일, 『경제운동』, 천안: 한국독립운동사편찬위원회, 2008, 3쪽.

판적으로 인식하며 수용하는가 하면, 응전의 과정에서 각종 대안을 제시하고 있었다. 이에 대한 일련의 집단적 탐색 가운데 근래 그 '사상적 지형도와 사회적 실천'을 중심으로 성과가 축적되고 있다.[4] 즉 일제강점기에 전개된 정치적 독립운동은 물론 경제적 자립운동과 관련하여 근대 한국종교 역시 단순히 개인의 수양에만 머무르지 않고, 당대의 사회경제 문제에 직간접적으로 관여하며 대응하고 있었던 것이다.

물산장려운동에 대한 기존의 연구 성과는 비교적 풍부하게 축적되어 있다.[5] 그러나 경제적 실력양성론과 관련하여 특히 물산장려운동의 배경과 전개 및 그 한계를 둘러싼 주요 논점에 대한 파악은 일면적이었으며, 특히 종교계와 연계하여 검토한 사례는 많지 않다.

따라서 여기에서는 일제강점기 특히 1920년대 초반 이후 1930년대 후반까지 전개된 물산장려운동의 주요 논점에 대한 연구사적 검토 가운데 그 경제적 배경과 기관지 간행 등의 경과를 비롯하여 종교계의 참여 등을 살펴보고자 한다. 이 가운데 정신문명과 물질문명의 교차라는 측면에서 종교계를 중심으로 한 물산장려운동의 이해와 실천을 검토할 것이다. 이 가운데 정신문명과 물질문명의 교차라는 측면에서 종교계를 중심으로 한 경제적 실력양성과 자립운동의 기본적 동향이 파악될 수 있을 것이다.

이를 구체적으로 살펴보기 위해 우선 몇 갈래로 나뉘어 전개된 이 시기 물산장려운동에 대한 기존의 다양한 평가와 시각을 연구사적으로 재검토할 것

---

4 그 대표적인 작업 결과는 원광대학교 원불교사상연구원, 『근대 한국 개벽종교를 공공하다』, 2018; 원광대학교 원불교사상연구원, 『근대 한국 개벽종교를 실천하다』, 2019 참조. 그 밖에 이에 대한 구체적인 연구동향과 그 내용은 두 편저 속에 들어 있는 내용이 참고로 된다.
5 오미일, 앞의 책, 6-7쪽.

이다. 그 과정에서 운동이 전개된 당시의 경제적 상황과 간행된 기관지의 기본 성격 변화 등을 살펴볼 것이다. 또한 이 시기 종교계의 측면에서 기독교와 보천교 등의 물산장려운동 참여에 대해서도 기초적으로 검토할 것이다.

이를 통해 이 시기 근대 한국종교가 국내외적 경제사회의 변동 가운데 특히 식민지시대 시장자본주의를 어떻게 인식했고, 이에 대해 어떻게 수용·대응하고 있었는지를 검토하는 실마리가 마련되기를 기대한다. 그 연장선상에서 식민지시대 구체적인 일상적 삶과 관련하여 종교계의 다양한 경제적 실력양성운동 참여 등의 실태가 정립될 수 있을 것이다.

II. 연구사적 주요 논점

일제강점기 특히 1919년 3·1운동 이후의 민족사회운동은 여러 갈래로 나뉜다. 이 가운데 경제운동은 1920년대 전반기 일제의 산업정책 자문기구인 산업조사위원회 설치와 조선인산업대회 조직 이후 건의안이 제출되지만 기각되는 가운데, 대중적으로 전개된 조선물산장려운동이 대표적이었다고 할 수 있다.[6]

그런 만큼 일제강점기 경제운동과 관련하여 연구 성과가 많이 축적된 분야는 단연 물산장려운동이다. 그러나 이 운동은 1920년대 초부터 1930년대 후반까지 이어지는 10여 년이 넘는 장기간, 특히 이 시기 민족사회운동과 이

---

6 오미일, 앞의 책, 3쪽. 여기에서는 본격적인 경제운동의 의미에서 1920년대를 경제운동의 시작 시기로 서술하고 있으며, 1910년대의 국채보상운동 등을 국권회복운동으로 보고 있다.

념의 복잡한 얽힘 가운데 많은 논쟁 등이 있었다.[7] 따라서 상당히 방대한 연구사적 논점을 정리하기는 간단하지 않다. 여기에서는 운동에 대한 평가와 관점, 시기별 연구의 주요 경향, 운동의 배경, 전개 및 성과와 한계 등을 중심으로 그 논점을 간추리며 향후 과제를 추출하고자 한다.

첫째, 물산장려운동에 대한 평가 관점 역시 몇 가지 입장으로 나뉜다.[8] 우선 1920년대 민족주의운동을 대표하는 운동으로 보는 관점으로, 민족기업 육성운동론도 포함된다. 또한 문화정치라는 틀에서 타협주의 실력양성운동으로 보는 관점이 있다. 여기에는 경제적 실력양성론에 기초한 조선인 자본가들의 자본축적운동으로 보는 견해도 포함된다고 할 수 있다.

둘째, 이러한 관점의 차이는 물산장려운동에 대한 연구 경향을 시대적으로 구분하여 정리할 때 더 명확하게 드러난다.[9] 먼저 해방 이후 1979년까지의 시기에는 반공이데올로기와 보수적 민족주의 역사인식이 주도하던 때이다.[10] 이와 관련해서는 조기준을 비롯한 연구자들에 대한 긍정적인 평가 가운데 물산장려운동을 민족주의운동의 주류로 보는 입장에서 출발하였다. 이어 1980년대부터 1990년대 초반까지에는 기존의 물산장려운동에 대한 역사적 시각을 비판하는 연구가 주를 이룬다. 즉 조선인 자본가들의 자본 축

---

7 이에 대해서는 후술하기로 한다.
8 오미일, 앞의 『경제운동』, 4쪽.
9 임옥, 「고등학교 역사교과서의 '물산장려운동' 서술 비교 분석」, 경희대 석사논문, 2014, 4-5쪽.
10 그 대표적인 연구자로는 조기준을 들 수 있다. 그는 물산장려운동을 '3·1운동 이후 나타난 민족운동의 한 형태로 이해하고, 민족역량의 개발 육성이라는 목표를 강조하며 민족기업을 육성한 운동'이라 평가하였다. 조기준, 「조선물산장려운동의 전개과정과 그 역사적 성격」, 『한국근대사론』 III, 서울: 지식산업사, 1977, 87-91쪽. 이에 대한 논평으로는 방기중, 「일제하 물산장려운동과 민족주의 경제사상」, 『근대 한국의 민족주의 경제사상』, 서울: 연세대학교출판부, 2010, 40쪽 및 전상숙, 「물산장려논쟁을 통해서 본 민족주의세력의 이념적 편차」, 『역사와 현실』 47, 2003, 38쪽이 참고가 된다.

적운동이자 타협적 운동으로 보는 시각이다.[11]

특히 1990년대 후반 이후 근래에는 물산장려운동만을 대상으로 하는 한계를 지적하며 조선물산장려회가 해체될 때까지를 대상으로 하여 그 성격과 경제사상의 전모를 밝히는 연구가 진행되었다.[12] 그 가운데 특히 물산장려운동을 주도한 지식인을 중심으로 그 논리 및 논쟁 구도의 성격을 재검토하는 경향이 있었다. 나아가 조선인 자본가, 기업가사 연구의 일환으로 물산장려운동에 적극 참여한 자본가들의 활동과 경제관에 주목한 연구도 주목된다.[13]

즉 그간 물산장려운동에 대한 연구는 1920년대 초·중반기를 주 분석대상으로 하였다. 그러나 근래 1930년대까지 포함하여 참가자와 운동방 침 및 활동 내용의 변화 가운데 민족주의 세력의 중심 운동으로서의 위상을 비판적으로 살핀 성과가 주목된다.[14] 뿐만 아니라 해방 이후 한국경제의 성격과 관련해서도 논리와 해명의 실마리를 제시했다는 측면에서 의미가 적지 않다.[15]

---

11 이에 대해서는 박찬승, 『한국근대정치사상사연구-민족주의 우파의 실력양성운동론』, 서울: 역사비평사, 1992, 20-21쪽 및 윤해동, 「일제하 물산장려운동의 배경과 그 이념」, 『한국사론』 27권, 1992, 282-283쪽 등이 참고가 된다.
12 전상숙, 「물산장려논쟁을 통해서 본 민족주의세력의 이념적 편차」, 『역사와현실』 47, 2003, 39쪽.
13 방기중, 「일제하 물산장려운동과 민족주의 경제사상」, 『근대 한국의 민족주의 경제사상』, 서울: 연세대학교출판부, 2010, 49-50쪽.
14 방기중, 「1920, 30년대 조선물산장려회 연구-재건과정과 주도층 분석을 중심으로」, 『국사관논총』 67, 1996 및 동, 「1930년대 物産奬勵運動과 民族·資本主義 經濟思想」, 『동방학지』 115, 2002 참조.
15 이와 관련하여 근래 사회주의운동 연구가 진전되면서 '물산장려운동의 노선이나 이론논쟁'에 대해 연구가 집중되는 경향이다. 그 결과 물산장려운동의 민족적 성격, 반제적 반제적 성격을 일면적으로 강조하거나, 또는 반대로 타협성을 부정적으로 평가해 온 기존 연구와 달리 물산장려운동을 지도한 부르주아 민족주의 계열 내부의 정치경제적 입장 차이의 존재 등이 밝혀졌다고 할 수 있다. 오미일, 앞의 책, 6-7쪽.

셋째, 물산장려운동을 둘러싼 논쟁을 보면, 우선 1920년 7월 평양에서 시작되어 1923년경 전국 확산을 전후로 하여 대립축이 형성된 것으로 연구되었다. 즉 이는 '생산력 증진론'에 기초하여 운동에 적극 참여한 민족주의 계열과 국내의 상해파 우익 대 이를 반대한 사회주의 계열과 일제당국 및 일본인 자본가의 양상이었다.[16] 따라서 민족주의 계열과 국내 조선인 자본가들은 사회주의에 대해서는 '생산력 증대론'으로, 일제 및 일인 자본가들에 대해서는 '물산장려론'으로 대응했던 것이다. 또한 민족주의와 사회주의 계열 내부에서도 그 실천 방법을 둘러싸고 대립이 있었다. 즉 소비 장려와 생산 장려의 우선순위, 생산 장려의 주체 문제와 방법 등을 둘러싼 논쟁이다.[17] 따라서 향후 이러한 논쟁이 갖는 귀결점과 그 미래상의 차이에 대한 발전적 연구가 필요한 지점이다.[18]

넷째, 그간 물산장려운동이 일어난 배경에 대해서는 일반적으로 '3·1운동 이후 전개된 민족운동으로, 이에는 민족 역량의 개발 육성이라는 목표의식 가운데 민족기업을 육성한 운동'이라는 견해가 우세했다.[19] 이는 1970년대까지 이어온 학계의 인식이 고스란히 반영된 것으로 이해된다. 그러나 이후 1980년대부터 1990년대 초반까지 이어온 학계의 인식이 반영된 결과 1990년대 후반 이후 물산장려운동 당시의 국제 정세, 경제적 상황을 고려하

16 오미일, 앞의 책, 55쪽.
17 위의 책, 56-74쪽.
18 예컨대 조선의 물산장려운동과 인도의 스와데시운동의 차이점이 양국의 공업화 발전단계와 무관하지 않으며, 이후 그 전개 역시 인도인 자본 중심의 섬유공업화, 일본인 자본에 의한 화학공업화 등으로 나뉘기 때문이다. 아무튼 이러한 논쟁 가운데 민족주의 계열의 경제운동론은 더욱 체계화되어갔으며 그 내부결속 역시 상대적으로 강화되었다고 볼 수 있다. 위의 책, 58쪽.
19 임옥, 「고등학교 역사교과서의 '물산장려운동' 서술 비교 분석」, 경희대 석사논문, 2014, 4쪽.

는 경향이 고려되기 시작한다. 그러나 여전히 민족주의 운동의 주류로 보는 시각이 남아 있다고 볼 수 있다.[20]

그 가운데 근래에는 주요 역사 교과서에도 '일제의 지배정책의 이완'이라는 시대적 상황 가운데 '타협주의 운동으로서의 물산장려운동'의 위상이 기술되기 시작한 것으로 분석되고 있다.[21] 즉 1920년대 실력양성론에 기초한 경제운동이 대두하게 된 배경으로 국내외 정치상황과 식민정책의 변화, 실력양성론의 확산, 일본 독점자본과 한국인의 제조업 투자 증가 등이 부각된 것이다.[22]

더욱이 3·1운동 이후 한국독립을 의도했던 제반 외교적 노력이 실패로 끝나고, 열강들에 대한 관념적 이상에 입각한 외교 활동의 무의미함을 깨닫게 됨에 따라 국제정세의 변화 가운데 한민족 자체의 실력을 양성하는 길을 자각하게 되었다는 것이다. 예컨대 이 시기 태평양회의 참석 이후의 귀국 보고 가운데 '평소 우리가 신뢰와 경의를 표한 미·영 또한 모두 자국의 이익을 도모하는 데만 급급하여 우리 문제로 일본 측의 감정을 건드리는 일은 회피'했으며, '독립은 당분간 절망적이므로 조선인은 교육·산업과 문화적 시설에 힘써 실력양성에 주력'해야 한다며 실력양성론을 제기했다는 것이다.[23]

다섯째, 물산장려운동의 한계나 의의와 관련해 보면, 그간 주로 '일제의 식민 정책, 일제의 탄압' 등이 언급되며 당시의 사회경제적 상황은 그다지 제시되지 않았다. 그러나 근래에는 '민족자본 생산기반 미비, 자본가들의 이기적 이윤추구, 사회주의 계열의 비난, 지도부의 타협' 등이 제시되며, 운동

20 임옥, 앞의 글, 3-6쪽.
21 위의 글, 63쪽.
22 오미일, 앞의 책, 45-54쪽.
23 위의 책, 50쪽.

의 한계를 비판적이고 복합적으로 보는 경향이 늘어난 것으로 보인다.[24] 즉 1920년대 전후 시기 민족자본으로는 수요를 뒷받침해 줄 수 있는 생산력을 갖추고 있지 못했고, 회사나 공장의 설립 역시 그다지 이루어지지 못했다는 것이다.[25]

결국 국산품의 수요 증가로 물건 값이 오르자 소비자들은 이 운동에 등을 돌리기 시작하여 1923년 여름 이후 정체상태에 빠지게 되었다는 것이 일반 론이다.[26] 특히 각 지방의 청년회가 1923년 봄 이후 사회주의 계열로 방향을 전환하여 운동을 비판하기 시작한 것도 하나의 원인이 되었다는 것이다.[27] 그럼에도 물산장려운동은 이 시기 국내에서 가장 광범위한 지역과 계층을 망라하여 전개된 민족운동이었다는 점에서 의의가 있다는 인식이 짙었다.

이러한 사실을 통해 볼 때, 그간 물산장려운동을 단순히 회사령의 폐지 이후 일본자본의 경제적 침투에 대응하는 차원에서만 주목했음을 부인하기 어렵다. 즉 일본자본의 경제적 침투에 대해 민족자본이 먼저 총독부에 산업 보호를 요청했다는 측면도 있었음을 간과해 왔다는 비판적 주장이 설득력을 얻는 부분이다.

이상에서 보듯이 민족자본의 움직임은 물산장려운동의 성격 규정과 관련

---

24 박찬승, 앞의 책, 274-277쪽.
25 같은 맥락에서 토산품 애용 운동은 상인이나 자본가 계급에게 유리하여 상품의 가격만 올려 놓는 결과를 낳고 말았으며, 또한 일부 친일 세력들이 관여하면서 일제와 타협하는 모습도 나타났다고 본다. 이때문에 민족주의자들이 떨어져 나오고, 청년단체 등 민중도 외면하여 결국은 흐지부지되고 말았다는 견해이다.
26 이처럼 운동이 성공하지 못한 것은 취지에 호응하는 대중의 수요를 만족시킬 수 있는 생산능력을 갖추지 못한 채 소비운동을 중심으로 전개되었다는 점에 일차적 원인이 있었다는 이해가 일반적이다.
27 임옥, 앞의 글, 42쪽.

하여 중요한 문제이다.[28] 더욱이 물산장려운동이 1920년대 이후 일정 기간 약화된 이후 다시 재건되어 1937년까지 지속되었음도 재인식되어야 할 것이다.[29]

한편 이러한 상황에서 식민지시대 물산장려운동이 추구한 민족자립경제 논리는 당초부터 '자립'에 대해 비관론이 현실에 투영된 것으로, 생산력 증대를 통한 민족시장권의 유지와 국가주의적 자본주의론에 입각하고 있었다는 연구가 있어 주목된다.[30] 결과적으로 그 귀결은 대다수 대중의 구매력 증대, 분배문제 등을 도외시한 '민족적 공동이익'이라는 슬로건 가운데 이후 총독부의 관제 경제자립운동, 식민지공업화 등의 전개와 함께 '동요와 기대 및 협조'를 갖기 시작했다는 것이다.[31] 향후 이를 포함하여 위에서 제시된 연구사적 주요 논점을 중심으로 보다 심층적이고 다각적인 분석과 전망적인 연구의 진전이 필요하다고 생각된다.

III. 경제상황과 운동의 경과

1. 물산장려운동의 경제상황

앞에서 살펴보았듯이 그간 전개된 물산장려운동의 배경 및 전개와 관련

---

28 박찬승, 앞의 책, 274-277쪽.
29 방기중, 「1920, 30년대 조선물산장려회 연구-재건과정과 주도층 분석을 중심으로」,
   「1930년대 物産獎勵運動과 民族・資本主義 經濟思想」 참조.
30 방기중, 「일제하 물산장려운동과 민족주의 경제사상」, 104쪽.
31 위의 글, 106쪽.

해서는 다음과 같이 일반적으로 간추릴 수 있을 것이다.[32]

　　민족자본의 위기가 심화된 1922년 말 조만식 등을 중심으로 한 서북지방
의 사회종교계, 교육계 인사들이 평양에서 처음 발족시켜 이듬해 서울에서
도 조직되어 전국적으로 확산되었다. 이 운동은 한때 상당한 기세를 올려
'토산품 애용'이라는 측면에서 일정한 성과를 거두었으며 1923년 초에 절
정을 이루었다. 그리고 이는 민족산업을 육성하여 경제적 자립을 이루려는
의도에서 시작되었다. 나아가 이 운동은 '국산품의 장려와 근검절약'이 민
족산업 육성의 지름길이라 하여, '일상생활에 다소 불리한 점이 있더라도
모든 일용품을 국산으로 사용할 것'을 호소하였다. 처음 서울과 평양에서
일어난 이 운동은 각 사회단체와 언론기관의 지지와 호응을 받아 확산되었
다. 우선 서울에서부터 종교계, 교육계 지식인들은 물론 상인, 기업가까지
호응하였고 전국 각지에 지부를 설치하였다.

　이처럼 1920년대 민족기업들이 일본기업과의 경쟁에 밀려 위기를 맞자,
민족자본과 산업을 육성하여 민족경제의 자립을 이룬다는 의도가 중요하게
부각되고 있었다. 즉 1922년에 이르러 그때까지 유지되었던 관세제가 폐지
되리라는 소식이 전해지면서, 조선인 산업의 몰락으로 민족이 파멸될지도
모른다는 막연한 위기의식이 고조되었다. 그 가운데 민족경제의 자립에 대
한 주장이 더욱 추진 동력으로 작용한 것이다.
　따라서 이를 좀더 구체적으로 이해하기 위해 당시의 경제상황에 대한 일

---

32 임옥, 앞의 글, 32-34쪽. 이는 7차 교육과정의 개정(2009년)에 따른 주요 역사교과서의
　기술 내용이라 할 수 있다.

련의 자료 검토가 필요하다. 우선 1919년에서 1923년에 이르는 시기 민족별 공산물 생산액 추이를 살펴보면, 1919년 73.3%였던 조선인의 비중이 점감하여 1923년에는 61%에 그치고 있다. 상대적으로 1919년 26.4%였던 일본인의 구성비가 점증하여 1923년에는 38.6%에 이르고 있어 당시 경제계의 상황을 짐작할 수 있다.

〈표 1〉 1920년대 초반 조선인 공업생산이 우세한 분야(1920~1923년)

1920년	1921년	1922년	1923년	
염직업 제지업 편조물업	염직업 제지업 편조물업 고무신제조업	염직업 제지업 편조물업 고무신제조업	직물업 포면가공업 도자기제조업 양말제조업 제지업	금속제품업 금은세공업 토관제조업 화장품제조업

자료 : 『朝鮮總督府統計年報』, 각년도. 윤해동, 「일제하 물산장려운동의 배경과 그 이념」, 『한국사론』 27, 285쪽에서 재인용.

한편 1920년대 초반 조선인 공업이 우세한 분야는 〈표 1〉에서 볼 수 있듯이 전체적으로 직물업, 제지업으로 나타나 있다.[33] 특히 1921년과 1922년에는 일시적으로 고무신제조업이 우세 분야로 나타나 있다. 하지만 1923년부터는 이 또한 열세로 기울기 시작한 것으로 보인다. 다만 1923년에는 새롭게 도자기, 양말, 토관, 화장품 제조업이 우세한 것으로 나타나 있다. 그러면 이 시기 대표적으로 조선인 우세분야인 직물업과 고무신제조업의 생산 상황을 검토해 보기로 한다. 먼저 〈표 2〉는 1918년부터 1922년까지의 5년간

---

33 이 시기 주된 민족자본 공업은 인쇄업, 고무공업, 직물업, 편직물업, 제사업, 양조업, 정미업 등 7개 공업이었다. 특히 메리야스 공업에 조선인 자본이 진출할 수 있었던 것은 노동집약성이 극히 높은 직물업 자체의 특수성에 기인하는 측면이 강하다. 그만큼 일본 제국주의 자본이 완전히 점령하지 못한 경제 영역의 틈새에서 발전한 것으로 민족자본의 취약성, 동요성, 이중성을 노정하고 있었다.

민족별 직물업의 생산 상황의 추이를 나타내 주고 있다. 그러나 전체적으로 조선인의 공장과 종업원 및 생산액이 점감하고 있음을 볼 수 있다. 특히 조선인의 생산액은 1918년에 비해 1922년에는 거의 반감되는 상황이 되어 1922년의 경우 민족별 생산액이 비슷한 수준인 것으로 나타난다. 이는 그나마 조선인 우세분야로 나타나 있었던 직물업의 경우에도 민족간 경쟁이 치열하게 되며 점차 그 경영 기반이 약화되고 있었음을 보여준다.

〈표 2〉 민족간 직물업 생산 상황

연 도	공장 수		자본금		종업자수		생산액	
	조	일	조	일	조	일	조	일
1918	70	7	361	23	1,421	32	608(81)	141(19)
1919	51	5	476	336	1,387	47	1,110(63)	647(37)
1920	24	5	276	32	563	28	215(73)	80(27)
1921	21	7	355	75	381	23	350(79)	94(21)
1922	36	8	945	128	660	37	376(55)	308(45)

자료 : 『朝鮮總督府統計年報』, 각년도. 京城商業會議所, 「消費商況により見たる朝鮮纖維 工業の將來」, 『朝鮮經濟雜誌』 104호, 1924년 8월, 7-31쪽. 윤해동, 「일제하 물산장려운동의 배경과 그 이념」, 앞의 글, 286-287쪽에서 재인용. 주 : 조는 조선인, 인은 일본인을 나타내고, 자본금과 생산액의 단위는 천엔, ( )안은 생산액의 민족별 비율임.

또한 고무신 제조업의 경우 〈표 3〉에서 볼 수 있듯이 1921년부터 1923년까지의 기간 조선인 공장수와 자본금, 종업원, 원동력, 생산액 등이 폭발적으로 증가한 것으로 나타나 인상적이다.[34] 그러나 같은 시기 일본인의 해당 항목에 대한 증가 추세는 괄목할 만하다. 특히 1923년이 되면 일본계 자본금이 조선계 자본금의 3배 이상에 이르게 되며, 생산액 역시 각각 50만엔,

34 당시 고무공업의 발전은 상대적으로 많은 기계화나 고도의 기술을 필요로 하지 않아 일본 동종기업과의 경쟁이 어느 정도 가능했다. 따라서 당시 화폐자본을 축적하고 있던 조선인 대지주나 상인에 의해 설립된 경우가 많았다. 조선인 공업 중 가장 큰 규모의 자본투하업종 중의 하나였다.

80만엔으로 일본계가 우위고 서고 있음을 확인할 수 있다.

<표 3> 민족간 직물업 생산 상황

연 도		공 장 수	자 본 금	종업원수	원 동 력	생 산 액
1921	조	1	38 (100)	41	1(25)	140(140)
	일	1	15 (100)	42	1(10)	38(38)
1922	조	8	483 (60)	428	10(375)	666 (83)
	일	5	86(17)	216	6 (195)	176 (35)
1923	조	13	231 (18)	772	17(410)	501 (39)
	일	6	697(116)	494	9 (310)	799(133)

자료 : 『朝鮮總督府統計年報』, 각년도. 윤해동, 「일제하 물산장려운동의 배경과 그 이념」, 앞의 글, 290쪽에서 재인용.
참조 : 조는 조선인, 일은 일본인 공장을 나타냄. 자본금과 생산액의 단위는 천엔이고 ( )안은 평균이며 원동력은 기관수(마력)임.

한편 1923년 말 당시 주요 공산물의 연간 생산액을 살펴보면 조선인이 중심을 이루는 직물업의 비중이 지대했으며[35] 주요 생산물의 민족별 제조 호수를 볼 때, 직물업에 종사하는 조선인 숫자가 88만 명을 넘어 그 규모를 짐작하고도 남음이 있다[36](〈표 4〉 참조).

<표 4> 민족간 직물업 생산 상황

품 명	제 조 호 수		품 명	제 조 호 수	
	조선인	일본인		조선인	일본인
주류	14,751	113	요업(도자기)	3,074	15
직물	887,089	86	견제품	112,906	254
연초	1,862	4	비료	23,579	52
표백제품	300	280	목제품	3,456	462

35 윤해동, 앞의 「일제하 물산장려운동의 배경과 그 이념」, 292쪽.
36 위의 글, 293쪽.

짚제품	821,071	2	과자	4,486	1,879
금속제품	1,256	94	누룩	431,932	462
곡분	702,283	21			

자료 : 京城商業會議所,「朝鮮に於る工業生產品」,『朝鮮經濟雜誌』108호, 1924년 12월, 3-53쪽. 윤해동,「일제하 물산장려운동의 배경과 그 이념」, 앞의 글, 293쪽에서 재인용.

하지만 이상과 같이 이미 1920년대 일본인 자본은 우리 경제 가운데 강한 영향력과 지배력을 행사하고 있었음을 엿볼 수 있다. 이러한 정황 가운데 1929년 세계대공황의 여파를 겪고 난 1930년대에는 일제의 탄압마저 심해져 많은 민족기업이 해체되거나 일본인 기업에 흡수되는 실정이었다. 더욱이 일제 당국의 감시와 탄압 가운데 사회주의 계열로부터 물산장려운동이 일부 민족자본가의 이익만 추구하는 것이라는 비난도 일고 있었던 정황이었던 것이다. 한편 1929년 말부터 1930년 말까지 물산장려회의의 기관지였던 『조선물산장려회보』에 게재된 조선물산의 범위와 품목에 대한 일련의 자료가 당시의 상황을 잘 전해주고 있다(〈표 5, 6, 7〉 참조).[37]

〈표 5〉 순 조선물산의 범위와 품목

분류	범위	품목
순 조 선 물 산	조선인의 자본과 노동으로 국내에서 산출된 원료에 조선인 자본과 노동으로 제조된 물품	영변주, 숙소, 관사, 한산저, 안동포, 철원주, 안주갑사, 덕천함라, 성천생주, 희천주, 강진합주, 공주선라·춘포, 경주백목, 양덕마포, 길주북포, 무장곱생초, 평양수목, 영흥주, 선숙, 문선숙, 선사, 릉선숙, 모목단, 선문초, 법단, 국사, 숙고사, 문관사, 화순인, 문진주사, 화생소, 안성유기, 개성인삼, 의주고군주, 강화호하문석, 삼척포, 해주묵·한림풍월·벽성 향연·백세청풍· 부용당·수양매월, 대삿갓, 죽필통, 죽피석, 나주미선, 전주합죽선, 태극선, 완산지, 죽청지소후지·각장지·황모무심·유심소필·장액대필·양호수필, 백지·책지, ·야거리·이층장·삼층장·유고리·유롱 등과 금은세공품 각종

자료 :「조선물산소개」,『조선물산장려회보』1-10. 오미일, 앞의 책, 105쪽, 재구성.

37 방기중,「1920, 30년대 조선물산장려회 연구-재건과정과 주도층 분석을 중심으로」, 앞의 글, 114-115쪽.

<표 6> 준 조선물산의 범위와 품목

분류	범위	품목
준 조 선 물 산	순원료를 수입하여 조선인 자본과 노동으로 제조된 물품. 단 순원료는 원료에 하등가공을 가하지 않고 원산물에 운반노동만 가한 것을 말함	거북선고무신 · 연표고무신 · 대륙고무신 · 별표고무신 · 지구표고무신 · 대동고무신 · 서경고무신 · 세창고무신 · 평안고무신 · 정창고무신 · 활표고무신, 덕창초자 · 약병 · 식기 · 잉크병 · 파리통 · 어항 · 모조진주, 의자, 책상, 문방구 약간

자료 : 「조선물산소개」, 『조선물산장려회보』 1-10, 오미일, 앞의 책, 105쪽, 재구성.

우선 조선인의 자본과 노동으로 국내에서 산출된 원료에 조선인 자본과 노동으로 제조된 물품을 '순 조선물산'으로 분류하고 있다. 또한 순원료를 수입하여 조선인 자본과 노동으로 제조된 물품(단 순원료는 원료에 하등 가공을 가하지 않고 원산물에 운반노동만 가한 것을 말함)은 '준 조선물산'으로 구분되고 있다. 더욱이 순원료에 약간 가공하여 다시 상품제조의 재료가 된 것(우리 실생활에 필요한 상품의 원료에 한해서만 우리가 원료를 제조할 때까지 임시로 인정)을 '가공 조선물산'로 구분하고 있어 당시 경제적 상황을 잘 보여주고 있다.

<표 7> 가공 조선물산의 범위와 품목

분류	범위	품목
가 공 조 선 물 산	순원료에 약간 가공하여 다시 상품제조의 재료가 된 것. 우리 실생활에 필요한 상품의 원료에 한해서만 우리가 원료를 제조할 때까지 임시로 인정	광목, · 산삼포 · 농구표 · 삼신산 · 불로초 · 천도, 해동목 · 해동단 · 덕창저, 세찰목 · 세창단 · 세창저, 와사목 · 와사단, 직 · 송고양말 · 강화저 · 심도저 · 강화마포, 금강산포, 단성갈포 · 화문포(방석감), 도양저 · 동양단 · 동양목 · 동아잉크 · 고려잉크 · 분말잉크, 영신환 · 천일영신환 · 삼성영신환, 청심보명단, 삼명보익수, 조고약, 대력환, 활명수, 불말고, 태양조경환 · 사향청심환 · 우황포룡환 · 소합환, 백응고, 억간산, 지해로, 박가분, 앵분, 삼호향수, 미안수, 빨래비누부표월성, 미화소 등

자료 : 「조선물산소개」, 『조선물산장려회보』 1-10, 오미일, 앞의 책, 105쪽, 재구성.

이러한 상황에서 물산장려회의 운영은 어떠했을까. 여기에서는 지면 관계상 그 운영에 대한 구체적인 분석은 기존의 연구 성과를 참고하기로 하고,[38] 주요 이사진 구성원의 변화 추이를 살펴보고자 한다. 요컨대 운동이 시작된 1923년부터 1932년까지의 10여 년의 사이 이사진은 시종 지식층이 주요한 구성원이었다. 그러나 1930년대 이후 상공인층의 비중이 무시할 수 없는 비율로 커져 가고 있음을 확인할 수 있다(〈표 8〉 참조).

〈표 8〉 1920, 30년대 조선물산장려회 이사진 구성의 직업별 추이

연도 분기	1923 (창립)	1923 (1회)	1924 (2회)	1925 (3회)	1928 (6회)	1929 (7회)	1930 (8회)	1931 (9회)	1932 (10회)
지식층	16	18	17	13	24	16	11	11	19
상공인층	2	6	2	6	8	9	13	14	28
미상	2	5	6	6	3	0	1	0	3
합계	20	30	25	25	35	25	25	25	50

자료 : 방기중,「1920, 30년대 조선물산장려회 연구-재건과정과 주도층 분석을 중심으로」, 앞의 책, 125쪽에서 재인용. 주 : 기술자는 상공인에 포함됨.

이처럼 1920년대에 시작한 물산장려운동은 1930년대를 넘어서며 급변하는 식민지 조선의 사회경제적 정황 가운데 그중심 이사진 역시 현실적인 경제논리를 반영하여 상공인층이 증가하고 있었던 것이다.

2. 기관지 간행과 운동의 경과

한편 1920, 30년대 경제운동의 중추를 이루는 조선물산장려회는 창립 초인 1920년대부터 마지막 기관지가 나온 1930년대 초반에 이르는 10여 년을 넘는 기간 홍보 · 선전을 위해 6-7차례에 걸쳐 그 간행을 추진한다(〈표 9〉 참

38 조기준, 앞의 글, 99-108쪽.

조). 그러나 기관지는 간행과 폐간과 속간 등 숱한 우여곡절을 겪게 된다.[39]
이는 그만큼 당시 물산장려운동의 전개와 경과가 순탄치 않았음을 여실히
보여주는 부분이다. 따라서 여기에서는 그 간행 추이를 살피며 운동의 경과
에 대해 검토하고자 한다.

〈표 9〉 조선물산장려회의 기관지 발간 변천

기간	잡지명	호수	비고
1923. 11-1924. 3	산업계	5호	
1927. 4-1928. 8	자활	8호	
1929. 10-1930. 12	조선물산장려회보	12호	
1931. 1-1931. 6	장산	6호	신조선
1931. 8	신조선	-	
1933. 10-1934. 1	신흥조선	3호	

물산장려회는 창립 초기에는 기존의 『상공세계』라는 잡지를 인수하여 기
관지로 발간하기로 결정했으나, 상호간에 합의가 이루어지지 않아 취소되
고 결국 직영으로 기관지를 발행하기로 한다. 따라서 물산장려회의 첫 기관
지는 『산업계(産業界)』이다. 그 발행을 위해 책임위원이 선출되었으며[40] 그
가운데 주간으로 이종린이 임명되어 사무를 일임 받는다. 『산업계』 창간호
는 월간으로 1923년 11월에 창간호를 발행하여 1924년 3월 5호로 마감된다.
발행 당시 일반 회원들뿐만 아니라 자작들과 박문서관 등으로부터도 지원
을 받는다.[41]

그 창간사는 이종린이 「물산장려와 산업계」라는 제호로 작성한다. 여기

---

39 조기준, 앞의 글, 99-108쪽.
40 당시 책임위원은 이종린, 현희운, 나경석, 임경호, 송종우, 김철수, 이동식 등 7명이었다.
41 판권장을 보면 편집 겸 발행인 유성준(兪星濬), 인쇄인 서우충(徐佑忠), 인쇄소 보광사
(普光社), 발행소 조선물산장려회(서울·관훈동 30), B5판 70면, 정가 25전이었다.

에서 그는 물산장려운동을 당시 죽음에 임박한 우리 민족이 기사회생을 할 수 있는 중요하고도 기본적인 경제운동으로 보고, 이를 장려하기 위해 잡지의 발간은 스스로 해야 할 일이라고 주장한다. 그 내용을 소개하면 다음과 같다.[42]

미미하나마 물산장려 이 운동이 일보 이보 묘전에 박하여 오는 병자에게 대한 최후 일척의 식염주이다. 이 주사가 바로 맞기만 하면 (원문 삭제) 종전 모든 운동의 실패를 차의 일거로써 다 회복하리라고 단언한다. - 조선사람인 여러분에게 향하여 조선을 살리기 위하여 조선물산을 장려하고 조선물산을 장려하기 위하여 이 잡지를 발간하는 것을 사랑하여 '주'시오 도와주시오 하는 것은 도리어 무례한 말씀이다. 우리가 우리를 위하여 우리 일을 하면서 누구더러 도와달라고? 사랑하여 달라고?

하지만 이후 물산장려회는 1년 이상 동안 기관지 발행을 중단하게 된다. 이어 1925년 10월 부흥총회에서 기관지 속간을 결정하지만 이루어지지 못한다. 결국 기관지 속간은 중단된 지 4년여나 지난 1927년 2월 임시총회에서 『자활(自活)』 발간으로 실행되기에 이른다. 즉 1927년 3월 3일 월간잡지사 '자활사'를 창립하고, 그 창간호를 4월 1일 발간한다. 사장 이균환 등 초기 경영진과 함께 주필, 편집부장, 지방부장, 서무부장, 경리부장, 외무원, 기자가 정해지고 발행인도 명제세로 진용이 개편된다.[43]

42 오미일, 앞의 책, 100-101쪽.
43 당시 주필은 문일평, 편집부장 정수일, 지방부장 백홍균, 서무부장 명제세, 경리부장 김종협, 외무원 김정수 · 김병용, 기자 한선화 · 안창화 · 이현숙 등이었다.

그런데 기관지 간행과 관련하여 오촌 설태희를 비롯하여 백홍균·현일운·김종협·명제세 등 4인이 강조되는 것으로 보아 그 정황을 알고도 남음이 있다.[44] 이는 1925년 10월 6일의 이사회에서 설태희가 기관지를 『자활』로 개제하여 작은 비용의 발행 등을 주장했기 때문이기도 했을 것이다. 당시 『산업계』는 호당 100쪽이 넘는 분량으로 발행비도 부담스러웠지만, 자활의 분량은 20쪽이 채 되지 않았다.

타블로이드판으로 발행된 『자활』은 일종의 계몽소식지로 1회에 1만 부 내지 1만 2천부를 간행하여 무료로 배부되었다. 또한 국내는 물론 일본, 중국, 러시아 등 동포들에게까지 배포되었으며, 여자웅변대회를 개최하기도 했다.[45]

그러나 『자활』은 창간호부터 1주년 기념호까지 8호밖에 발간되지 못하고 결국 1928년 9월 중단되기에 이른다.[46] 그 이유는 원고, 검열, 인쇄의 어려움 때문이었다. 특히 1927년 신년증대호 간행 때는 내용이 불온하다고 압수당하여 임시호로 대체하는 상황을 맞기도 한다.[47]

이후 물산장려회는 1929년 8월 『자활』의 직영과 정간 등 존폐문제를 둘러싸고 협의를 진행한다. 결국 전문연구위원 3인으로 하여금 경영에 대한 대

---

44 오미일, 앞의 책, 100-101쪽.
45 오미일, 앞의 책, 100-101쪽. 예컨대 1927년 11월 21일 종로의 중앙기독교청년회관에서 열린 대회의 경우 연제는 '남과 같이 살려면'이었고 연사는 모두 여성들이었다. 조선물산의 애용을 일상에서 실천하는 데에 가장 중요한 주체는 다름 아닌 여성이라고 인식하여 그해 8월부터 가정선전반을 조직하여 가정부인들의 조선물산 애용정신을 함양하도록 하는 등 사업을 전개해 나간다. 여성웅변대회는 이러한 배경에서 개최된 것으로 이해된다.
46 방기중, 「1920, 30년대 조선물산장려회 연구-재건과정과 주도층 분석을 중심으로」, 앞의 글, 130-134쪽.
47 오미일, 앞의 책, 130-131쪽.

안을 제시하도록 하였다. 그 결과 기관지 『자활』은 물산장려회와 관계를 단절하고 개인이 회보를 발간하기로 결정된다.

그 과정에서 1929년 10월 세 번째 기관지인 『조선물산장려회보』가 국판 크기에 표지를 합하여 최소 36페이지 이상 연중 4회(3, 6, 9, 12월의 15일 발간, 최소 3천부 이상) 정기 간행하여 회원에게 무료 배부하기에 이른다. 매호 발간 경비로는 대개 290원 정도가 소요되었다. 회보에는 과거 물산장려회의 취지서, 헌칙 및 세칙, 연혁 등이 반복하여 실렸다. 회보의 책임자는 발행인 및 경리 정세권과 편집 명제세가 맡았다.

이후 12호까지 발행된 후 1931년 1월부터 네 번째 기관지인 『장산』으로 개제되었다.[48] 이때 회보를 『장산(奬産)』으로 개제한 것은 단순히 제호의 변경뿐 아니라 잡지로 혁신하는 등 내용상의 변화도 의도한 것으로 보인다. 즉 회보라면 회원에게만 한정되어 보편적 구독이 적을 것이고, 잡지라면 일반 구독자가 증가하여 물산장려회의 취지를 한층 더 선전할 수 있다 하여 잡지 체재로 바꾼 것이다. 체재 변경으로 내용상 조선물산장려회의 취지서, 헌칙, 세칙과 회원 소개 부분이 사라지고 「조선물산장려회의 최근사정」만 남게 된다.[49]

아울러 『장산』 역시 1931년 6월까지 6호를 발간하고 다시 다섯 번째 기관지인 『신조선(新朝鮮)』으로 개제하였다. 편집자도 정세권에서 명제세로 바뀐다. 편집자의 교체에 따라 기존의 실용적이고 상공업 관련 글 대신, 『신조

---

48 오미일, 앞의 책, 130-132쪽.
49 반면 내용상 '전주명산지 우산 제조자의 근황', '한약계 권위기관 순례기', '모범상공대가 소개 등 상공업자가 소개되고, 어업권 면허, 광업권 설정 관련 정보제공이나 '조선 각도 특산품 산출 상황'이 소개되며 내용 역시 일신된다. 또한 문예면이 신설되어 일반인이 보편적으로 읽을 수 있도록 한다는 취지에 부합시키려 노력한 것으로 이해된다.

선』에는 '소비에트 로서아 5개년 계획', '필리핀의 독립운동', '정말의 물산장려,' 최근 영국의 정변 같은 시사적이면서도 민족의식 고취를 의도하는 기사의 게재 빈도가 높아졌다는 점이 주요 특징으로 이해된다.[50]

한편 『장산』의 발행권 이양 이후 정세권은 1931년 8월 장산사의 독자적인 기관지로 『실생활(實生活)』을 창간한다.[51] 그는 창간사에서 '조선 중심의 특수한 생활양식과 조선 중심의 특수한 산업기술을 고조하며 공리공론을 배제하고 우리 실생활 향상의 일조가 되려 한다'고 표방한다. 기관지로서는 여섯 번째인 셈이며 동시에 두 개의 기관지 발행이 병존하는 상황이 초래된다. 이는 그만큼 물산장려회 내 운영상의 복잡한 관계를 보여준다.

그러나 재정 압박으로 1931년 7월부터 『신조선』과 『실생활』을 합쳐 제호는 『신조선』을 계승하되 실생활사에서 발행하기로 결정하였다.[52] 당시 실생활사의 주요 경영진은 사장 이종린, 이사 명제세, 백홍균, 이인, 김탁원, 주필 유광렬, 경리부 정세권 등이었다.

이후 1933년 10월부터 1934년 1월까지 기관지로서는 일곱 번째이자 마지막인 『신흥조선』이 발행되었다. 『신흥조선(新興朝鮮)』은 1933년 10월 1일자로 창간된 조선물산장려회의 마지막 기관지로, 1934년 1월 통권 3호를 내고 종간된다.[53]

이상에서 보았듯이 1920년대 초부터 1930년대의 초반에 이르는 시기 물

---

50 조기준, 「조선물산장려운동의 전개과정과 그 역사적 성격」, 앞의 글, 107쪽 및 오미일, 앞의 책, 130-132쪽.
51 조기준, 「조선물산장려운동의 전개과정과 그 역사적 성격」, 앞의 글, 108쪽.
52 오미일, 앞의 책, 132쪽.
53 판권장을 보면 편집 겸 발행인 이인(李仁), 인쇄인 김종협(金鍾協), 인쇄소 대동(大東)인쇄소, 발행소 조선물산장려회 내 신흥조선사(서울 · 수표동 42), B5판 60면, 정가 15전이었다.

산장려운동의 주요 기관지는 7차례에 걸쳐 간행과 폐간을 거듭하였다.[54] 따라서 물산장려운동의 전개를 구체적으로 살피기 위해서는 향후 기관지 간행의 경과와 경위를 비롯하여 그 구체적인 내용 분석 등이 필요하다고 생각된다.[55]

IV. 물산장려운동과 종교계

앞에서 서술했듯이 그간 상대적으로 풍부한 물산장려운동의 연구사 가운데 종교계의 인식 및 참여 등에 대한 연구는 일천했다고 할 수 있다. 그러나 이 시기 근대 한국종교가 국내외적 경제사회의 변동 가운데 일본 제국주의를 중심으로 하는 시장자본주의를 어떻게 인식했고, 이에 대해 어떻게 대응하고 있었는지를 검토하는 것은 중요한 과제이다. 그 연장선상에서 구체적인 일상적 삶과 관련하여 종교계의 다양한 경제적 실력양성운동 등의 실태가 정립되기를 기대한다. 즉 개별 종교의 사회경제 및 발전관 등 공공성의 보편적 실천윤리를 살피는 것은 물론 해방 이후 전개된 압축적 경제성장과 개발론의 종교적 관계성 및 물질문명과 문화의 조화 등 시장자본주의에 대한 인식의 변화 과정과 그 미래 방향의 모색에도 중요한 시사점을 줄 수 있기 때문이다.

54 조기준, 「조선물산장려운동의 전개과정과 그 역사적 성격」, 앞의 글, 99-108쪽.
55 이에 대한 구체적인 분석은 다음 과제로 넘기기로 한다.

1. 기독교와 물산장려운동

1920년대를 전후로 하는 시기 기독교는 다른 종교 및 범민족운동 세력과 연대하여 3.1독립운동을 계획, 준비하는 등 주도적인 역할을 감당했다. 민족대표 33명 가운데 16명이 기독교인이었으며, 전국적으로 확산되었을 때에도 지역에서 운동을 주동하였다. 기독교가 천도교, 불교 등 타종교와 연합한 사례는 독립운동사에서도 연대의 기념비적인 것으로 기억되고 있다.

특히 기독교는 경제운동 면에서도 일정한 역할을 담당한다.[56] 이 시기 우리 물산을 애용하고 우수한 물품을 보다 많이 생산하여 산업발전, 경제 자립을 통한 민족의 자주독립 기반 마련과 관련한 물산장려운동의 참여 역시 기독교인들의 역할이 적지 않았음은 주지의 사실이다.

앞에서 검토하였듯이 이미 1910년대부터 대두되기 시작했던 실력양성론은 1920년대에 이르러 '경제적 측면에서의 실력양성론'을 그 중심 내용으로 하고 있었다. 요컨대 '현대의 정치는 경제적으로 능력이 있는 자본가에 좌우되는 것이 현실이고, 경제적 능력이 없으면 정치적 권리도 얻을 수 없으므로 정치적 권리를 주장하기에 앞서 경제적인 실력을 양성'해야 한다는 취지였다.[57]

이와 관련하여 '경제문제가 모든 문제를 해결할 수 있는 유일한 방책'이라는 당시 주요 일간지의 사설 등은 당시 민족주의자들이 전개한 경제적 실력양성운동의 골자를 상징적으로 보여주고 있다.[58]

---

56 이에 대해서는 김명배, 「일제하 기독교 경제운동에 관한 공공신학적 성찰과 한국교회의 과제」, 『기독교사회윤리』 제23집, 2012, 141-147쪽 참조. 여기에서는 일제강점기 경제운동의 측면에서 물산장려운동뿐 아니라 실업교육, 절제운동 등을 살피고 있어 향후 경제운동과 종교의 공공성 연구와 관련하여 시사하는 바가 적지 않다고 생각된다.
57 박찬승, 앞의 책, 261-262쪽.
58 《동아일보》, 1923년 5월 27일자.

따라서 이 시기에 전개된 물산장려운동에 기독교인들은 적극 호응하고 있었다. 1920년 8월 평양에서 이 운동이 시작되었을 때, 이를 조직한 조만식 등 평양유지 70명 가운데 기독교인들이 상당수를 차지하였다. 그리고 1923년 1월 서울에서 조선물산장려회가 조직된 이후 각지에서 운동이 전개될 때도 기독교인들이 적극 참여하였다.[59]

특히 조선기독교청년회에서는 이 운동의 표어를 현상 공모하여 '내 살림 내 것으로', '조선 사람 조선 것', '우리 것으로만 살자' 등을 뽑아 운동을 홍보하였고, 강연회를 개최하여 필요성을 역설하며, 군중을 모아 선전 행사를 벌이는 등 전국적인 민족운동으로 발전시켰다.[60]

물산장려운동과 관련한 기독교계 인사들의 참여 사례는 평양물산장려회를 주도한 조만식을 비롯하여 적지 않은 편이다. 예컨대 주요 인사만 들더라도 1925년 당시 이사장이었던 유성준, 이사 안재홍(1924-1925, 1928-1929, 1931)을 비롯하여 1928년 당시 이사장이었던 오화영(감리교 목사, 1928-1929), 상무이사였던 이동욱(감리교 목사, 1928-1934), 원익상(감리교 목사, 1932-1934), 현동완(기독교 목사, 1930-1934), 이사인 심상문(1924, 1928-1934), 유옥경, 유영모 등이 활동하였다.[61]

아울러 이 운동이 큰 성과를 거두지는 못한 채 1924년 이후 침체에 빠지게 되자, 이를 대신한 새로운 실력양성운동으로서 농촌개량사업에 더욱 관심을 가지게 된 것으로 보인다.[62] 특히 이 시기 YMCA가 중심이 되어 농촌운동

59 조기준, 「조선물산장려운동의 전개과정과 그 역사적 성격」, 앞의 글, 102쪽 참조.
60 한규무, 『일제하 한국기독교 농촌운동 1925-1937』, 서울: 한국기독교역사연구소, 1997, 40쪽.
61 방기중, 「1920, 30년대 조선물산장려회 연구-재건과정과 주도층 분석을 중심으로」, 앞의 글, 100-123쪽.
62 농촌개량사업은 1920년대 초반부터 이미 구상되고 있었는데, 물산장려운동이 주춤하자

을 전개해 나가는데, 그 배경에는 사회주의 계열의 발흥에 따른 반기독교운동에 대한 대응과 '산업의 진흥과 실력양성론' 등의 사회경제적 분위기도 큰 몫을 한 것으로 이해된다. 즉 기독교회 농촌운동 역시 실력양성운동의 측면에서 이해되어야 한다고 본다.

요컨대 구한말에서 일제강점기에 이르는 시기 기독교 민족운동을 살펴보면,[63] 초기에는 유교적인 한국사회에서 기독교 자체를 받아들이기 쉽지 않았다. 하지만 이러한 분위기는 청일전쟁과 러일전쟁을 경험하며 점차 변화되기 시작한다. 따라서 3·1운동을 전후한 시기 민족운동의 전개 가운데 기독교의 역할은 결코 작지 않다. 무엇보다 합법적으로 모일 수 있는 '교회' 공간과 전국적인 연결망이라는 이점을 이용하여 민족운동을 주도할 수 있었다. 그 연장선상에서 3·1운동 시기 기독교인들의 참여는 훨씬 자연스러웠다. 더욱이 국내외 민족운동가들의 연락망 역할에서도 기독교인들은 지대한 역할을 담당한다. 즉 국내외 교회 조직의 연결을 활용하여 민족운동을 전개해 나간 것이다.

특히 기독교는 여기에서 살피고 있는 1920년대에서 1930년대 전반기 실력양성을 통한 점진적인 독립운동의 추구에도 일정한 역할을 담당했다. 즉 1920년대에 YMCA와 YWCA 등이 조직되며 물산장려운동 등 경제적 실력양성운동에 가담하였고, 1930년대에도 농촌계몽운동의 활성화, 절제운동 등을 통해 민족운동을 전개하였다. 향후 이에 대한 발전적인 연구의 진행을 기대한다.

이상재, 윤치호, 유성준, 신흥우, 홍병선 등이 소속된 YMCA에서 1923년부터 경제문제에 관심을 갖기에 이른다. 한규무, 앞의 책, 40-41쪽.
63 김광식 외, 『종교계의 민족운동』, 천안: 한국독립운동사편찬위원회, 2008, 77-79쪽.

2. 보천교와 물산장려운동[64]

물산장려운동은 1920년대 초 신종교 가운데 하나였던 보천교와 일정한 관계를 갖고 있었던 것으로 알려지고 있다.[65] 무엇보다 조선물산장려회의 첫 번째 기관지인 『산업계』를 보광사 인쇄부에서 간행했는데, 보광사는 보천교의 사업체로 기관지 『보광』을 발간한 곳이었기 때문이다. 즉 『산업계』와 『보광』은 거의 같은 시기, 같은 인쇄소에서 발간되었다. 그만큼 『산업계』의 창간과 운영이 보천교와 일정한 관계 하에 있었다고 볼 수 있다.[66]

더욱이 조선물산장려회의 기관지인 『산업계』의 창간 당시 보천교는 2차례에 걸쳐 광고를 싣는다(광고는 산업계 창간호, 71쪽, 77-78쪽) 또한 초기 이사명단에 보천교 간부 4인이 포함돼 있었다. 이와 관련하여 당시의 언론보도가 참고로 된다.[67]

보천교의 충남진정원 임경호, 경성진정원 직원 고용환, 경성진정원 부장 주익은 물산장려회 이사로 참여했다. 고용환은 1923년 5월 물산장려회가 소비조합을 설립했을 때 5인 설립준비위원이 되었다. 경성진정원 보광사

---

64 이에 대한 최근의 연구로는 김방룡 외, 『일제강점기 보천교의 민족운동』, 서울: 기억, 2017, 10쪽이 참고로 된다.

65 보천교는 차경석(車京石)이 창시한 증산교(甑山教) 계열의 신종교이다. 차경석은 동학혁명 당시 동학 접주 중의 한 명이다. 특히 1922년에는 보광(普光)이라는 잡지를 발행하고, 1924년에는 《시대일보》를 인수하여 운영하기도 했으나 분규가 생겨 바로 그만 두게 된다. 그 과정에서 보천교혁신운동이 일어났고, 고위간부들이 신도를 이끌고 별도의 교단을 세우는 사태가 일어나서 교세는 크게 약화되기 시작했다.

66 안후상, 「보천교와 물산장려운동」, 『한국민족운동사연구』 19, 1996, 351-406쪽.

67 홍성찬, 「한국 근현대 이순탁의 정치경제사상 연구」, 『역사문제연구』 창간호, 1996, 85쪽 및 안후상, 「보천교와 물산장려운동」, 위의 글, 391쪽에서 재인용(《조선일보》, 1924년 7월 13일자 기사).

는 물산장려회 기관지인『산업계』창간호(1923.12)에 축하 광고를 싣고, 고용환・임경호가『산업계』의 사무 담당자가 되는 등 이 운동을 교단적으로 지원했다. 1924년 보천교가『시대일보』인수에 나서 사회문제가 되었을 때 이순탁과 주익은 제3자로서 중재에 나서기도 했다.

이를 통해 알 수 있듯이, 임경호는 당시 보천교단의 간부로서『산업계』의 사무 담당자였으며, 고용환도 함께 사무를 담당한 것으로 나타난다. 이는 물산장려회 기관지 창간과 운영에 보천교가 교단적으로 지원하였음을 엿볼 수 있는 부분이다. 즉 보천교의 일정한 도움 가운데 기관지『산업계』가 발간, 운영되었다는 것을 짐작케 한다.[68]

한편 이 시기 보천교가 근대 종교로의 개편을 시도하며 민족운동 진영에 진출을 모색한 대표적인 활동으로 물산장려운동 참여를 드는 연구가 있어 주목된다.[69] 특히 지방 거주 보천교도들이 이에 동참하여 토산 장려 등을 계획했던 사례들이 소개되고 있다.[70] 1923년 조선물산장려회 이사회에 참여했던 보천교 측 주요인물을 요약하면〈표 10〉과 같다.[71]

---

68 안후상, 앞의 글, 391쪽.
69 김정인, 「1920년대 전반기 보천교의 부침과 민족운동」,『한국민족운동사연구』29, 2001, 168-170쪽.
70 이에 대해서는 물산장려운동과 종교계의 관련 및 지역 차원의 활동과 관련해서도 후속 연구가 필요한 부분이라 생각된다.
71 방기중, 「1920・30년대 조선물산장려회 연구-재건 과정과 주도층 분석을 중심으로」, 앞의 글, 103쪽.

〈표 10〉 1923년 조선물산장려회 이사회의 보천교측 인물

성명	구분	소속	약력
이득년	창립	보천교 간부	보천교 측에서 시대일보를 인수하는 과정에서 사장인 최남선의 이중적 태도와 사원들의 보천교에 대한 부정적 인식으로 임시 폐간되는 사태를 당시 부사장이었던 보천교 간부 이득년이 해결하려 함
임경호	창립	보천교 간부	보천교의 보수적 핵심 인물. 시국대동단을 주도함. 후에 출교 당함
주익	2회 총회	보천교 간부	민우회 임원. 임시정부 참여
고용환	창립	보천교 간부	사회주의자가 탈퇴한 청년연합회 상무위원. 민립대학기성회 중앙집행위원

하지만 물산장려회는 1923년 1월 창립 이후 여름부터는 침체로 별다른 활동이 없었던 것으로 파악된다.[72] 더욱이 이듬해 1924년 4월의 2차 총회 이후 완전 침체에 빠지게 된 것으로 보인다. 즉 이사회는 휴무 상태나 다름없었으며 재정난으로 사무실 임대료도 내지 못해 이곳저곳으로 이사를 다니는 처지였다.[73]

이러한 상황에서 재건 모색을 위해 1925년 부흥회를 계기로 임원진도 대폭 교체하였다. 이 시기 물산장려회 인사 가운데 보천교와 관련됐을 인물로 설태희 등이 언급되고 있다.[74]

아무튼 보천교는 물산장려회 초기 기관지의 발행에서 이사진 참여 등으로 일정한 역할을 수행했음을 알 수 있다. 이후의 보천교 활동 자체에 대한 연구 가운데 후기 물산장려회와의 관련성 역시 과제로 남아 있다고 생각된다.

주지하듯이 1920년대 전후 경제적 실력양성운동은 당시 교육계, 경제계

---

72 오미일, 앞의 책, 82쪽.
73 오미일, 앞의 책, 82쪽.
74 안후상, 앞의 글, 389쪽.

를 비롯하여 종교계에도 광범위하게 영향을 주었다. 따라서 앞에서 살핀 기독교와 보천교 이외 종교계 일반에도 적잖은 영향을 주었을 것이다. 그러나 그 구체적인 실상에 대한 연구는 향후의 과제로 남아 있는 실정이다.

예컨대 3·1운동 당시 영향력이 적지 않았던 천도교의 경우, 이미 1910년대부터 학교 설립 등을 통해 실력양성운동을 전개하였다.[75] 또한 재정적인 어려움, 문명론의 수용에 대한 반발 가운데에서도 전국에 교리강습소를 설치하였으며, 이를 통해 근대적인 지식과 사회진화론 및 문명론을 전파하였다. 이러한 역할은 특히 3·1운동 이후 문화운동론을 수용하여 문화운동을 추진할 수 있는 배경으로 작용하였다. 또한 이를 통해 문명개화사상 및 민족적 각성을 도모하였음은 물론이다.

물산장려운동에 대한 천도교의 참여는 그다지 알려지지 않고 있다. 그러나 천도교계 인사 가운데 개인 차원에서 참여한 사례로는 조선물산장려회의 창립총회 때부터 1934년까지 대부분 기간 가운데 이사 및 고문으로 참여한 이종린(천도교회월보 사장)이 대표적이다. 그 외에도 명용준, 김병준 역시 일정 기간 이사 등을 역임한 것으로 보인다.[76]

따라서 향후 이 시기 한국 신종교를 비롯한 종교계가 식민지 자본주의에 봉착하여 이를 어떻게 인식했으며, 나아가 물산장려운동을 비롯한 경제운동을 어떻게 전개했는지에 대해서도 관심을 갖고 지속적인 연구가 진행되어야 할 것으로 생각된다.

---

75 1910년 재정난으로 폐교위기에 처해 있던 여러 학교를 인수하였다. 그리고 서울과 대구, 청주, 평북 등지에서 학교를 인수하거나 설립하여 운영하였다.
76 방기중, 「1920·30년대 조선물산장려회 연구-재건 과정과 주도층 분석을 중심으로」, 앞의 글, 121-138쪽.

V. 맺음말

이상에서 살펴보았듯이 1919년 3·1운동 이후 일제는 식민지 통치 방식을 문화통치로 전환하였다. 이러한 상황 속에서 사회진화론에 입각한 일부 우파 지식인들은 우선 실력을 키우고 나중에 독립을 하자는 '선 실력 양성 후 독립론'을 주창하며 '실력양성운동'을 전개한다. 실력양성운동은 교육과 사회경제 부문의 민족 실력 양성을 주장한 것인데 그중경제적 실력양성운동으로 전개된 것이 물산장려운동이다.

이에 대한 기존의 연구 성과 또한 풍부하게 축적되어 있다. 그러나 물산장려운동의 배경과 전개를 둘러싼 주요 논점에 대한 파악은 일면적이었으며, 특히 종교계와 연계하여 검토한 사례는 많지 않다. 따라서 여기에서는 일제강점기 특히 1920·30년대에 전개된 경제적 실력양성론 가운데 물산장려운동의 경과를 둘러싼 주요 논점 등을 주요 종교계 참여 동향과 연계하여 검토하였다. 이를 통해 정신문명과 물질문명의 교차라는 측면에서 종교계를 중심으로 한 물산장려운동의 이해와 실천을 기초적으로 탐색해 보았다.

먼저 몇 갈래로 이루어지는 이 시기 실력양성론에 대한 기존의 다양한 접근과 평가를 중심으로 논점을 정리하였다. 그 과정에서 운동의 사회경제적 배경과 간행된 기관지의 기본 성격 등도 살펴보았다. 나아가 종교계 중 기독교와 보천교 등의 물산장려운동 참여에 대해 검토하였다.

물산장려운동에 대한 연구사적 논점을 정리하며 향후의 과제를 간추려보면 다음과 같다. 즉 첫째, 1920년대를 전후로 하는 시기 민족자본의 움직임에 대한 종합적인 이해는 물산장려운동의 성격을 규정하는 문제이다. 둘째, 물산장려운동의 전개 및 성과와 관련하여 당시 운동의 방향을 둘러싼 다양한 견해와 입장, 운동론에 대한 이해가 필요하다. 셋째, 1920년대 초부터 시작하여 1930년대 후반까지 이어진 물산장려운동을 장기적 측면에서 이해해야 한다. 즉 1920년대 이후 일정 기간을 지나 재건되어 1937년까지 지속되었던 정황과 그 실태에 대한 해명이 필요하다. 넷째, 물산장려운동이 직면한 일제의 탄압, 자본가의 이기적 이윤 추구, 사회주의자들의 비난 등 당시 시대 상황에 대한 객관적인 이해와 함께 민족운동과 타협적 성격이라는 이분법적인 접근을 넘어 해방 이후까지도 염두에 둔 다각적이고 새로운 해석이 필요하다.

이 글에서는 경제적 측면의 실력양성론과 물산장려운동에 대한 기독교와 보천교 등 종교계의 인식과 참여에 대해 기초적으로 살펴보았지만, 향후 더욱 지속적인 연구가 진행되기를 기대한다. 이를 통해 이 시기 근대 한국종교가 국내외적 경제사회의 변동 가운데 특히 물질과 문화의 교차라는 측면에서 식민지자본주의를 어떻게 인식했고, 이에 어떻게 대응하였는지를 검토하는 실마리를 찾을 수 있기 때문이다. 나아가 식민지 시기 일상적 삶과 관련하여 종교계의 다양한 경제적 실력양성운동의 실태를 정립할 필요도 있다.

요컨대 1920년대에서 1930년대에 걸쳐 전개된 경제적 실력양성론과 물산장려운동은 근대 한국종교의 공공성 재구축과 관련하여 각 종교별로 다양한 방식으로 표출되었다. 따라서 근대 한국종교의 시장자본주의 인식 및 경제적 실력양성운동 참여 배경의 탐구 역시 자연스럽게 개별 종교의 사회경제관 등 공공성의 보편적 실천윤리를 드러내는 것이 주요 과제라 할 수 있다. 향후 해방 이후 전개된 압축적 경제성장과 개발의 종교와의 관계 및 물질문명과 문화의 조화 등 시장자본주의에 대한 인식의 변화 과정과 그 미래 방향 모색 등과 연계하여 더 많은 연구가 진전되기를 기대한다.

원불교의
평화운동과 교단변혁

원영상 원광대학교 원불교학과 조교수

Ⅰ. 머리말

원불교의 성지인 경상북도 성주군 초전면 소성리에 대한 박근혜 정부와 문재인 정부의 불법적이고도 일방적인 사드 배치[1]는 전 국민을 포함한 성주·김천의 지역주민은 물론 원불교인들에게 심각한 상처를 주었다. 소중한 재산권과 행복권에 대한 침해는 물론, 군사 무기의 무리한 배치를 통해 이 지역의 평화를 일거에 무너뜨린 것이다. 그리고 원불교 제2대 지도자인 정산 송규 종사(鼎山宋奎宗師, 1900-1962)와 그의 아우 주산 송도성 종사(主山宋道性宗師, 1907-1946)가 태어나고 자라 구도했던 곳이자 출가·재가 신도들의 정신적 고향인 성지에 전쟁을 위한 군부대와 무기가 설치됨으로써 종교의 자유가 짓밟히는 결과가 되었다.

북한의 위협 요인에 대한 대응이라고는 하지만 환경영향평가, 토지공여 절차 등 법적인 절차의 과정은 전무했다. 사드운용체계는 많은 전문가들에 의해 미국의 중국·러시아를 향한 미사일방어망(MD)의 일환임이 밝혀지고

---

1 사드(THAAD: Terminal High Altitude Area Defense, 고고도미사일방어체계)는 문자 그대로 종말단계 고고도 영역 방어체계를 의미한다. 미국에는 이를 위한 사드 미사일 부대가 구성되어 있다. 2017년 4월 26일과 9월 7일, 정부는 각각 경찰 8000여 명을 동원, 무력으로 원불교 순례길이 있는 전 롯데골프장에 사드 장비 일부를 배치했다. 현재까지 이 사드 배치로 인해 중국의 보복 등 국민과 국가가 입은 피해액은 막대하다.

있다. 따라서 대북용이라는 군사적 효용성에 대한 면밀한 검토도 없음은 물론, 이 지역에서 줄곧 살아온 인근 주민들의 삶의 터전을 무너뜨리는 심각한 문제점을 안기고 있다.

이러한 많은 문제점을 드러낸 사드는 무엇보다도 원불교 교단에 큰 화두를 던지고 있다. 즉, '원불교의 평화운동은 어떠한 것인가'라는 문제이다. 또한 이 운동은 사회와 더불어 존재하는 종교로서 원불교의 정체성을 묻고 있다. 종교적 평화운동은 교단의 사회적 역할과 직결되며, 대중들이 겪는 내외의 고통을 해소하고자 하는 종교로서 기본적인 구제의 역할에 해당한다. 2016년 7월 13일 국방부가 경북 성주군을 사드 배치 후보지로 발표한 후인 8월 11일 '사드 말고 평화'라는 주제로 원불교평화기도회가 개최되었다. 이를 계기로 23일 '사드 철회 원불교성주대책위원회'를 결성하였다. 후에 개명된 '원불교성주성지수호 비상대책위원회'는 소성리 주민대책위와 사드저지전국행동 등의 제 시민사회단체와 함께 '소성리 평화회의'를 구성, 사드 배치 과정의 불법성과 한반도 평화정착을 방해하는 사드를 철회해야 한다는 점을 국내외에 알리는 연대 활동을 벌이고 있다.

이 문제의 본질은 무기와 전쟁으로 대변되는 현대문명의 한계를 넘어 이를 치유하고자 하는 종교의 존재 이유와도 직결되어 있음을 알 수 있다. 그러나 이 운동의 전개 과정에서 확인되는 것처럼, 인간과 사회 교화에 대한 원불교의 대응에도 한계가 드러나고 있다. 자본주의가 진화하면서, 특히 물질문명과 국가중심주의가 대두되면서 나타나는 사회적 비민주성, 부정, 불의, 불법 등의 다양한 문제점을 적극적으로 해결해 가지 않고는 개혁불교이자 현대종교인 원불교야말로 그 존재성이 희박해질 우려가 있다. 원불교는 "물질이 개벽되니 정신을 개벽하자"는 개교표어를 내걸고, 현대문명의 문제를 치료하고 치유하고자 태어난 종교이기 때문이다.

자신의 교의를 사회 속에서 본격적으로 실천해야 할 과제를 떠안게 된 민중종교 원불교는 점증하는 다양한 인류의 위기에 대처하기 위해 새롭게 변화해야 한다. 이를 위해 원불교는 미래 자신의 종교적 방향을 어떻게 설정할 것인가, 그리고 이를 위해 내부적으로는 과거의 틀과 방식에 머물고 있는 교단의 체질을 어떻게 바꾸고 변혁을 이루어낼 것인가, 라는 화두를 들지 않을 수 없다.

사회 교화를 추구하는 원불교가 정면으로 현대사회에 대응하기 위해서는 이처럼 자신의 대변혁이 시급하다. 전반적인 교단개혁을 통해 능동적으로 대응하는 태세를 갖출 필요가 있다. 혁명보다도 더 어려운 것이 개혁이다. 관습에 길들여진 종교의 체제를, 원불교가 태동 때부터 중시했던 불법의 시대화라는 구호와 같이 새로운 형태로 전환하는 것은 매우 힘든 일이다. 본 논문에서는 사드철폐운동을 통한 종교의 사회적 구제와 사회참여, 그리고 원불교 교단의 변혁이라는 과제를 중심으로 필자의 의견을 제시하고자 한다.

II. 사드(THAAD)철폐운동에 대한 원불교의 참여

1. 물질문명에 대한 대응

사드에 대해서는 이미 다양한 전문가들이 그 문제점을 밝혀 놓았다. 여러 언론과 전문서적 등에서 밝힌 내용[2]을 포함해 필자의 견해는 다음과 같다.

---

2 대표적으로 정욱식의 『사드의 모든 것』(서울: 유리창, 2017)과 고영대의 『사드 배치 거짓과 진실』(서울: 나무와 숲, 2017)에 잘 나타나 있다. 이들 저술에서는 사드의 문제점과

첫째, 사드 배치 자체가 한반도의 전쟁억지력을 증대시키기보다는 전쟁을 유발할 가능성이 크다. 둘째, 한반도를 둘러싼 동아시아 국가의 군비경쟁을 야기한다. 셋째, 성주군 구 롯데골프장에 대한 사드 배치의 과정에 절차적 정당성이 결여되었다. 넷째, 불법적인 배치로 인해 주민들의 생활 질서를 무너뜨리고 또한, 심신의 고통을 불러일으키고 있다. 다섯째, 평화를 주장하고 평화정착을 실천하는 종교의 성지에 직접적으로 전쟁 물자를 배치함으로써 헌법에 보장된 종교의 자유를 심각하게 위반했다. 다섯째, 한미상호방위조약은 국가 상호간의 이익을 전제로 맺어졌으나, 앞에서도 언급했듯이 사드는 미국의 미사일방어정책 일환으로 전개된 것이며, 한국의 국익과는 관계가 없다.

사드는 방어를 표방한 전쟁 관련 물자다. 공격과 방어를 위한 모든 전쟁무기는 과학의 발전에 힘입어 점점 그 살상력이 고도화되고 정밀화되고 있다. 이미 여러 국지적인 전쟁의 참상을 보도하는 언론에서 보듯이, 현대전에서는 게임을 하듯이 전쟁을 치른다. 거기에 인간의 비명과 고통은 제거되어 있다. 전쟁의 원인이 무엇이든 간에 인간은 기계에 의해 무참하게 살해당하거나 상처입고 있는 것이다. 전쟁이 이처럼 과학의 발전에 의해 뒷받침되고 있다는 것은 지구의 위기가 증가되고 있음을 보여준다.

핵무기 문제는 과학의 발전에 따른 전쟁의 위험도 증대의 대표적인 사례이다. 핵은 전쟁억지력을 가져다준다고 많은 군사전문가들이 말하고 있지만, 이미 지구를 수십 번 파괴하고도 남을 정도의 핵무기를 여러 나라들은

그 해결방안까지도 제시하고 있다. 군사전문가이자 정의당의 현 국회의원인 김종대의 경우, 다양한 언론매체를 통해 사드무용론을 주장하고 있다. 그리고 대통령 통일외교안보 특별보좌관인 문정인 또한 사드는 철폐되어야 한다고 주장하며, 그 방법에 대해서도 다양한 매체를 통해 언급하고 있다.

보유하고 있다. 그것이 만의 하나 전쟁의 도구로 쓰인다면 인류는 걷잡을 수 없는 종말 단계를 맞이할 것이다. '공포의 균형'이라는 말이 의미하듯 스스로 불을 가지고 있으면서 불장난을 못하게 하는 것과 다름이 없다. 전쟁이 없는 진정한 평화를 원한다면, 스스로 전쟁무기를 폐기하는 것이 바른 선택이다. 그러나 현실은 반대로 가고 있다. 모순이라고 하지 않을 수 없다. 사드 또한 반문명 및 비인간적인 물질문명의 부산물이라고 하지 않을 수 없다. 여기에는 인간의 욕망, 특히 증오를 기반으로 한 패권의식이 개입되어 있다. 여기서 이러한 상관관계를 분석할 여지는 없다. 단, 이와 관련, 원불교의 태동과 물질문명과의 관계에 주목하고자 한다.

소태산 박중빈(少太山朴重彬, 1891-1943, 이하 소태산)이 태어나 자라고 구도하여 깨달음을 얻고 마침내 교단을 창립하여 성장시킨 일생은, 과학 발전에 의한 물질문명의 발달과 더불어 가장 비참한 대살육의 전쟁이 연속으로 일어났던 시대와 겹친다. 당시 청일전쟁(1895), 러일전쟁(1904), 제1차 세계대전(1914), 중일전쟁(1937), 제2차 세계대전(1939), 태평양전쟁(1941) 등 한반도와 아시아를 포함한 세계는 거의 10년 단위로 잇달아 벌어지는 세계적 전쟁 속에 있었다. 이 시기 인간은 전쟁의 도구였으며, 이로 인한 죽음은 그 숫자를 헤아릴 수 없을 정도이다. 전문가들은 수억 명에 이른다고도 보고 있다.

원불교가 개창하면서 정신개벽을 내건 이유는 물질문명에 예속된 인간의 자주성 회복을 통한 낙원 건설을 위해 정신개벽이 필수적이라고 보았기 때문이다.[3] 여기서 말하는 물질은, 물질을 기반으로 한 생활을 의미하며, 개벽은 인류 문명 전체가 과학으로 인해 편리해진 삶을 말한다. 그러나 그 이면에는 인간을 죽이기 위한 무기개발이 발전한 사실도 자리 잡고 있다. 물

---

3 『정전』 개교의 동기는 이를 명백히 밝히고 있다.

론 그것은 인간에 의한 행위다. 중국 근대의 불교인이자 혁명가인 장병린(章炳麟, 1868-1936)이 말한 것처럼, "인간의 선도 진화하지만, 악도 진화하고 있다"[4]고 할 수 있다. 아담 스미스 또한, 소태산이 그렇게 생각했듯이, 자본주의의 발달을 촉진시킨 『국부론』에 앞서 『도덕감정론』에서 인간 자신의 이익만을 생각해서는 안 된다고 주장했다.[5] 그러나 그러한 주장에도 불구하고 결국 자본주의를 근간으로 한 시장경제는 그가 제시한 "보이지 않는 손"의 무한 폭주를 계속하고 있다.

주지하다시피 사드는 미국 군산복합체의 산물이다. 이 무기에 대한 정확한 검증 결과는 없으며, 상대방의 공격무기에 대한 방어용이라고만 주장되고 있다. 그렇다면 문제가 있다. 인간은 상대방이 만드는 무기에 대해 새로운 방어무기로써 대응만 하고, 그 무기를 만드는 원인을 밝히고, 그것을 소멸시키는 평화적 노력은 하지 않는가, 라는 점이다. 결국 사드는 경제를 앞세운 인간의 욕망이 만든 군수산업의 일환이라고 볼 수 있다. 전쟁을 매개로 한 산업체계의 일부분인 것이다. 인간의 삶을 파괴하는 새로운 물질인 전쟁무기를 만들고, 이를 살상의 장소인 전쟁터에 동원함으로써 전쟁경제가 창출된다는 것을 말한다.

원불교는 이 점을 간파하고 있다. 소태산은 마음이 모든 물질의 주인임을 가르쳤다. 그가 제자들과 기도를 통해 백지혈인(白指血印)을 일으킨 법인성사(法認聖事)[6]에서 주장한 것도 이와 같은 것이다. 소태산은 "사람은 만물의

---

4 김제란의 「중국근대 사회진화론 수용에 대한 불교적 비판: 章太炎의 '俱分進化論'을 중심으로」(『불교학보』 49집, 2008)를 참조할 것.
5 애덤 스미스 지음, 『도덕감정론』, 김광수 옮김, 서울: 한길사, 2016. 참조할 것.
6 1919년 소태산이 9인 제자들과 함께 올린 기도. 4축의 경절 중 하나(8월 21일)에 해당한다. 인주(印朱)를 묻히지 않은 손가락에서 하늘의 감응으로 혈인(血印)이 나왔다는 뜻에서 이렇게 말한다.

주인이요 만물은 사람의 사용할 바이며, 인도는 인의가 주체요 권모술수는 그 끝이니, 사람의 정신이 능히 만물을 지배하고 인의의 대도가 세상에 서게 되는 것은 이치의 당연함"[7]이라고 한다. 그렇다면 사드와 같은 전쟁무기의 등장 이전에 원불교는 인류에 대해 어떠한 노력을 했던가. 이미 만들어져 자신의 성지에 배치되는 것에 항거할 뿐, 그것이 만들어지는 원인, 과정, 유포[8]에 대해 얼마나 관심을 갖고 대응했는가 하는 점이다. 사드배치를 성주 성지에서 막는다고 해서 근본적인 문제는 해결되지 않는다. 원론적이기는 해도 문제는 여기에 있는 것이다.

2. 국가권력에 대한 대응

사드 문제가 보여준 또 하나의 화두는 국가이다. 사드는 국가와 국가 간의 조약에 의해 배치되었다. 우선 사드 배치을 가능하게 하는 법적 토대인 한미상호방위조약은 6·25전쟁 휴전 직후인 1953년 10월에 맺어진 것으로 현재에도 한반도의 안보 상황을 좌지우지하는 조약이다. 군사적으로 약한 나라가 강한 나라와 협정을 맺어 그 우산 아래에 들어가는 동시에 강한 나라의 요구조건을 들어줄 수밖에 없는 구조가 된 것이다. 한국과 미국 간에 맺

---

7 『대종경』 제1서품 5장.
8 이는 자본주의의 기본적인 경제 시스템과도 일치한다. 생산, 유통, 소비의 과정을 무한 반복하는 이 경제 시스템에서는 무한발전을 전제로 하고 있다. 최근 이 시스템의 강력한 힘에서 탈출하고자 세계는 지속가능한 발전이라는 애매모호한 전략으로 방향을 잡고 있다. 부르디외가 말하는 자본을 통해 인간의 내면에 지배구조가 각인되는 아비투스(habitus)는 이 자본의 물적 구조를 이해하는 데도 도움이 된다. 지배구조를 재생산하는 동시에 지배구조의 변화를 일으키는 동인이다. 아비투스와 종교의 역할을 이 접점에서 모색하는 것도 좋을 것이다. 피에르 부르디외(Pierre Bourdieu) 지음, 『자본주의의 아비투스』, 최종철 옮김, 서울: 동문선, 2002. 참조할 것.

어진 여러 군사 관련 조약이 불평등하다는 점은 이미 사회공론화 된지 오래다. 이에 대해서는 이 분야에서의 연구가 이루어지고 있으므로 여기서는 생략하기로 한다. 단 사드 배치 과정에 주도적인 역할을 한 국가에 대해 문제제기를 하고자 한다.

막스 베버는 근대국가의 사회학적 정의로써 물리적 폭력행사에 주목하고 있다.[9] 이를 확장해서 본다면, 국가가 물리력을 동원해서 자신의 국민에게 가하는 권력, 예를 들어 경찰권을 행사하여 질서를 해치는 범죄자를 국가적으로 처벌하는 일, 국토의 안전이라는 명목으로 군대를 유지하기 위해 군역의 의무를 강제로 지우는 일, 비상시 국가가 전권을 행사하여 국민의 일상생활을 일시적으로 정지시키거나 제한을 가하는 권한 등 여러 분야에서 실행되는 합법적인 국가의 폭력은 이제는 현대 국가의 하나의 기준이 되고 있다. 국가의 기원에 관한 여러 설 가운데에서도 야만 상태를 막기 위해 국가가 폭력을 강제하는 측면[10]인 것이다.

따라서 국가우선주의라는 것이 타당한가, 라는 의문은 민주국가의 주체라면 누구든지 가질 수 있는 물음이다. 가라타니 고진도『제국주의』에서 언급했듯이 근대국가는 인간의 상상력에 의해 정착된 것이다.[11] 이는 이미 베네딕트 엔더슨이『상상의 공동체』에서 밝히고 있는 것을 인용한 것이다.[12] 단 가라타니 고진은 자신의 제국주의 이론을 위해 이 근대국가의 탄생에 주

9 막스 베버(Max Weber) 지음,『직업으로서의 정치』, 전성우 옮김, 서울: 나남출판, 2007. 참조할 것.
10 카야노 도시히토(萱野稔人) 지음,『국가란 무엇인가』, 김은주 옮김, 서울: 산눈, 2010. 참조할 것.
11 가라타니 고진(柄谷行人) 지음,『제국의 구조: 중심·주변·아주변제국주의』, 조영일 옮김, 서울: 도서출판 b, 2016. 참조할 것.
12 베네딕트 엔더슨(Benedict Anderson) 지음,『상상의 공동체: 민족주의의 기원과 전파에 대한 성찰』, 윤형숙 역, 서울: 나남출판, 2002. 참조할 것.

목했다.[13] 좀더 기원의 원점으로 찾아 거슬러 올라가면, 유발 하라리가 호모사피엔스가 다른 인류의 종을 정복하고 지구의 강자가 된 배경에는 종교, 돈, 제국, 자본주의라는 상상력을 동원해 인류를 지배하는 데에 성공했다고 하는 점도 참고할 만하다. 그러나 이러한 국가의 기원은 일리있는 관점을 제시하면서도 그 국가권력의 폭력을 어떻게 해체할 것인가, 또는 길들일 것인가에 대해서는 많은 고민을 하게 한다.

김선필은 마이클 만의 글을 인용하여 권력의 원천을 이데올로기 · 경제 · 군사력 · 정치로 보고, 이들 조합에 의해 "해당 영역 내에서의 지배적인 권력구조"가 발생한다고 보았다.[14] 이는 막스 베버가 집단 간의 불평등 현상을 권력의 소유 여부에 둔 것에 기반하고 있다. 이 논의는 인간의 환경과 의지에 따라 권력이 변화됨을 밝힌 것이다. 국가 또한 자본에 의해 지배당하고 있는 현실을 빗대어 국가자본주의라는 말이 등장하고 있다. 과거 한국의 폭압적인 군사정권 또한 군대가 국가를 장악한 경우에도 이르는 말이다. 현대 사회는 이처럼 권력을 어떤 세력이 확보하느냐에 따라 조직의 성격을 규정지을 수 있다.

민주주의 시스템 또한 권력을 구성원 모두가 가진다는 보편적이고 합리적인 작동 원리이다. 그러나 여기에도 문제는 있다. 특히 대의민주주의의 경우, 문제의 발단은 국가권력을 국민들이 위임한 것에 있다. 나 자신의 한

---

13 유발 하라리(Yuval N. Harari) 지음, 『사피엔스: 유인원에서 사이보그까지, 인간 역사의 대담하고 위대한 질문』, 조현욱 옮김, 서울: 김영사, 2015. 참조할 것.
14 김선필, 「한국천주교회 지배구조의 형성과 변형: 교회 쇄신을 위한 사회학적 검토」, 제주대 박사논문, 2015, 31쪽. 김선필이 인용한 Michael Mann의 글: The Sources of social power volume I: A history of power from the beginning to A.D. 1760. London: Cambridge University Press. 이하 본 연구를 위해 김선필의 본 논문으로부터 힌트와 다양한 자료를 얻었다. 본 연구에 나오는 가톨릭 관련 자료는 김선필의 학위논문으로부터 도움을 받았음을 밝힌다.

표가 국가권력의 토양이 된다. 즉 국가권력은 헌법을 계약서로 한 권력이다. 그렇다면 정치는 그 위임된 권한을 지킬 의무가 있다. 예를 들어 대한민국의 현행 〈헌법〉 제10조에는 "모든 국민은 인간으로서의 존엄과 가치를 가지며, 행복을 추구할 권리를 가진다. 국가는 개인이 가지는 불가침의 기본적 인권을 확인하고 이를 보장할 의무를 진다."라는 조항이 있다.

이를 역으로 해석하면, 만약 전쟁상태와 같이 국가가 국민의 기본적 인권을 보장하지 못한다면 국가의 기능은 정지된 것이다.[15] 국가가 다수 국민의 존엄과 행복을 지킨다고 소수를 전쟁터로 내몬다면, 그 소수의 기본권을 파괴하는 권한은 어디에서 나오는 것인가.[16] 국가가 전쟁을 선포하거나 수동적으로라도 참전하게 된다면, 그것을 막아야 될 의무를 부여한 책임으로부터 자유롭지 못하게 된다.

여기에 종교 개입 여부의 판단이 요구된다. 종교는 인간의 한계상황에 대한 내적 반성으로부터 나왔다고 할 수 있다. 물론 인간 존재의 근원에 대한 성찰 또한 겹쳐진다. 인간의 안전과 평화에 대한 희망은 국가의 기원보다도 더 오랜 것이라고 볼 수 있다. 평화와 안녕에 대한 국가의 기능이 정지되어 갈 때, 이러한 기능을 정서적 또는 현실 참여적 측면에서 제공하고 있는 종교는 과연 어떠한 자세를 취할 것인가.

여기에는 재론의 여지가 없다. 종교 또한 탄생과 죽음이 있는 사회생물학적인 존재인 이상 국가의 기능에 대해 비판과 조언을 할 의무가 있다. 소태

---

15 죽은 뱀은 건드리면 죽기 직전의 방어본능에 따라 독을 발사한다. 국가가 전쟁에 참여하는 것은 국가의 기능이 마비되기 직전 기획해 놓은 전쟁 매뉴얼에 따른 것이다.
16 헌법 제10조 ②항의 국회의 선전포고에 대한 권한과 제77조 대통령의 계엄선포권은 국가권력의 대표적인 사항을 보여준다. 그렇지만 국민의 기본권을 지킨다는 한에서 이 조항이 유의미한 것이지, 그것에 의해 개인의 기본권이 파괴되었을 때는 헌법 20조와 대치된다는 점을 알 수 있다.

산이 언급하는 정교동심(政敎同心)은 이 점을 의미한다.[17] 정치와 종교는 같은 목표를 향한 다른 길인 것이다. 국가의 기능을 대체할 수는 없다고 하더라도 국가의 향방을 미리 제어할 수는 있다.[18] 모든 위기 상황을 국가에 맡긴다고 하는 것은 권력의 속성상 위험한 일일 수도 있다. 사드 문제가 보여준 것처럼, 권력은 위임된 순간부터 통제로부터 벗어날 수도 있다.[19] 정교동심은 선언적인 언명만으로는 한계가 있다. 사드 배치 문제에 대응하는 입장과 태도는 원불교가 정교동심을 현실적으로 어떻게 추동할 것인지 고민하게 하며, 한편으로는 원불교가 제시한 이 개념이 국가에 대해 새로운 관계 확장[20]의 계기가 될 수 있을 것이다.

III. 사회적 시민종교로서의 원불교

원불교는 서양에서 시민종교에 대한 논의가 한창 일어나고 있는 와중에 탄생되었다. 시민종교에 대한 논의는 프랑스 제3공화정에서 1905년 정교분

---

17 소태산은 종교는 자모, 정치는 엄부로 비유하여 정교동심(政敎同心)을 설하고 있다. "종교와 정치는 한 가정에 자모(慈母)와 엄부(嚴父)같나니 종교는 도덕에 근원하여 사람의 마음을 가르쳐 죄를 짓기 전에 미리 방지하고 복을 짓게 하는 법이요, 정치는 법률에 근원하여 일의 결과를 보아서 상과 벌을 베푸는 법"(『대종경』 제2교의품 36장)이라고 한다.
18 일본의 후쿠시마 원전의 경우, 국가의 위기관리 능력의 한계를 가져온 것을 보여준다. 일본의 종교계는 현재 이 점을 원점에서 다각도로 고민하고 있다.
19 이미 사드 장비 배치를 주도한 박근혜 정권은 권력을 사유화한 것에 대한 도덕적, 법적 심판을 받고 있다. 그 권력이 부정되는 순간, 이미 저질러진 이 사드 장비 배치 또한 도덕적으로 정당성을 가질 수 없는 상황이다.
20 필자는 원불교야말로 현대불교인 동시에 삶의 현장에서 불법을 실천하는 재가 중심의 불교라고 판단한다(「소태산 박중빈의 재가주의 불교운동과 민족주의」, 『한민족문화연구』 23집, 2007).

리법이 제정되고, 종교와의 분리를 통해 종교의 새로운 역할을 모색하기 위해 전개된 근대국가로서의 노력과도 중첩된다. 근대사회는 정치, 사회, 문화의 뿌리인 종교 지배로부터 벗어나면서 확립되기 시작한다. 따라서 근대국가에서는 또한 공백이 된 종교의 역할을 어떻게 채워 나갈 것인가 하는 점이 대두된 것이다.

루소의 시민종교, 뒤르켐의 기능주의적 종교, 벨라의 공민종교라는 견해[21]에 따르면 시민종교는 자신의 신성한 영역을 사회에 개방하는 종교다. 사회의 통합과 영성의 사회적 공유, 모든 사회활동에 동기를 부여하는 동시에 모든 존재의 근거를 합리적으로 제시할 수 있는 종교이다. 근대종교인 원불교와 관련지어 이야기하자면, 원불교 입장에서는 일원상(一圓相)의 진리와 사은사요(四恩四要)[22]의 교리가 보편화되는 것이다.

원불교의 종교적 성격에 대해 필자는 이미 참여불교(Engaged Buddhism)라고 밝혔다.[23] 이는 불교의 역사에서는 시기상응(時機相應)으로 표현되어 왔다. 이 양자는 본질적으로 같은 의미이다. 원불교는 불법의 시대화, 생활화, 대중화를 표방한 교단이다. 참여불교야말로 시민종교를 의미한다. 그리고 시민종교의 원불교적 근거는 엄밀히 말해 앞에서 말한 사은사요에 있다. 원불교의 사회 참여적 성격은 교화·교육·복지를 교단 방향의 3요소로 제정한 것, 사은을 사회평화의 원리라고 하는 점, 사요가 세계의 불평등 요소를 개선하고 개혁하고자 하는 사회적 교리라는 점에서 이미 참여종교로서의

---

21 원영상, 「원불교의 종교성과 공공성」, 『佛敎學報』 79집, 2017. 참조할 것.
22 일원상의 진리적 속성은 법신불이며, 사은은 진리적 세계의 현현(顯現)인 천지·부모·동포·법률의 은혜를 말한다. 사요는 평등사회 건설을 위한 교리로서 자력양성·지자본위·타자녀교육·공도자숭배를 말한다.
23 원영상, 「소태산 박중빈의 불교개혁사상에 나타난 구조고찰」, 『신종교연구』 30호, 2014.

교의는 확보되어 있다고 할 수 있다.

따라서 간략하게 원불교의 사회참여에 대해 필자 나름대로 정의하면, 첫째, 개인적인 신앙과 수행의 영역을 넘어 사회를 향해 적극적으로 종교적 교의를 실천하되, 현실에 맞게 해석하여 적용해 나가는 것을 말한다. 둘째, 사회 참여에 있어 사회적 갈등과 모순적인 요소를 파악, 제거하기 위한 사회교의의 확립과 이에 걸맞는 참여의 노력을 기울이는 것이다. 셋째, 복지나교육도 종교의 사회참여라고 할 수 있지만, 이를 넘어 사회적 정의와 평화, 인권과 생명을 위한 적극적인 종교 활동까지를 포함한다.

종교는 사회와 동떨어져 존재하지 않는다. 부르디외는 현대사회를 움직이는 자본을 경제자본, 문화자본, 사회자본, 상징자본으로 구분한다.[24] 종교는 이 모든 분야에 속해 있다. 종교 경제, 종교 문화는 신자들의 네트워크, 상징자본은 신념과 태도의 정당화를 말한다.[25] 이처럼 자본으로서의 종교조차도 그 자체로서 사회적 산물이다. 사회를 떠나서는 존재할 수 없는 것이다. 이처럼 자명한 사실을 원불교는 교의적으로 상대화시켰다. 사은과 사요는 종교가 전체 시민에게 갈등보다는 화해를, 분열보다는 통합을, 시기와 질투보다는 이해와 자비를 주는 교의이다. 이 교의는 또한 시민의 합리적 성찰을 가능하게 한다. 예를 들어 불상에 대한 불공보다도 자신의 성품인 불심(佛心)이 곧 일원상의 진리라고 소태산이 선언한 차원에서 볼 때, 원불교의 진리관이 중생 제도를 위해 보다 현실화된 것을 알 수 있다. 따라서 이를 발판으로 시민종교로서의 사회교의를 더욱 구체화할 필요가 있다.

---

24 김선필의 앞의 논문, 42쪽. 김선필이 인용한 부분: 부르디외, 피에르(Bourdieu, Pierre)·이충한과 김선미 역, "제2장 자본의 형태(The Forms of Capital)", 『사회자본-이론과 쟁점』, 서울: 그린, 2007, 63-65쪽.
25 김선필, 같은 글.

시민종교와 관련하여 참고할 수 있는 개념으로는 공공종교라는 개념이 있다. 공공종교는 최근 한일 간에 확산되고 있는 공공철학에 기반한 논의이다. 공공철학을 하나의 학문적 장으로 이끈 사람은 김태창이다.[26] 그는 공공철학을 세 가지 차원의 상호운동이라고 보고, 다음과 같이 언급하였다. 첫째, 우선 시민의 입장에서 생각하고, 판단하며, 행동하고 책임지는 철학이다. 둘째, 전문가의 철학으로 공공성의 개념 형성, 역사발전 및 현상을 구체적으로 분석한다. 셋째, 공공(하는)철학으로 공(公)·사(私)·공공(公共)의 자기·타인·세계를 상호 운동하는 관계로 파악한다.[27] 그리고 그는 공과 사의 관계를 활사개공(活私開公)과 공사공매(公私共媒)로 정의한다.[28]

다소 사회철학적 요소가 개입되어 있지만, 역사적 현실을 통해 조명해 보면 이 철학이 주장하는 것은 자명하다. 한마디로 역사 속에서 개별화되거나 분리되었던 공과 사가 조화를 이루며, 이를 통해 시민사회의 발전을 추동하자는 것이다.

그렇다면 원불교는 공공종교 또는 공공철학과 어떤 관계가 있을까. 원불교는 공공종교로서의 철학성을 지니고 있다고 할 수 있다. 원불교의 교의는 열려 있다. 앞에서 김태창이 언급했듯이, 공공종교는 사회와 민중 속에서 활사개공, 즉 개인의 존엄성을 지키며, 함께 공공의 가치 확보에 참여하

---

26 김태창(金泰昌)이 주도한 공공철학은 공공철학 시리즈(東京: 東京大学出版会, 2001-2006) 전 20권에서 다양한 영역에 걸쳐 이 문제를 다루고 있다. 한국에서 출판된 책으로는 『공공철학(公共哲學)이야기』(김태창 구술·야규마코토 기록·정지욱 옮김, 서울: 모시는사람들, 2012), 『공공철학(公共哲學) 대화』(김태창 구술·이케모토 케이코 기록·조성환 옮김, 서울: 모시는사람들, 2017) 등이 있다.
27 김태창, 「공공철학이란 무엇인가?」, 『철학과 현실』, 서울: 철학문화연구소, 2007, 82-83쪽.
28 같은 글, 83쪽. 활사개공은 매몰된 사를 살리고 공을 열어 조화를 꾀하는 것이며, 공사공매 또한 같은 맥락에서 공과 사가 함께 매개되는 공공성을 지향하는 것이다.

는 종교를 말한다. 종래와 같이 존중받는 개인이 공에 지배를 받는 것이 아니라 개인이 부처로서 자각하여 모든 공공의 가치를 드러내는 것을 말한다. 원불교의 수행은 불의와 부조리를 없앤 위에 정의와 평화를 구축하는 것을 최종 목표로 하고 있다. 원불교의 입장에서는 일원상의 진리에 기반한 삼학(三學)과 무시선(無時禪)[29]의 진리가 편만한 세상이다. 또한 불의와 부조리를 현실에서 타파하는 종교이다.

삼학의 정신수양이 분별성을 타파하자는 것은 자(自)와 타(他)의 경계, 심과 물의 경계, 주관과 객관의 경계, 인종·민족·국가 및 지역·세계의 경계가 무너져 이미 하나로 전개되고 있음을 인식론적으로 확인하는 것이다. 이 또한 김태창이 말하는 활사개공의 세계라고 할 수 있다. 국가 권력, 특히 일제강점기 일본에 의해 오용된 멸사봉공이란 용어는 국가에 개인의 사(私)가 희생됨으로써 그 말의 본질은 무시되고, 공공철학에 반하는 역사적 용어가 되었다.

원불교에서 말하는 무아봉공(無我奉公)은 소아가 아니라 대아의 개념이다. 이는 동양종교가 오랫동안 지녀온 덕목이다. 앞에서 언급한 삼학과 무시선은 현실의 삶에서 정의를 이 사회에서 실현하는 교의이다.[30] 원불교에서는 이제까지 이 교의를 탈역사적이고, 탈공간적인 개념으로만 이해했다. 그러나 종교가 역사와 민중의 현장에 있는 것처럼, 교의 또한 역사와 민중과 함께 존재한다.

---

29 『정전』 무시선법의 강령에서는 "육근(六根)이 무사(無事)하면 잡념을 제거하고 일심을 양성하며, 육근이 유사하면 불의를 제거하고 정의를 양성하라"고 한다.
30 여기에서 정의의 개념을 설명하는 것은 논외의 일이다. 물론 정의는 법적 정의, 종교적 정의, 정치적 정의, 기업의 정의 등 다양하게 설명할 수 있다. 그러나 그 정의가 종교적으로 절대적 진리 앞에서 선악을 판단하는 일이라면 모든 분야의 정의에도 기본적 맥락은 통한다고 할 수 있다.

초역사적인 교의는 구체적인 역사와 당대의 민중을 기반으로 할 때, 오히려 그 초월성을 담보하게 된다. 기독교의 성육신과 부활 또한 예수 그리스도의 인간적 역사를 통해 구현된 것이다. 그 역사에서 현장성이 망각될 때 종교는 관념화된다. 소태산이 역사의 질곡에서 일원상의 진리를 드러낸 것은 역사 위에 교단과 교의가 존재한다는 진리의 속성을 나타내고자 한 것이다. 원불교가 공공종교라는 것은 이처럼 시간과 공간 속에서 개인의 깨달음과 자비의 정신이 둘이 아님을 명확히 보여주는 것임을 알 수 있다.

IV. 전환기 원불교 교단 변혁의 과제

1. 관습으로부터의 탈출

1) 교의적 측면
앞에서 살펴본 것처럼 사드철폐운동은 오늘의 역사적 현실이 원불교의 종교적 정체성을 더욱 분명하게 요구하고 있다는 것을 보여주는 사례이다. 그리고 일단 원불교는 역사와 사회 앞에서 시민종교와 공공종교로서의 지향점을 가지고 있다는 사실을 확인했다. 여기서는 가톨릭의 공의회를 전범(典範)으로 삼아 원불교의 변혁과제에 대해 논의하고자 한다.

관습과 교의는 어떤 관계가 있는가. 이는 교의에 대한 이해와 해석에 관한 문제다. 교의의 이해는 핵심 경전인 『정전』에 대한 이해가 선행된다. 소태산의 친저인 『정전』[31]은 성불제중(成佛濟衆) 혹은 제생의세(濟生醫世)[32]를 위한 매뉴얼이며, 『대종경(大宗經)』[33]은 성불제중 혹은 제생의세를 구현한 교조의 행장이자 언행록이다. 『정전』이 제1의 텍스트라면, 『대종경』은 제2의 텍스트다.[34] 무슨 차이가 있는가.

전통적인 동양종교의 입장에서 본다면, 설교는 『정전』의 매뉴얼을 설명하고, 『대종경』의 주인공인 소태산이 세계를 해석하고 실천한 것을 소개하는 것이다. 그리고 그것을 이야기하는 자는 자신의 세계 이해를 대중에게 내놓아야 한다. 즉, 제2의 텍스트인 『대종경』은 자신의 언어가 아니다. 설교자 자신의 깨달음과 실천의 이야기가 나오지 않는다면 구두선(口頭禪)에 그칠 뿐이다. 중세의 가톨릭 성당에서는 하느님의 이야기를 전하는 설교사가 종교 의례를 주도했다. 그는 하느님을 대리하는 자의 자세로 임했다. 그러나 동양의 종교는 다르다. 그것은 자신의 이야기라야 한다. 그렇지 않으면 그것은 남의 이야기를 따옴표를 넣어 인용한 것에 불과하다.

따라서 제2의 소태산이 나오기 위한 원불교인들의 교의에 대한 부단한 연마가 필요하다. 다양한 제3의 텍스트가 양산되어야 하는 것이다. 교의를 활

---

31 텍스트 형성 과정을 보자면, 원래의 제목인 『불교정전(佛敎正典)』에서 1962년 새롭게 편정되었다. 그러나 본질에서는 크게 변함이 없다.
32 제생의세는 나를 먼저 건지고 세상을 치유한다는 의미로 성불제중과 같은 의미다.
33 소태산의 어록과 행장을 기록한 것이다.
34 정산은 "정전은 교리의 원강을 밝혀주신 원(元)의 경전이요 대종경은 그 교리로 만법을 두루 통달케 하여주신 통(通)의 경전이라. 이 양대 경전이 우리 회상 만대의 본경(本經)이니라"(『정산종사법어』제6경의편 6장)라고 설한다. 또한 종법사를 역임한 대산 김대거는 "정산 종사께서는 '정전'은 근원을 밝힌 원경(元經)이요, '대종경'은 두루 통달한 통경(通經)이라 하셨나니, '정전'과 '대종경'은 복과 혜를 구하고 성불제중 제생의세하는 가장 바르고 빠른 길을 밝혀 주신 큰 경전이니라"(『대산법어』제2교리편 1장)라고 설한다. 이 두 경전은 각각 원론과 실천론인 것이다. 소태산은 자신의 깨달음과 제도(濟度)의 일생을 통해 그 원칙을 『정전』으로 남겼다. 사실 제1텍스트는 진리 그 자체로 보아야 한다. 여기서는 실체적 교단종교의 관점에서 보고자 한다.

용해 보고, 자신의 결실을 보아야 한다. 교의에 대한 절대적 신뢰는 온전히 자신에게 확신이 되고, 자신만의 제3의 경전[35]을 확립할 수 있을 때 완전해지는 것이다. 그렇지 않다면 깨달음을 중시하는 동양종교의 전통을 잘못 이해하고 있는 것이다. 따라서 소태산이 언급한 불법의 의미와 중요성[36]을 깊이 인식해야 한다.

전쟁무기는 갈등으로 점철된 문명의 산물이다. 그리고 사드는 이 양상을 더욱 복잡하게 만든다. 이 문제에 대처하는 것은 제3 텍스트의 주체가 판단해야 한다. 제1, 제2의 텍스트에는 구체적인 해답이 없다. 따라서 개인의 수행에 의한 제3의 텍스트와 더불어 그중간 단계인 교의의 새로운 해석적 지침이 요구된다. 그것은 가톨릭의 제2차 공의회와 관련지어 볼 때 명확해진다.

교황 요한 23세에 의해 단행된 제2차 바티칸공의회(Concilium Vaticanum II, 1962-1965)는 교회의 쇄신이라는 점과 더불어 교의 해석의 새로운 지평을 여는 작업이기도 했다. 이미 마르틴 루터를 중심으로 16-17세기에 걸쳐 일어났던 종교개혁은 가톨릭의 성직주의와 율법주의를 비판하며, 말씀, 은총, 믿음에 대한 참된 구원을 설파했다. 이에 대한 대응으로 트렌토공의회(Concilium Tridentinum, 1545-1563)를 열어 교황을 중심으로 하는 교계제도를 새롭게 규정했다. 그리고 이를 계승해 오는 중 400백 년이 지나 가톨릭의 현대화를 위한 개혁에 착수한 것이다.

김선필은 휘너만의 견해[37]인 "안을 향한 교회"와 "밖을 향한 교회"에 초점

---

35 구성원 각자의 경전을 말한다. 그것이 사회적으로 공인되고 확산될 때, 개오(開悟)종교의 진정한 교화라고 할 수 있다.

36 왜 원불교의 사상적 기반인 불법의 집합체로서 대장경이 시대를 따라 편찬되었으며, 현대에도 새로운 경전이 입장(入藏)되고 있는지 생각해 보아야 한다.

37 Peter Hunermann, 『제2차 바티칸공의회 문헌 신학 주석1 교회에 관한 교의 헌장 『인류의 빛』, 신정훈 역, 서울: 가톨릭대학교출판부, 2015, 104쪽.

을 맞추어 제2차 바티칸공의회가 '쇄신'과 '현대화'를 추진했다고 한다. 그리고 "안을 향한 교회"에 초점을 맞춘 "교회에 관한 교의 헌장 인류의 빛"과 "밖을 향한 교회"에 초점을 맞춘 "현대세계에 관한 사목헌장 기쁨과 희망"을 통해 드러났다고 한다.[38] 이를 각각 교회헌장과 사목헌장으로 부른다.

후자의 사목헌장은 공의회는 교회가 자신의 기득권을 유지하기 위해 세속적인 일에 참여하는 것이 아니라, 인류가 처한 중대한 문제들을 함께 해결해 나가기 위해 (예를 들어, 인간의 존엄성(12항), 공동선(26항) 등의 보편적인 가치를 실현하기 위해) 세상에 참여해야 한다고 지적한다.

공의회의 내용은 원불교 교단에 시사하는 바가 많다. 하나는 안을 향한 개혁이며, 또 하나는 밖을 향한 개혁이다. 전자는 제3의 텍스트를 향한 원불교 내부의 혁신이며, 후자는 원불교 교의가 밖을 향해 해석되어야 한다는 점이다. 후자는 소위 사회교의이다. 삼학팔조·사은사요가 사회교의가 아닌가 하고 이해할 수도 있다. 물론 이 교의는 시민종교와 공공종교로서의 원불교의 위상을 잘 보여주고 있다. 그렇다면, 예를 들어 전쟁, 핵무기, 남북통일, 양심적 병역거부, 원전 철폐, 한반도의 평화, 환경 변화, 낙태, 공동체의 파괴, 인종 증오, 소수자의 권리, 생명공학, 존엄사, 생명윤리, 보편윤리, 기업윤리, 인공지능로봇(AI), 자유와 정의, 국가의 부도덕, 불평등과 불공정, 편견과 차별, 삶의 질 등 이루 헤아릴 수 없는 다양한 사회문제에 원불교의 교의는 평화와 관련한가.

특히 전쟁과 관련한 시급한 문제야말로 어떻게 대응할 것인지 사회교의를 통해 제시해야 할 것이다. 한국사회와 같은 양상의 보수와 진보 진영이 사드 문제를 놓고 교단 안에서 분열된다고 하더라도, 사회적 교의는 어떤 원

---

38 김선필, 앞의 글.

칙의 지침을 가지고 있어야 한다. 가톨릭의 사목헌장은 이 점에서 사회교화의 지침이라고 할 수 있다. 교의는 새롭게 해석되고, 해석될 수 있어야 한다. 수위단회와 종법사, 교단의 교무행정은 다양한 형태의 준교의를 양산할 수 있다. 교단 구성원들에게 제1, 제2의 텍스트에 기반한 제3의 텍스트를 스스로 생산할 수 있도록 해야 한다. 향후 개발될 사회교의는 원불교가 참여불교로서 현대문제에 대응하는 교화 및 교화자의 지남침이 될 수 있다.

2) 제도적 측면

원불교는 이제 막 제도 정착기에 진입했다는 것이 일반의 평가다. 초기 교단으로부터 계승된 인적 전승이 공화주의의 원칙 아래 법적인 규정과 절차에 의해 공개적이고도 대중적인 방식으로 전환된 것이다. 제도의 개혁은 형식인 동시에 내용을 감싸는 외곽이다. 그럼에도 제도적 형식이 중요한 것은 내용을 담는 그릇이기 때문이기도 하다. 그 그릇은 때로는 내용을 이끌어 내는 작용을 한다. 현대사회에서 민주적 제도는 대중의 의사를 합리적으로 수용하고 처리하는 기능을 한다. 특히 제도를 제도이게 하는 법은 보이지 않는 그물망을 형성하여 사회 구성원들의 삶을 의미 있고, 가치 있으며, 보다 나은 공동체로 이끌어 주고 영위하게 하는 기반이 된다.

이러한 법에는 물론 진리가 우선된다. 『명심보감』천명편에서는 "오이씨를 심으면 오이를 얻고, 콩을 심으면 콩을 얻는다. 하늘의 그물이 성글어 보이나 새지 않는다"[39]고 한다. 인과의 진리를 벗어나지 못한다는 말이다. 이처럼 원불교가 중시하는 인과의 원리는 실정법을 근거 짓게 하는 법인 셈이다. 진리를 의미하는 법과 현실의 인간을 관계 맺게 하는 법, 전자는 Dharma

---

39 『明心寶鑑』天命篇, "種瓜得瓜, 種豆得豆, 天網恢恢, 疎而不漏."

이며, 후자는 Law이다.

중국에서 불교의 법(Dharma)을 왜 기존의 법가(法家)에서 말하는 법(Law)으로 번역했을까 하는 것이 필자에게는 의문이다. 생각해보면, Law를 기반으로 통치하는 국가와 Dharma를 기반으로 하는 불교교단과 일치시키기 위해서인 것은 아닐까 한다. 아무리 형이상학적인 진리를 주장한다고 하더라도 민중의 입장에서 당시 Law 중심의 국가적 차원을 고려하지 않으면 종교의 존립도 어려웠을 것이기 때문이다. 원불교 교단의 운영 또한 이 Dharma와 Law의 일치로부터 찾아야 한다.

Law는 법(法)의 파자(破字)가 보여주듯이 물이 흐르듯 하게 하는 것이다. 여기에는 두 가지 의미가 있다. 『도덕경』에서 말하는 "상선약수(上善若水, 가장 좋은 도는 물과 같다)"[40]와 같이 지극한 도, 즉 법은 물의 덕처럼 세상을 정화하고 바르게 하는 능력을 적극적으로 구현해야 한다는 점이다. 후자의 의미에서 미리 현실적 결론을 이야기하자면 다음과 같다.

원불교의 〈교헌〉은 1999년 제5차 개정을 마지막으로 머물러 있다. 이는 시대적인 변화에 따라 개정되어야 마땅하다. 당시에는 한국사회와 세계가 새 밀레니엄의 시대를 맞이하며 새로운 문명으로의 진입을 예상하고 있었으며, 이를 넘기면서 사회와 국가는 새로운 가치관을 형성하기 시작했다. 지금 또한 걷잡을 수 없는 변혁과 혁명을 요구하는 시대가 되었다.

〈교헌〉은 시민종교와 공공종교로서 이러한 시대적 요구를 담아야 한다. 그리고 그 근본은 교의에 의거해야 한다. 오래된 미래[41]라는 말이 상기하듯

---

40 "上善若水, 水善利萬物而不爭, 處衆人之所惡, 故幾於道."
41 '오래된 미래'는 Norberg-Hodge의 『오래된 미래: 라다크로부터 배우다』(서울: 중앙북스, 2012)에서 나온 사상이다.

Law는 Dharma를 반영하는 것이어야 한다. "진리적 종교와 사실적 도덕의 훈련"[42]이 뜻하는 것처럼 진리성, 합리성, 대중성, 사실성, 객관성, 불편부당성, 공의성, 민주성 등이 반영되어야 한다.

이 중 수위단(首位團, 원불교 최고결의기관) 개혁은 시급한 것이다. 필자는 이전에 원불교 수위단의 역할을 Dharma와 Law의 관점에서 연구했다.[43] 핵심은 법치교단(法治敎團)의 정립이다. 문제는 중앙교의회·교정원·감찰원과 수위단과의 관계가 분명하지 않다는 점이다. 현재는 너무나 고착화되어 있어 의식하기 어려우나, Dharma와 Law의 기능을 생각한다면, 수위단은 너무나 많은 기능을 보유하고 있다.

적어도 소태산과 그 제자들이 구상했던 교단의 과제를 구현하는 동시에 출가와 재가의 화합교단, 그리고 앞에서 언급한 교단 조직과의 합리적인 관계로써 세 기관은 Law를 수위단은 Dharma를 관장하는 기관으로 역할 분담이 되어야 한다고 본다.[44] 따라서 권한의 네 번째 "교리의 최종 해석에 관한 조항"이야말로 수위단에 합당한 핵심 기능이라고 판단한다. 예를 들어 앞의 교의적 측면에서 언급한 천주교의 교회헌장과 사목헌장과 같은 준교의를 제정하는 짊어진 역할을 맡아야 한다. 교단의 미래 방향을 교의 해석과 사회적 대응을 통해 제시해주는 것보다 더 큰 역할은 없을 것이다.

현재의 프란치스코 교황은 "제2차 바티칸공의회는 교회의 개혁을 예수 그리스도께 충실한 끊임없는 자기 쇄신에 열린 것으로 제시"한다고 강조하면서, 자신의 사목방침이 제2차 바티칸공의회에 근거한 교회 쇄신에 있으며,

---

42 『정전』, '개교의 동기'.
43 원영상, 「Dharma와 Law의 관점에서 본 법치교단(法治敎團)의 과제와 해결방안 연구」, 『원불교사상과 종교문화』 55집, 2013. 참조할 것.
44 원영상, 위의 논문 참조할 것.

교회 쇄신을 더는 미룰 수 없다는 입장을 밝혔다.[45] 바티칸이 개혁을 시급한 과제로 두고 있듯이 원불교 쇄신 또한 일차적으로는 교단의 쇄신을 통해 일어나야 한다. 이를 위해서는 먼저 그 근간인 교헌과 하위법의 비교법적, 비효율적, 비상식적인 사항들을 제거해야 한다. 이를 통해 교법의 새로운 해석에 자율성을 부여해야 하며, 이를 사회교화의 장에서 마음껏 펼치도록 해야 한다.

예를 들어, 원불교의 탈불교화는 교단의 분열을 재촉하고 있다. 혹자는 불법[46]의 의미를 잘못 이해하여 소태산이 새롭게 내놓은 것을 불법이라고 보아야 한다고 한다. 물론 이것도 포함되는 것은 당연하다. 하지만 "장차 회상(會上)을 열 때에도 불법으로 주체를 삼아 완전무결한 큰 회상을 이 세상에 건설하리라"[47]라고 소태산이 언명한 것을 정확히 인지할 필요가 있다. 불교를 개혁한 것이지 기존의 불법을 부정한 것이 아니라는 말이다.

이 외에도 수위단선거법, 수위단피선거 자격, 종법사 선출, 정녀지원서[48],

---

45 교황 프란치스코(Franciscus PP.)의 『복음의 기쁨(Evangelii Gaudium)』(한국천주교 주교회의, 2014)에서 '사목활동의 쇄신'은 25-26항, '더는 미룰 수 없는 교회 쇄신'은 27-33 항에 제시되어 있다.

46 『대종경』 제1서품 15장. "이제는 우리가 배울 바도 부처님의 도덕이요, 후진을 가르칠 바도 부처님의 도덕이니, 그대들은 먼저 이 불법의 대의를 연구해서 그 진리를 깨치는 데에 노력하라. 내가 진작 이 불법의 진리를 알았으나 그대들의 정도가 아직 그 진리 분석에 못 미치는 바가 있고, 또는 불교가 이 나라에서 여러 백년 동안 천대를 받아 온 끝이라 누구를 막론하고 불교의 명칭을 가진 데에는 존경하는 뜻이 적게 된지라 열리지 못한 인심에 시대의 존경을 받지 못할까 하여, 짐짓 법의 사정 진위를 물론하고 오직 인심의 정도를 따라 순서 없는 교화로 한갓 발심 신앙에만 주력하여 왔거니와, 이제 그 근본적 진리를 발견하고 참다운 공부를 성취하여 일체 중생의 혜·복(慧福) 두 길을 인도하기로 하면 이 불법으로 주체를 삼아야 할 것이며, 뿐만 아니라 불교는 장차 세계적 주교가 될 것이니라." 여기에서 불법은 전통적인 불법을 말하고 있다.

47 『대종경』 제1서품 2장.

48 최근 원불교는 정녀(貞女)의 결혼에 대한 금지를 초기교단의 정신으로 돌아가 해소하고 있다.

법위사정, 교단 기관의 재정 투명성, 예비교역자 교육과정, 교육평가, 교육심의위원회의 역할, 교구장협의회의 역할, 익산총부와 해외총부와의 관계, 해외의 새로운 교의 제정, 교구자치제, 해외법인의 관리, 상사(上師)제도[49] 등 많은 측면에서 교단은 비교의적인 요소를 제거하고, 사회역사적 종교로서 역할을 해야 한다.

3) 문화적 측면

『사목헌장』에서 천주교의 주교들은 "오로지 진리와 성덕 안에서" 신자들을 보살필 경우에만 그 권력을 행사해야 하며, "착한 목자"인 예수의 모범에 따라 신자들로부터 섬김을 받는 것이 아니라 섬겨야 하며, 그들을 위해 목숨을 바칠 수 있어야 한다. 따라서 "주교는 아랫사람들을 친자식처럼 사랑하고 자기와 함께 기꺼이 협력하도록 권고하며 그들의 말에 귀를 기울여야 한다"[50]고 한다.

위와 유사한 원불교의 '전무출신의 도'[51]는 법과 교단과 세계를 위한 출가자의 자세를 표현한 하나의 권장사항이다. 그러나 이 속에서 사회적 현상과 대중의 처지를 교화자로서 어떻게 판단하고 대할 것인가 하는 점은 잘 보이지 않는다. 예수 그리스도의 중생 구제의 활동이 그러했듯이 가톨릭의 사목은 가장 낮은 자에게로 향할 것을 권하는 것이 특징이다.

프란치스코 교황은 2013년 교황으로 선출된 후 아프리카 난민들이 있는

---

49 최고지도자인 종법사를 역임한 사람을 말한다. 옥상옥의 기관으로 변질될 우려가 있다고 본다.
50 『사목헌장』 27항.
51 대산 김대거 종사가 원불교 교역자인 전무출신에게 내린 12조목의 법문이다. 『대종사법어(大山宗師法語)』 제7 공심편 4장.

곳을 방문하였으며, 첫 교황축일 때는 로마의 노숙자들을 초대했다. 그리고 교황이 평신도의 발을 씻어주는 세족식을 역대 교황 중 처음으로 여성들뿐만이 아니라 재소자들과 이교도들을 찾아가 몸을 숙여 행했다. 2014년에는 방한하여 세월호 유가족들을 위로하고 장애인 요양시설과 꽃동네를 방문하며 한국사회의 가장 아픈 사람들의 마음을 어루만지고 위로했다.[52] 그는 국가와의 관계에 대해서도 다음과 같이 말했다.

> 어느 누구도 종교를 개인의 내밀한 영역으로 가두어야 한다고 우리에게 요구할 수 없습니다. 종교는 국가 사회생활에 어떠한 영향도 미치지 말라고, 국가 사회 제도의 안녕에 관심을 갖지 말라고, 국민들에게 영향을 미치는 사건들에 대하여 의견을 표명하지 말라고, 그 어느 누구도 우리에게 요구할 수 없습니다. (중략) 확실히 '정의가 모든 정치의 목적이며 고유한 판단 기준'이라면, 교회는 '정의를 위한 투쟁에서 비켜 서 있을 수 없으며 그래서도 안 됩니다.' 모든 그리스도인은, 또 사목자들은 더 나은 세계의 건설에 진력하라는 부르심을 받고 있습니다.[53]

그는 이처럼 참다운 신앙은 완전히 개인적일 수 없으며, 언제나 세상을 바꾸고 올바른 가치를 전달하여 지구를 좀더 나은 곳으로 물려주려는 간절한 열망에 있다고 한다. 중세의 국가와 종교의 역사에서 자유롭지 못한 가톨릭이지만 현 교황은 그러한 역사를 넘어 참된 종교인의 자세를 지구적 차원에

---

52 그의 이름 프란치스코는 아시시의 성 프란치스코에서 왔다. 청빈·겸손·소박함으로 알려진 수도원의 이념대로 종교·인종·국가·이념을 넘어 자비의 행을 펼치고 있다.
53 교황 프란치스코(Franciscus PP.), 『복음의 기쁨(Evangelii Gaudium)』, 서울: 한국천주교주교회의, 2014.

서 불러일으키고 있다.

원불교 교단은 2017년 현재 성주 성지에 전쟁 무기 사드가 불법적으로 들어옴으로써 고통을 받고 있다. 그리고 그 지역의 주민 수만 명이 사드로 인해 개인의 생업은 물론 미래에 추가로 예상되는 피해로 인해 근심 속에 보내고 있다. 또한 불법적인 상황에 항의하기 위해 국가에 대항하며, 시민사회에 호소하고 있다. 그럼에도 원불교 교단은 이 문제에 대한 입장을 국가에 분명하게 밝히고 있지 않다.

정의는 현 교황이 언급한 것처럼 가톨릭의 고유한 가치가 아니다. 모든 종교의 가치이다. 특히 원불교에서야말로 정의는 핵심 교의 중의 하나다. '솔성요론(率性要論)'의 13조 "정당한 일이거든 아무리 하기 싫어도 죽기로써 할 것이요", 14조 "부당한 일이거든 아무리 하고 싶어도 죽기로써 아니할 것이요"[54]라는 가르침은 각각 정의와 불의에 대한 것이다.

그렇다면 사드 그 자체도 그렇거니와 불법으로 배치된 상황에 대해 어떠한 양보도 없어야 하는 것이다. 이것은 어떤 타협도 용납할 수 없는 종교 그 자체의 생명이다. 자신의 성지에서 불법이 횡행하고 있는 상황에 대해 교법에 의거하여 항의하고 저항하는 것은 당연한 일이다. 또한 국민의 기본권과 종교의 자유 권리는 헌법이 보장하는 사항이다.

종교의 권위는 자신의 교법을 스스로 지키고 귀중하게 여길 때 확립되는 것이다. 교법의 가르침과 실천이 분화될 때, 종교의 생명력은 사라진다. 소태산이 인고의 노력 끝에 깨달음을 얻고, 사무여한의 정신으로 진리의 인증을 얻기 위한 필사의 기도를 통해 확립한 교법이 위기의 시기에 민주화된 국가에서조차도 그 가치가 부정되고 실현되지 못한다면 원불교의 사회적 존

---

54 『정전』 수행편.

재 의미는 그만큼 약화되어 가는 것이다. 종교의 모든 역사는 이것을 명백히 보여주고 있다.

이의 해결을 위해서는 출가가 중심이 된 원불교의 교단 운영을 원래의 교법 정신으로 되돌려야 한다. "미래의 불법은 재래와 같은 제도의 불법이 아니라 사·농·공·상을 여의지 아니하고, 또는 재가 출가를 막론하고 일반적으로 공부하는 불법이 될 것",[55] "우리는 재가와 출가에 대하여 주객의 차별이 없이 공부와 사업의 등위만 따를 것이며, 불제자의 계통에 있어서도 재가 출가의 차별이 없이 할 것이며, 수도하는 처소도 신자를 따라 어느 곳이든지 설치할 것이며, 경전도 그 정수를 가려서 일반 대중이 다 배울 수 있도록 쉬운 말로 편찬할 것이며, 출가 공부인의 의식 생활도 각자의 처지를 따라 직업을 갖게 할 것이며, 또는 결혼도 각자의 원에 맡길 것"[56]이라고 소태산이 설하고 있듯이, 출가와 재가의 차별은 없다. 삶의 양식에서조차 재가 출가의 차별은 없는 것이다. 근본적인 차별이 없음은 물론, 종법사와 수위단을 비롯한 교단의 모든 공직과 교당과 기관에서의 차별은 없다. 출가자의 직업과 결혼의 자유 또한 재가자와 차별이 없다. 이것은 원융한 불법에서 나온 것이다. 소태산은 불법을 부정한 것이 아니라 과거의 불합리한 차별 제도를 부정한 것이다.

원불교 교역자의 다양성과 개성적인 교화의 권리 인정, 고통 받는 인간에 대한 무한한 자비의 실현과 목숨을 바꾸고자 하는 교화적 헌신, 인간을 비롯한 전 생명의 구원에 이르는 법신불(法身佛)[57]의 자비 구현, 모든 중생의 피난

---

55 『대종경』 제1서품 15장.
56 『대종경』 제1서품 18장.
57 소태산이 깨달음을 얻은 것으로 원불교의 신앙의 대상과 수행의 표본이다.

처로서 언제나 열려 있는 교당과 교단, 사홍서원과 같이 무한히 배우며, 제도하고자 하는 열정적 교무관, 사회 모든 구성원을 부모와 자식처럼 대하는 사생일신의 교의 구현, 예술을 통한 법신불 진리의 현창 등 원불교 교법의 사회문화적 변혁은 교법에 대한 교단 구성원들의 믿음을 굳건히 하게 한다.

2. 원불교의 변혁과 결사

원불교 교단은 중요한 시기마다 사회적 실천을 향한 성명서 혹은 메시지를 발표했다. 먼저 1971년 원불교 개교 반백년 기념대회의 대회선언문 요지이다. "①우리는 삼동윤리로써 세계평화, 인류자유를 달성하는 데에 앞장선다. ②모든 인류는 빈부격차, 종족차별을 없애고 강대국간 군비 경쟁을 종식시키며, 현대문명의 공해를 방지하여 인류평화를 추구한다. ③국력의 자주적 배양을 발판하여 선의의 경쟁으로 조국통일을 평화적으로 달성하고 민족의 슬기와 참됨을 바탕하여 세계적 정신운동을 우리가 이 땅위에서 달성한다. ④종교연합기구를 통하여 종교적 공동과제를 토의하고 종교를 생활화할 것을 결의한다."[58]는 네 가지 항으로 시민종교와 공공종교로서 나아갈 것을 세계에 다짐한 것이라고 할 수 있다. 삼동윤리와 세계평화, 평등세계, 정신운동, 종교연합운동을 통한 종교의 생활화는 원불교가 보편종교로로 가는 길을 명시한 것이다.

또한 1991년 소태산 대종사 탄생백주년 기념대회의 선언문에서는 "①우리는 인류의 정신을 개벽하고 지상에 광대 무량한 낙원 세계를 건설한다. ②모든 종교, 사상, 만 생령을 하나로 보고 하나의 세계 건설의 역군이 된다.

---

58 『원불교교사』 제3편 성업의 결실, 6. 개교 반백년 기념 대회.

③삼학사은으로 활불이 되고 상극을 상생으로 돌려 온누리에 자유 은혜가 충만하게 한다. ④병진조화사상으로 영육쌍전, 과학 도학으로 참 문명세계를 건설한다. ⑤정교동심(政敎同心)과 종교연합(UR)운동으로 평화통일, 세계 평화에 기여한다"고 하였다. 낙원세계, 일원주의, 삼학과 사은, 영육쌍전, 종교동심과 종교연합운동 등 교의의 핵심을 망라하고 있다.

마지막으로 2016년 원불교 백년 기념대회의 정신개벽 서울선언문의 일부다. "오늘날 인류사회는 국가와 인종, 종교와 사상에 따른 독선과 오만, 욕심과 갈등으로 인한 전쟁과 테러, 질병과 기아, 환경파괴와 인간의 존엄을 잃어가는 시대에 직면해 있다. 이에 우리는 원불교 2세기를 힘차게 열며 '열린 마음으로 세상과 소통하는 밝은 지혜', '하나의 마음으로 생명을 존중하는 바른 실행'을 정신개벽의 방향으로 규정하고 온 인류와 함께 정신개벽 실천운동을 다음과 같이 전개하고자 한다. 하나, 우리는 물질을 선용하고 환경을 존중하는 상생의 세계를 만들어간다. 하나, 우리는 마음공부와 적공으로 강약이 진화하는 평화의 세계를 만들어 간다. 하나, 우리는 서로 감사하고 보은하는 하나의 세계를 만들어 간다."

창교 이후 원불교가 인류와 함께해 온 백년의 역사를 더듬으며 지구의 문제를 고뇌하고 있다. 이의 해결 방안을 정신개벽으로 규정하고, 상생의 세계, 평화의 세계, 하나의 세계를 만들 것을 선언하고 있다. 이러한 선언들은 원불교가 시민종교이자 공공종교임을 여실히 드러내고 있다. 그렇다면 이러한 방향의 실천에 대해 원불교 교단 구성원은 준비가 되어 있을까.

이러한 선언문들을 내놓으며 그 시대 시대마다 교단 내에서 과연 어떤 구체적인 작업이 이루어졌던가, 하는 점에 의구심이 든다. 선언은 선언으로 끝나지 않고, 사회의 현실에 대한 교의의 적용과 실천적 자세로 나타나야 하기 때문이다.

이러한 점에서 제2차 바티칸공의회는 하나의 비교 사례가 된다. 김선필은 앞의 논문에서 다음과 같이 정리했다. 즉 제2차 공의회는 16세기 트렌토공의회 이후 강조된 수직적 교계 제도의 압박으로부터 벗어나, 평신도·수도자·성직자들이 모두 '하느님 백성'이라는 점을 분명하게 제시함으로써 교회가 보다 협력적인 관계로 변화되어야 한다는 사실을 강조하였다(교회헌장). 같은 맥락에서 저평가되어 오던 평신도의 역할에 주목하였다(평신도교령). 또한 교회가 세상 속에 존재한다는 점을 인정함으로써 인류의 평화와 행복 증진을 위해 교회가 적극적인 역할을 해야 한다는 점을 밝혔다(사목헌장). 나아가 분열된 그리스도교 공동체들을 '갈라진 형제'라고 부르면서, 교회 일치를 위한 대화 의지를 명시했고(일치교령), 다른 종교들 안에 존재하는 옳고 거룩한 것은 아무것도 배척하지 않는다는 입장을 표명함으로써 그들과 대화하고 협력할 것임을 밝혔다(비그리스도교선언). 괄호 안에 든 교회헌장, 평신도교령, 사목헌장, 일치교령, 비그리스도교선언이 공의회의 핵심 주제임을 알 수 있다. 이 모든 것이 공의회의 과정에서 생산된 것이다.

2011-2017년까지 6년 동안 조계종은 '자성과 쇄신 결사'를 결행하면서, 지침서 전문에 수행결사·문화결사·생명결사·나눔결사·평화결사의 5대 결사를 싣고, 모든 영역에 걸쳐서 이를 실행하기 위한 조목을 구체화했다. 전문 아래에 실천규약, 사찰과 사부대중이 실천할 수 있는 방안을 구성했다.[59] 본부는 조계종 총무원 안에 두고 조계종 NGO 단체, 산하기관, 전국 사찰 등이 참여하도록 했다. 이 결사는 불교 특유의 내적인 정화와 자비의 실천으로 구성되어 있다. 그 결과는 여러 측면에서 분석되고 있다. 무엇보다

---

59 『자성(自省)과 쇄신(刷新)결사지침서: 본말사 배포용』, 서울: 대한불교조계종, 2011. 이하 지침서.

도 해방 이후 분열과 갈등으로 점철된 조계종이 구태를 벗어나 진정으로 자신의 모습을 돌아보며, 여러 분야의 쇄신과 더불어 결사를 통해 교단을 정비해 가고 있다는 점이 돋보인다.

지침서에는 다음과 같이 언급하였다. "그러나 지금은 고되고 힘들지라도 더 근본적인 해결을 모색해야 할 때입니다. 2년, 3년이면 완성할 불사(佛事)를 10년이 걸리더라도 오로지 우리의 힘으로 이루어내야 합니다. 이 과정에서 우리는 혹 우리 내부에 남아 있을지 모르는 권력과 외부를 향한 의존을 과감히 없애야 합니다. 자주권을 볼모로 순간의 편안함에 길들여져 있던 우리의 몸과 마음을 깨끗이 정화해 내야 합니다. 그리고 사부대중 공동체의 가치, 신도들과 불자들의 소중함을 다시 가슴속에 간직해야 합니다. 국민들의 감동과 관심을 바탕으로 다시 한국불교의 미래를 만들어 가야 합니다."[60]

여기에서는 종교로서의 독립성과 주체성을 확보하고자 하는 의지가 엿보인다. 또한 자신과 교단의 정화를 통해 미래불교를 전개하고자 하는 전략이 보인다. 그런데 김호성은 이러한 교단 중심의 결사를 비판하며, 다음과 같이 언급한다.

> 결사는 (중략) 불교교단의 문제 상황을 극복하기 위한 노력의 하나로써 직접 그 상황 속에 참여하여 개혁하고자 하는 대신, 그 상황으로부터 피은(避隱)하여 먼저 수행함으로써 장차 그러한 상황을 극복하고자 하는 일을

---

60 위의 책, 26쪽. "일제강점기를 거치면서 한국불교의 자존심은 짓밟히기 시작했고, 미군정(美軍政) 속에서의 종교환경 변화, 이어진 군사정권 하에서의 자주성 훼손 등을 겪으며 우리 사회의 혼란스러운 근현대사가 그대로 투영되는 아픔을 겪어야 했습니다. 이러한 시기를 거치면서 한국불교는 생존 자체가 절박한 현실에 놓여졌고, 이는 불교계가 한국 사회 전체를 올바로 보지 못하고 올곧게 국민들을 보듬지 못하는 한계를 갖게 되는 결과를 낳았습니다." 조계종은 이처럼 과거를 참회하고 있다.

말한다. 그것은 권력이나 정치를 벗어나고자 하는 것이므로, 종단의 제도나 조직을 활용하지 않는 순수민간, 재야(在野) 차원이어야 한다. 또 탈(脫)권력 내지 탈정치를 지향하므로 반드시 2인 이상의 모임이 아니어도 무방하다.[61]

결사를 교단 차원에서보다는 탈정치, 탈권력의 차원에서 추진하는 일상의 결사로 주장하고 있는 것이다. 이러한 견해는 계시종교(啓示宗敎)인 가톨릭과는 다른 개오종교(開悟宗敎)로서의 특성을 보여준다. 원불교의 경우에는 후자에 가깝다고 할 수 있다. 이들 가톨릭과 조계종의 혁신의 과정을 살펴보면, 현대사회의 문제에 대응하여 먼저 자신을 혁신하고자 하는 몸부림임을 알 수 있다. 그렇다면 원불교의 입장에서는 어떠한 결사가 이루어져야 할 것인가.

첫째는, 초기교단의 결사정신 회복이다. 핵심은 이미 언급했지만 사무여한(死無餘恨, 중생구제를 위해서는 죽어도 여한이 없다는 정신)의 법인정신을 회복하는 것이다. 성주성지 사드철폐운동의 모토는 '사무여한'이다. 종교는 종교 고유의 정신으로 나아가야 한다. 결사는 이러한 원불교 고유의 종교 정신을 견지해야 한다. 창립정신은 원불교인들에게는 끊임없는 영감과 동력을 주는 원천수이며, 회광반조(廻光返照)의 근원이 된다.

불교의 정법·상법·말법의 삼시관은 이 점을 잘 보여준다. 정법은 말씀과 수행과 깨달음이 있는 시기를 말한다. 경전에서는 주로 500년이나 1000년을 잡고 있다. 상법(像法)은 말씀과 수행만이 있다. 이 또한 같은 시간을 가지고 있다. 말법은 오직 언어만 남은 시대를 말한다. 성현이 떠난 지 오래된

61 김호성, 「결사의 정의에 대한 재검토」, 『普照思想』31호, 2009, 220쪽.

것이다. 조사들은 이를 극복하기 위해 오히려 불법의 정신에 충실했다. 아무리 법멸의 시대라도 불법은 소멸되지 않는다는 것을 몸소 보여준 것이다.

원불교에서도 "옛날 영산회상이 열린 후 정법과 상법을 지내고 계법 시대에 들어와서 바른 도가 행하지 못하고 삿된 법이 세상에 편만하며 정신이 세력을 잃고 물질이 천하를 지배하여 생령의 고해가 날로 증심하였나니, 이것이 곧 구주이신 대종사께서 다시 이 세상에 출현하시게 된 기연이다"[62]라고 정산은 소태산의 비문에서 언급하였다. 원불교 결사는 곧 정법의 회복을 위한 것이며, 법을 법답게 제자리로 돌려놓는 일이다. 나아가 소태산과 초기 불법연구회가 내건 불일증휘 법륜상전(佛日增輝 法輪常轉)의 이상을 회복하는 것이다.

둘째는 권력으로부터 자유로운 교단의 확립이다. 그것은 안의 권력과 밖의 권력을 말한다. 이는 구성원 각자의 종교적 주체성의 확립을 위한 것이다. 이미 앞에서도 언급한 것처럼 16-17세기 마르틴 루터가 주도한 종교개혁은 교회권력의 세속화에 대한 비판으로부터 시작되었다. 루터가 안의 권력을 해체하기 위해 '만인사제설'을 주장했듯이 안의 권력으로부터의 자유의 확보는 곧 밖의 권력의 자유와도 통한다.[63] 권위주의가 해체되어 가는 이 시대, 원불교 또한 교단 안팎에서 탈권력을 화두로 삼아야 할 시점에 와 있다. 내부적으로는 불합리한 권위적 권력을 해체하고, 소통으로 결집된 대중

---

62 『정산종사법어』 제1기연편 17장.
63 김선필, 앞의 논문, 19쪽. 김선필은 박사논문에서 가톨릭의 구조를 성직자-평신도, 교황청-한국천주교회의 지배구조, 한국천주교회-국가의 관계로 보고, 이들을 분석하고 있다. 그것을 ①성직자-평신도 관계에서는 배타적 성직자중심주의 지배구조가 형성되어 왔다. ②교황청-한국천주교회 관계에서는 강한 로마중심주의 지배구조가 형성되어 왔다. ③한국천주교회-국가 관계에서는 국가종속주의, 협력관계, 경쟁관계 등 다양한 형태의 지배구조(관계)가 형성되어 왔다는 가설을 설정, 증명하고 있다.

의 힘을 합리적 의사결정의 기본으로 삼는 작동 방식으로 전환시킬 필요가 있다. 나아가 다양한 의사결정 기관이 대중으로부터 감시받을 필요도 있다. 또한 위임된 권력은 대중으로부터 평가받아야 한다.

천주교는 바티칸 공의회의 정신을 계승, 1967년 한국가톨릭언론인협의회가 창립되어 교회의 감시와 비판 기능, 사회적 정의와 공정성의 감시, 그리고 복음의 사회화를 주장했다. 또한 1988년에는 천주교정의구현전국연합이 결성되었고, 교회쇄신과 사회복음화를 과제로 제시하며 교단 안팎의 쇄신을 요구하고 있다. 그리고 1993년에는 가톨릭청년신학동지회가 우리신학연구소로 재창립, 평신도 신학자를 양성하여 학문적 토론의 장은 물론 교회쇄신을 이끌고 있다. 최근에는 해방신학자 김문수가 주도하여 인터넷 신문 가톨릭프레스를 창간하여 '목소리 없는 목소리'로 어떤 조직도 하지 못하는 가톨릭 내부의 비판을 강하게 쏟아내고 있다. 여기에 팔로워는 무려 10만에 달한다. 이는 공의회의 정신이 아니었으면 불가능한 일이었을 것이다.

함세웅 신부는 1990년에 "교회 쇄신 위한 근원적 성찰-교회 내의 민주화를 지향하며"에서 교회의 민주화를 방해하는 것에 대한 현실 반성이라는 명목으로 교회법, 바티칸, 사제들의 정치적 태도, 교황대사, 교회 내 민주화와 주교 임기제 등을 교회 쇄신의 대상으로 제기했다.[64] 함 신부가 말하듯이 교회 쇄신은 내부의 반성에서부터 시작해야 한다. 원불교의 결사는 과거에 대한 반성과 성찰, 그리고 탈권위주의 또는 탈권력을 기반으로 시작해야 한다. 이렇게 될 때, 밖의 권력으로부터도 자유를 확보할 수 있다.

사목헌장 76항은 이 점을 명확히 보여준다. "교회는 국가권력이 부여하는

---

64 함세웅, 「교회 쇄신을 위한 근원적 성찰-교회 내의 민주화를 지향하며」, 『사목』 132, 1990.

특권을 바라지 않는다. 더 나아가서, 어떤 정당한 기득권의 사용이 교회 증언의 진실성을 의심받게 한다든지 새로운 생활 조건이 다른 규범을 요구하게 될 때에서는 정당한 기득권의 행사도 포기할 것이다. 그러나 교회가 언제나 어디에서나 참된 자유를 가지고 신앙을 선포하고, 사회에 관한 교리를 가르치며, 사람들 가운데에서 가기 임무를 자유로이 수행하고, 인간의 기본권과 영혼들의 구원이 요구할 때에는 정치 질서에 관한 일에 대하여도 윤리적 판단을 내리는 것은 정당하다."[65] 원불교 또한 이러한 국가와 같은 외부의 권력으로부터 자유롭기 위해서는 자신의 성찰을 통해 내면의 불성을 확립하고, 이에 기반, 모든 교화의 권리를 자유롭게 구사하며, 교화와 상충하는 정치권력에 대해서조차도 비판의 목소리를 낼 수 있어야 한다.

셋째는 앞에서 언급한 원불교의 사회적 공약들을 실천하기 위해서이다. 이 공약들은 공적인 조직으로서 원불교의 신뢰를 구축하는 것이기도 하다. 그것의 핵심은 대승정신의 계승이다. 성불제중, 제생의세, 자비와 깨달음이다. 낙원평화의 세계 건설이 그 열매이다. 이를 위해 앞 장에서 밝힌 교의, 제도, 문화적 측면의 개혁을 이루어야 한다. 단기간에 이루어질 일이 아니고 일상의 결사를 통해서라야만 가능한 일이다.

소태산이 새로운 개혁불교, 실천불교, 현대불교, 현대종교를 수립한 것은 명백히 불교의 사회적 역할에 대한 한계를 파악한 것에서 출발한다. 그것은 종교의 사회적 역할이다. 그리고 개교의 동기, 병든 사회의 치료법, 세계 구제를 제1 실천의제로 놓은 출가위(出家位)와 대각여래위(大覺如來位)[66]의 자

---

65 강대인 역 · 한국천주교중앙협의회 편, 76항 "현대 세계의 교회에 관한 사목헌장 기쁨과 희망(Gaudium et Spes)"(사목헌장), 『제2차 바티칸공의회 문헌』, 한국천주교중앙협의회, 73-176쪽.
66 『정전』, 6등급의 법위 중 최종 단계인 5, 6번째에 해당한다.

격, 그리고 이를 이은 반백주년 기념대회, 소태산백주년 기념대회, 백주년 기념대회의 사회적 선언들은 일맥상통한다. 과거 종교의 비사회적, 반대중적, 몰시대적, 그리고 자기중심주의적인 상태를 타파하고자 하는 초기교단의 비판 정신과 상통한다. 특히 자본주의의 폐해와 국가주의의 한계를 교의에 근거하여 파악하고, 통렬히 비판하고 있다. 공화주의, 대세계주의, 일원주의라는 이념은 외곬에 갇힌 인간 문명의 한계를 돌파하고자 한 이념이다. 한 세기 동안 원불교는 이러한 종교운동을 줄기차게 해 온 것이다.

소태산이 태어나던 1891년 가톨릭의 교황 레오 13세는 자본주의를 비판하는「새로운 사태」를 발표했다. 이후 가톨릭의 사회교리가 형성되기 시작했다. 양의 동서를 떠나 원불교는 이러한 세계사적 움직임에 함께 연동되어 있다고 할 수 있다. 모든 종교의 교의를 통합 활용하라는 '교법의 총설[67]에 기반하여 이제 모든 문호를 개방해야 한다. 교단의 정체성을 새롭게 확립하고, 교화자인 전무출신의 이념과 교화현장인 교당의 정체성을 새롭게 가다듬고, 모든 출가 재가가 한 마음으로 '익명의 교도'를 향해 두 팔을 벌려 세계로 나아가는 교단이 되어야 한다. 모든 불의를 배척하고, 모든 정의를 실현하며, 모든 부조리와 모순을 고치며, 이 세계의 평화와 행복과 낙원을 비전으로 하는 새 교단을 확립해야 한다. 그것은 교단 구성원 모두가 참여하는 대결사를 향한 조건없는 결단을 통해서만 가능할 것이다.

67『정전』총서편. 모든 종교의 교의를 통합, 활용하도록 하고 있다.

V. 맺음말

이 글은 최근에 일어난 사드철폐운동에 대한 원불교의 평화적인 참여의 의미를 살펴보고, 이를 계기로 21세기 원불교의 교단적 방향을 논의하기 위한 시론적인 탐색이다. 사드는 이미 여러 전문가들이 언급하고 있듯이 미국의 본토 미사일방어정책(MD)에 따른 것이다. 따라서 한반도에 사드를 배치한다는 것은 미국의 세계적인 패권국가로서의 위상을 지키는 일에 동원되는 것 외에는 어떤 의미도 없다. 이러한 사드 문제를 통해 미국의 군사패권적인 의도 외에도 과학에 의한 물질문명의 한계, 국가권력의 문제점을 살펴볼 수 있다. 원불교의 출현은 지금의 사드 문제와 같이 현대문명의 모순을 지양하기 위한 종교운동으로 볼 할 수 있다.

본 논의에서는 원불교야말로 오늘날 현대 사회가 요구하는 시민종교와 공공종교라고 보았다. 전자는 앞에서 언급했듯이 신성한 자신의 영역을 사회에 개방하는 종교다. 원불교 교의의 지향성을 보건데 사회의 통합과 영성의 사회적 공유, 모든 사회활동의 동기를 부여하는 동시에 모든 존재의 근거를 합리적으로 제시할 수 있는 종교라고 할 수 있다. 원불교의 입장에서는 일원상의 진리와 삼학팔조·사은사요의 교리가 보편화되는 것이다.

공공종교 또한 사회와 민중 속에서 활사개공, 즉 개인의 존엄성이 확보되고, 함께 공공의 가치를 확립, 실천하는 종교를 말한다. 원불교야말로 종래와 같이 개인이 공의 지배를 받는 것이 아닌, 불성을 지닌 인격불(人格佛)의 대우를 받으며, 그들 모두가 공공의 가치를 드러내는 동시에 불의와 부조리를 현실에서 타파하고자 하는 종교이다.

이처럼 가르침이 확대 해석된 제2세기형 원불교를 새롭게 만들어 가기 위해서는 두 가지 점이 요구된다, 첫째 관습으로부터의 탈출이다. 먼저 교조의 가르침을 진정으로 펼쳐 왔는지 반성할 필요가 있다. 그동안 원불교는 개교의 동기, 반백주년 기념대회, 소태산백주년 기념대회, 그리고 원불교 백주년 기념대회 때의 결의를 외면한 감이 없지 않다. 이러한 선언이 제대로 실천되었다면 원불교가 한국과 세계 내에서 지도적인 위치를 발휘하는 결과를 얻었어야 함에도 그러지를 못하고 있는 것도 사실이다.

이를 반성하고, 교조 소태산의 가르침과 위와 같은 일련의 다짐을 구현하기 위해서는 원점에서 다시 교의, 제도, 문화적 측면에서의 정체성을 수립해야 한다. 지난 1세기 동안 내부에 쌓인 비교의적인 사항, 불합리하고 비합리적인 제도, 여전히 인습적이고 집단주의 · 권위주의적인 문화적 양태는 털어내야 마땅하다. 그리고 새로운 교의적 해석과 신선한 제도적 정비, 개방적이고도 대중적인 종교문화를 창출해야 한다.

이러한 교단 개혁을 위해 원불교 교단의 모든 대중이 참여하는 대결사를 개최할 것을 권한다. 이웃종교인 천주교 식으로 말하자면, 공의회를 개최해야 한다. 대총회, 대결집이라고 해도 좋다. 이름이 무엇이든 간에 교단의 적폐를 청산하고, 소태산이 역사의 질곡 속에서 불법연구회를 세운 것처럼 미래 지향의 교단을 확립하기 위한 대중의 지혜, 공의를 모아 실천해 가야 한다. 그리고 이를 지침으로 교단이 새롭게 운영되는 대전환의 계기로 삼아야 한다. 불안이 점증하는 지구촌의 미래를 희망으로 이끌어갈 원불교의 종교적 역할을 기대한다.

동학의 토착적 근대성과 생명평화사상 / 안효성

1. 원전
『東經大全』
『海月神師法說』

2. 단행본
김상준,『맹자의 땀, 성왕의 피』, 서울: 아카넷, 2011.
김용옥,『독기학설: 최한기의 삶과 생각』, 서울: 통나무, 1990.
_____,『도올심득 동경대전 1』, 서울: 통나무, 2004.
나종석,『대동민주 유학과 21세기 실학』, 서울: 도서출판 b, 2017.
박맹수,『생명의 눈으로 보는 동학』, 서울: 모시는사람들, 2015.
송호근,『인민의 탄생: 공론장의 구조 변동』, 서울: 민음사, 2011.
_____,『시민의 탄생: 조선의 근대와 공론장의 지각 변동』, 서울: 민음사, 2013.
오문환,『동학의 정치철학: 도덕, 생명, 권력』, 서울: 모시는사람들, 2003.
원광대학교 원불교사상연구원 편,『근대 한국 개벽종교를 공공하다』, 서울: 모시는사람들,
    2018.
조경달,『이단의 민중반란: 동학과 갑오농민전쟁 그리고 조선 민중의 내셔널리즘』, 박맹수
    역, 서울: 역사비평사, 2008.
조성환,『한국 근대의 탄생: 개화에서 개벽으로』, 서울: 모시는사람들, 2018.
황태연,『한국 근대화의 정치사상』, 서울: 청계, 2018.

3. 논문류
김상준,「동아시아 근대의 고유한 위상과 특징」,『사회와 이론』제26집, 2015.
윤사순,「동학의 유교적 성격」,『동학사상의 재조명』, 경산: 영남대학교 출판부, 1998.
이기상,「생명의 진리와 생명학: 지구 생명시대의 생명문화 공동체」,『해석학연구』제21집,
    2008.
조성환,「'개벽'으로 다시 읽는 한국 근대ㅡ「삼일독립선언서」에 나타난 개벽사상을 중심으
    로」,『종교교육학연구』제59권, 2019.

4. 기타
박길수,「개벽하는 마음: 개벽의 수양학을 준비하며」, 《개벽》83호, 2019년 4월.

《천도교회월보》제2호, 1910년 9월 15일.

최시형의 생태철학과 지구도덕: 동학에서의 철학의 창조와 도덕의 전환 / 조성환

1. 단행본 및 논문류
김용휘, 『최제우의 철학』, 서울: 이화여자대학출판부, 2011.
박맹수, 「전봉준의 평화사상」, 서보혁·이찬수 외, 『한국인의 평화사상(1)』, 서울: 인간사
　　랑, 2018.
이규성, 『최시형의 철학』, 서울: 이화여자대학출판부, 2012.
장일순, 「생태학의 관점에서 본 예수 탄생」, 『나락 한 알 속의 우주-무위당 장일순의 이야
　　기 모음』, 서울: 녹색평론사, 2017(초판 1997).
조성환, 「중국적 사상형태로서의 교敎」, 서경대학교 철학사상연구소, 『철학사상』 11-12집,
　　2007,
＿＿＿, 『한국 근대의 탄생』, 서울: 모시는사람들, 2018.
＿＿＿, 「원주 동학을 계승한 장일순의 생명사상」, 동학학회, 『강원도 원주 동학농민혁
　　명』, 서울: 모시는사람들, 2019.
＿＿＿, 「동학의 '기화' 사상」, 『농촌과 목회』 83호, 2019년 가을호.
＿＿＿, 「일제강점기 '자생적 근대' 교육사상 - 동학의 개벽사상과 생태영성을 중심으로」,
　　2019 한국교육철학학회 연차학술대회 발표문, 『일제강점기 저항과 계몽의 교육사상
　　가들』, 2019년 11월 16일 연세대학교.
＿＿＿, 「동학의 생태공화주의 - 최시형의 천지부모와 만물동포 사상을 중심으로」, 한중공
　　동학술대회 "동아시아 농촌발전과 사상이론 포럼"(东亚乡村发展与思想理论座谈
　　会) 발표문, 2019년 12월 15일 북경.
조성환·이병한, 『개벽파선언』, 서울: 모시는사람들, 2019.
D.H.로렌스(1885-1930) 저, 『로렌스의 묵시록』, 김명복 역, 서울: 나남출판, 1998

강증산의 신인조화 사상과 상생문명 / 허남진

1. 원전
『대순지침』, 여주: 대순진리회 출판부, 2012.
『대순진리회요람』, 여주: 대순진리회 교무부, 2010.
『대순전경』 초판, 서울: 동화교회도장, 1929.
『대순전경』 6판, 서울: 동도교중산교회 본부, 1969.
『전경』 13판, 여주: 대순진리회 출판부, 2010.
『조정산 전기』, 서울: 태극도출판부, 1992.

『증산천사공사기』, 경성: 상생사, 1926.

『진경』, 서울: 태극도출판부, 1989.

『태극도 안내서』, 부산: 태극도본부 교화부, 1966.

대순진리회 교무부, 『대순회보』.

태극도 월보사, 『태극도월보』.

2. 단행본 및 논문류

고남식, 「서세동점과 동아시아 사상의 대응논리-강증산의 신도사상을 중심으로」, 『아시아
　　　고대학』 49, 2018.

　　　, 「최수운과 강증산의 도가적 요소 비교」, 『도교문화연구』 49, 2018.

김 탁, 「증산교 상생사상의 특성과 전개과정」, 『신종교연구』 13, 2005.

김형기, 「후천개벽사상에서의 제국주의 인식」, 『동아시아문화연구』 35, 2001.

노길명, 「한국 근대 사회변동과 증산종교운동」, 『한국종교』 20, 1995.

　　　, 「'근대'의 충격에 대한 증산의 인식과 대응」, 『증산사상연구』 22, 2000.

　　　, 「대순사상의 신인조화와 사회변혁」, 『대순진리학술논총』 3, 2008.

노대환, 『문명』, 서울: 소화, 2010.

　　　, 「1905-1910년 문명론의 전개와 새로운 문명관 모색」, 『유교사상문화연구』 39,
　　　2010.

류병덕, 「민족적 민중종교의 향방」, 『증산사상연구』 13, 1987.

무라야마 지쥰(村山智順), 『조선의 유사종교』, 최길성・장상언 옮김, 대구: 계명대학교 출
　　　판부, 1991.

이경원, 「강증산의 신종교적 영성과 도덕적 비전」, 『신종교연구』 21, 2009.

이돈화, 『신인철학』, 서울: 일신사, 1983.

이은희・이경원, 「대순사상의 요순관」, 『대순사상논총』 31, 2018.

이종란, 「증산사상의 철학적 특징」, 『인문학연구』 54, 2017.

이항령, 「대순종지의 문명사적 의의」, 『대순사상논총』 6, 1998.

　　　, 「대순신조의 문명사적 의의」, 『대순사상논총』 12, 2001.

조성환・이병한, 『개벽파선언』, 서울: 모시는사람들, 2019.

태안군지편찬위원회, 『태안군지 5권 지명과 마을이야기』, 충남: 태안군청, 2012.

프래신짓트 두아라, 『주권과 순수성: 만주국과 동아시아적 근대』, 한석정 옮김, 서울: 나남,
　　　2008.

홍범초, 『증산교개설』, 서울: 창문각, 1982.

황정용, 「동서합덕문명과 증산사상-그 의의와 책임에 대한 소고」, 『증산사상연구』 9, 1983.

金泰昌, 『ともに公共哲学する』, 東京: 東京大学出版会, 2010.

3. 기타

《경성일보》1936.7.16.
《동아일보》1936.1.18.
《프레시안》2008.8.4.

수사학으로 읽는 원불교 / 이주연

1. 단행본 및 논문류

원불교정화사, 『정전』, 『대종경』, 『정산종사법어』, 『예전』, 익산: 원불교출판사, 1977.

강 엽, 「신구약 성경에 나타난 수사학적 기법 연구」, 『문학과종교』6-2, 2001.

고영진, 『글짓기! 무엇을 어떻게 할 것인가』, 서울: 정음, 2003.

고원국, 「대화의 관점에서 본 원불교 교육」, 『종교교육학연구』33, 2010.

김대행, 『문학이란 무엇인가』, 서울: 문학사상사, 1992.

김만수, 「수사학적 관점에서 본 붓다의 설법 방법론 분석: 숫타니파타를 중심으로」, 『사회
　　사상과 문화』21-3, 2018.

김욱동, 『수사학이란 무엇인가』, 서울: 민음사, 2002.

류병덕, 「21C와 大宗經 解釋의 몇 가지 과제」, 『원불교사상과 종교문화』24, 2000.

류성태, 「소태산과 (少太山) 장자의 (莊子) 언어관 비교」, 『정신개벽』3, 1984.

＿＿＿, 「『대종경』연구 방법론에 대하여-『대종경』교재 개발을 중심으로」, 『원불교사상과
　　종교문화』29, 2005.

＿＿＿, 「교서결집에 대한 연구-『대종경』을 중심으로」, 『원불교사상과 종교문화』60, 2014.

류수열 · 이지선, 「은유 개념의 허상과 실상」, 『문학교육학』46: 19, 2015.

류현미, 「국어 의문법과 화용론적 연구」, 『어문연구』22, 1991.

박광수, 「대종경법문의 상황성 연구:주산종사의 대종사법설 수필집 중심으로」, 『원불교
　　학』3, 1998.

박병철, 『비트겐슈타인 철학으로의 초대』, 서울: 필로소픽, 2014.

박영학, 「원불교 선시의 커뮤니케이션」, 『원불교사상과 종교문화』28, 2004.

유병구, 「예이츠의 시에 나타난 반복적 수사」, 『영미어문학』96, 2010.

이경무, 「모순(矛盾)과 역설(逆說)」, 『범한철학』26: 74, 2002.

이영주, 「직유의 효과에 관한 새로운 이해-직유의 벡터와 그 작용을 중심으로」, 『수사학』3,
　　2005.

이은자, 「고전(古典) 인용의 수사학 - 신문의 사설 및 칼럼에 나타난 고전 인용을 중심으
　　로」, 『우리어문연구』45, 2013.

이현성, 「대종경의 전범적(典範的) 문체에 대한 소고」, 『원불교사상과 종교문화』34, 2006.

정명숙, 「대종경의 어휘 연구」, 원광대 석사논문, 2012.

한석환, 『아리스토텔레스 수사학 연구』, 파주: 서광사, 2015.

허 발, 『언어와 정신』, 파주: 열린책들, 2013.

황필호, 「분석철학과 불교」, 『僧伽』 7, 1990.

Aristoteles, Techne rhetorike Peri poietikes. 『수사학 / 시학』, 천병희(역), 파주: 숲, 2017.

Laurence Perrine. Sound and sense. 5th ed. c1997. San Diego: Harcourt Brace Jovanovich College Publishers. 『소리와 의미』, 조재훈(역), 서울: 형설출판사, [1992]1998.

Ludwig Wittgenstein. Tractatus logico-philosophicus. First published in W. Austria: Ostwald's Annalen der Naturphilosophie. 『논리-철학 논고』, 이영철(역), 서울: 책세상, [1921]2006.

_____, Notebooks, 1914-1916. Oxford: Basil Blackwell. 『비트겐슈타인 철학일기』, 변영진(역), 서울: 책세상, [1961]2015.

Timothy A. Borchers. Rhetorical theory : an introduction. Belmont: Cengage Learning, Inc. 『수사학 이론』, 이희복 외(역), 서울: 커뮤니케이션북스, [2005]2007.

Victor Borisovich Shklovsky. Russian formalist criticism ;four essays. Nebraska: U of Nebraska Press. 『러시아 형식주의 문학이론』, 한기찬(역), 서울: 월인재, [1965]1980.

홍익인간과 한국정치: 이념과 현실 그리고 국가정체성 / 김석근

1. 원전

『高麗史』

『東國通鑑』

『三國遺事』

『應製詩註』

『朝鮮王朝實錄』

『帝王韻紀』

2. 단행본

강정인, 『서구 중심주의를 넘어서』, 서울: 아카넷, 2004.

문교부, 『문교개관』, 1958.

백낙준, 『한국교육과 민족정신』, 서울: 문교사, 1953.

삼균학회편, 『소앙선생문집』, 서울: 횃불사, 1979.

안재홍, 『민세안재홍선집』, 서울: 지식산업사, 1983.

이기백·이기동, 『한국사강좌 1(고대편)』, 서울: 일조각, 1982.

정영훈 외, 『홍익인간 이념연구』, 성남: 한국정신문화연구원, 1999.

정인보, 『담원정인보전집』, 서울: 연세대학교 출판부, 1983.

조동일, 『한국문학사 1』, 서울: 지식산업사, 1988.
조명기 외, 『한국사상의 심층연구』, 서울: 우석, 1982.

3. 논문
권성아, 「홍익인간 이념의 교육적 해석」, 정영훈 외 공저, 『홍익인간 이념연구』, 성남: 한국
     정신문화연구원, 1999.
김석근, 「단군신화와 정치적 사유」, 이재석 외, 『한국정치사상사연구』, 서울: 집문당, 2001.
김인회, 「21세기 한국교육과 홍익인간 교육이념」, 『정신문화연구』74호, 1999.
양승태, 「단기연호 법제화의 민족사 및 문명사적 의미에 관하여」, 『선도문화』 제15집,
     2013.
_____, 「단기연호와 통일 : 연호 제정과 폐지의 남·북한 정치사와 역사의식, 그리고 통일
     국가의 정체성 문제」, 『한국정치학회보』제41집 제2호, 2007.
_____, 「헬레니즘과 헤브라이즘: 서양정신사에서 신·인간·역사의 변증법」, 계간 『사
     상』겨울호, 1999.
이남영, 「사상사에서 본 단군신화」, 조명기 외, 『한국사상의 심층연구』, 서울: 우석, 1982.
정연식, 「상고대 조선의 정치이념에 관한 연구」, 부산대 박사 논문, 1983.
정영훈, 「고조선의 건국이념 홍익인간, 그 의미와 의의」, 동북아역사재단 발표문, 2014b.
_____, 「단기 연호의 배경과 법제화, 그리고 폐기」, 『민족문화논총』제56집, 2014a.
_____, 「단기 연호, 개천절 국경일, 홍익인간 교육이념 - 현대 한국에서의 단군민족주의의
     제도화에 관한 연구」, 『정신문화연구』 113호, 2006.
_____, 「한국사 속에서의 단군민족주의와 그 의의」, 윤내현편, 『동아시아의 지역과 인
     간』, 서울: 지식산업사, 2005.

Hobsbawm, Eric and Terence Ranger, eds. *The Invention of Tradition*. Cambridge,
     Cambridge University Press.1983.
Huntingon, Samuel P. *The Clash of Civilizations and the Remaking of World Order*. New
     York, Simon and Schuster. 1996.
Said, Edward W. *Orientalism*. London, Routledge & Kegan Paul Ltd. 1978.

천도교의 3·1독립운동과 시민적 공공성 / 야규 마코토

1. 단행본
김병제·이돈화 외 지음, 임형진 해제, 『천도교의 정치이념』, 서울: 모시는사람들, 2015.
나정원, 『한국 종교와 근대화의 정치사상』, 서울: 엠애드, 2018.
李敦化 編, 『天道敎創建史』, 京城[서울]: 天道敎中央宗理院, 1933(昭和 8).

오문환,『동학의 정치철학: 도덕, 생명, 권력』, 서울: 모시는사람들, 2003.

윤해동·이소마에 준이치 엮음,『종교와 식민지 근대』, 서울: 책과함께, 2013.

윤해동·황병주 엮음,『식민지 공공성 -실체와 은유의 거리』, 서울: 책과함께, 2010.

이동초,『천도교 민족운동의 새로운 이해』, 서울: 모시는사람들, 2010.

이소마에 준이치 지음,『근대 일본의 종교 담론과 계보』, 제점숙 옮김, 서울: 논형, 2016.

李永觀 遺著,『벨라/宗敎觀과 韓國宗敎』, 裡里: 圓佛敎出版社, 1992.

장동민,「3.1운동시 기독교와 천도교 연합과 그 사상적 배경」,『교회사학』제7권 제1호,
　　　2008.

장 자크 루소 지음,『사회계약론 외』, 박효성 옮김, 서울: 책세상, 2015.

장석만,『한국 근대종교관 무엇인가?』, 서울: 모시는사람들, 1994.

조성환,「공공철학의 관점에서 본 동학의 개벽사상」,『원불교사상과 종교문화』제71집,
　　　2017.

표영삼,『동학 1 : 수운의 삶과 생각』, 서울: 통나무, 2004.

金正明 編,『明治百年史叢書 朝鮮獨立運動 I 民族主義運動篇』, 東京: 原書房, 1967.

島薗進·磯前順一 編,『宗敎と公共空間—見直される宗敎の役割』, 東京: 東京大學出版會,
　　　2014.

樫尾直樹·本山一博 編,『地球社會の新しいビジョン—心身·靈性·社會』, 東京: 國書刊
　　　行會, 2015.

稻垣久和·金泰昌 編,『公共哲學16 宗敎から考える公共性』, 東京大學出版會, 2006.

正泉寺國際宗敎文化硏究所 編,『リーラー』Vol.10, 京都: 文理閣, 2018.

吳知泳 著, 梶村秀樹,『東學史』, 東京: 平凡社, 1970.

2. 논문류

「三十七號 判決宣告書原本 全羅道泰仁山外面東谷居農業平民被告全琒準」(1895),『韓國學
　　　報』제39집, 1985.

야규마코토,「동서영 공공성 연구와 한국적 공공성 탐구 —교토포럼의 연구 성과를 중심으
　　　로」,『퇴계학논집』제20호, 2017.

_____,「한국 근대 공공성의 전개와 연대 —동학·천도교를 중심으로」,『동학학보』제
　　　47호, 2018.

오문환,「동학사상사에서의 자율성과 공공성」,『한국정치학회보』36권 2호, 2002.

임형진,「3·1독립운동과 천도교의 종교연합」,『유관순 연구』제14호, 2009.

朴孟洙,「東學農民革命における南北接の問題と研究狀況 —120周年を過ぎて」,『人文報』
　　　CXI, 京都大學人文科學硏究所, 2018.

KCRP 종교간대화위원회 엮음,『축의 시대와 종교 간 대화』, 서울: 모시는사람들, 1994.

川瀬貴也,「天道教幹部『民族代表』について —アジア主義・文明・ナショナリズム—」, 『植民地朝鮮の宗教と學知』第3章, 東京: 靑弓社, 2009.

孔牧誠,「孫秉熙の「用日」戰略とその限界 —日本亡命期(1901-1906)の足跡と思想を中心 に」, 九州大學地球社會統合科學府 박사학위논문, 2019.

3. 기타

조선총독부관보활용시스탬, http://gb.nl.go.kr

「대한독립선언서」(무오독립선언서), 한국사데이터베이스, db.history.go.kr

「일본유학생 선언서」(2.8독립선언서), 「선언서」(3.1독립선언서) 한국사데이터베이스, http://db.history.go.kr

근대한국 개벽종교의 건국철학과 시민적 공공성: 원불교와 천도교의 『건국론』을 중심으로 / 김봉곤

1. 원전

先進文集編纂委員會 編, 『主山宗師文集』, 이리: 圓佛敎出版社, 1980.

_____, 『黙山正師文集』, 이리: 圓佛敎出版部, 1985.

2. 단행본 및 논문류

정산종사탄생100주년 기념사업회, 『평화통일과 정산종사건국론』, 익산: 원불교출판사, 1998.

강만길, 「한국 근대사 속에서 본 소정산의 『건국론』」, 『원불교사상과 종교문화』 22집, 1998.12.

강종일, 「중립화 통일이념과 『건국론』」, 『원불교학』 8, 2002.

권태룡, 「민족신앙으로 통일물꼬 트겠습니다 -적극적인 사회참여 밝히는 천도교 오익제 교 령-」, 『통일한국』 97, 1992.

김귀성, 「정산종사의 사회교육관: 『건국론』을 중심으로」, 『원불교사상과 종교문화』 15, 1992.

김도종, 「정산종사의 정치철학」, 『평화통일과 정산종사건국론』, 정산종사탄생100주년 기 념사업회, 익산: 원불교출판사, 1998. 11.

김석근, 「'마음혁명'을 통한 '독립국가' 완성과 '국민' 만들기 - 정산 송규의 『건국론』을 읽는 다」, 220차 월례연구발표회 자료집, 2017.

김영두, 「송정산 건국론 사상의 재조명」, 『원불교학』 창간호, 1996.

_____, 「송정산 건국론 사상의 재조명」, 『원불교학』 창간호, 1996.

_____, 「정산 송규종사의 『건국론』과 삼동윤리」, 『원불교학』 4, 1999

김용욱, 「송정산의 중도주의와 건국·통일론」, 『원불교학』 2, 1997.

김정호, 「송정산 건국론의 계시」, 『평화통일과 정산종사건국론』, 정산종사탄생100주년 기념사업회, 익산: 원불교출판사, 1998.

김호병, 「정산의 구국이념연구」, 『원광보전연구지』7, 1984.

박광수, 「원불교 사회참여운동의 전개양상과 과제」, 『원불교사상과 종교문화』30, 2005.

박맹수, 「정산 송규의 『건국론』 해제」, 『한국독립운동사연구』53집, 2016.

박상권, 「송정산의 『건국론』에 대한 의의와 그 현대적 조명」, 『원불교사상』19집, 1995.

박영학, 「정산종사의 해방 이후 외세인식」, 『평화통일과 정산종사건국론』, 정산종사탄생 100주년 기념사업회, 익산: 원불교출판사, 1998.

박영학, 「해방후 불법연구회의 팜프렛에 관한 연구: 송정산의 『건국론』을 중심으로」, 『원불교학』3, 1998.

백낙청, 「통일사상으로서의 송정산의 『건국론』」, 『평화통일과 정산종사건국론』, 정산종사탄생100주년 기념사업회, 원불교출판사, 1998.

신순철, 「건국론의 저술 배경과 성격」, 『원불교학』4, 1999.

양은용, 「정산종사의 저술과 관련연구 분석」, 『평화통일과 정산종사건국론』, 정산종사탄생100주년 기념사업회, 익산: 원불교출판사, 1998.

양은용, 「정산종사의 저술과 관련연구 분석」, 『평화통일과 정산종사건국론』, 정산종사탄생100주년 기념사업회, 익산: 원불교출판사, 1998.

원영상, 「광복 후 분단체제에 대한 원불교의 대응과정 연구」, 『신종교연구』28, 2013.

유명원, 「송정산의 건국론과 조소앙의 삼균주의에 관한 연구」, 원광대 석사논문, 1997.

이성전, 「정산의 치교사상-정치를 중심으로」, 『원불교사상과 종교문화』69, 2016.

이진수, 「소태산의 정교동심관(政敎同心觀) 연구」, 『원불교사상과 종교문화』46, 2011.

임형진, 「동학과 천도교 청우당의 민족주의연구」, 경희대 박사논문, 1998.

임형진편, 『천도교의 정치이념』(『동학네오클래식』12) 서울: 모시는사람들, 2015.

정기래, 「송정산의 『건국론』과 평화사상」, 『원불교학』2, 1997.

정용서, 「해방후 천도교세력의 정치운동」, 연세대 박사논문, 2010.

조수자, 「『건국론』에 나타난 국가발전 이념」, 『원불교학연구』14, 1984.

천도교중앙총부교서편찬위원회, 『천도교약사』, 서울: 천도교중앙총부출판부, 2006.

하버마스, 『공론장의 구조변동』, 한승완역, 서울: 나남출판, 2001.

한종만, 「정산종사의 건국론고」, 『정산종사의 사상』, 익산: 원불교사상연구원, 1992.

황인관, 「중립화통일론과 『건국론』」, 『원불교학』2, 1997.

정산 송규의 계몽운동과 민족운동 / 박맹수

1. 원전

『원불교전서』, 익산: 원불교출판사, 1977.

『월말통신』 1, 불법연구회, 1928.

불법연구회, 「제1회 평의원회」, 『불법연구회 회의록』, 1924년 9월 10일.

_____, 「제1회 총회 회록」, 『불법연구회 회의록』, 1928년 3월 26일.

_____, 『회보』 17, 1935년 7월.

송규, 「불법연구회창건사」, 『회보』 37~44, 불법연구회, 1937년 8월~1938년 5월.

____, 『건국론』, 1945년 필사본.

『정산종사법어』, 익산: 정화사, 1972.

2. 단행본

김지하, 『김지하의 일원상 개벽에서 화엄개벽으로』, 익산: 원불교100년기념성업회, 2009.

민영규, 『강화학 최후의 광경』, 서울: 우반, 1994.

3. 논문 및 기타

교화부 편수과, 「1930년대의 불법연구회」, 『원광』 78, 1973년 8월.

김정용, 「일제하 교단의 수단」, 『원불교70년 정신사』, 익산: 원불교출판사, 1989.

박광전, 「일제하의 원불교 상황」, 『원불교사상연구원 원보』 21, 1983.

박맹수, 「영광지부 임원회록 해제」, 『논문집』 2.

박장식, 김형오, 이공전 대담, 「일제하의 교단사의 내막」, 『원광』 105, 1980년 12월.

백낙청, 「통일사상으로서의 송정산의 건국론」, 『흔들리는 분단체제』, 서울: 창작과 비평사, 1998.

____, 「회갑을 맞은 백낙청 편집인에게 묻는다」, 『백낙청 회화록』 4, 서울: 창작과 비평사, 2007.

____, 「한국 민중종교의 개벽사상과 소태산의 대각」, 『백낙청 회화론』 3, 서울: 창작과 비평사, 2007.

서동일, 「1919년 파리장서운동의 전개와 역사적 성격」, 한국학대학원 박사논문, 2009.

신순철, 「정산종사의 유학과 송준필 선생」, 『월불교사상연구원 원보』 20, 1983.

양은용, 「구산 송인기의 천황모독사건과 일제말기 원불교의 수난」, 『한국종교사연구』 7, 1999.

이공전, 「정산선사의 구도역정기-고 구산선생께서 수기해 두신 선사의 전반생 약력초고」, 『원광』 49, 1965년 8월.

____, 「창립정신론」, 『원광』 53, 1966년 12월.

이은석, 「일제하의 교단」, 『정전해의』, 익산: 원불교출판사, 1985.

이정선, 「원불교 수난사 소고」, 『원불교학연구』 10, 1979.

조경달, 「식민지조선에 있어 불법연구회의 교리와 활동」, 『전쟁재해와 근대동아시아의 민중종교』, 서울: 유지사, 2014.

근대한국 종교의 경제자립운동: 1920~30년대 물산장려운동을 중심으로 / 김민영

1. 단행본

강명숙,『일제강점기 한국 기독교인들의 사회경제사상』, 파주: 한국학술정보, 2008.

김광식 외,『종교계의 민족운동』, 천안: 한국독립운동사편찬위원회, 2008. 김방룡 외,『일제강점기 보천교의 민족운동』, 서울: 기역, 2017.

박찬승,『한국근대정치사상사연구-민족주의 우파의 실력양성운동론』, 서울: 역사비평사, 1992.

성주현,『식민지시기 종교와 민족운동』, 서울: 선인, 2013.

오미일,『경제운동』, 천안: 한국독립운동사편찬위원회, 2008.

원광대학교 원불교사상연구원,『근대 한국 개벽종교를 공공하다』, 서울: 모시는사람들, 2018.3

원광대학교 원불교사상연구원,『근대 한국 개벽종교를 실천하다』, 서울: 모시는사람들, 2019.3.

한규무,『일제하 한국기독교 농촌운동 1925-1937』, 서울: 한국기독교역사연구소, 1997.

2. 논문류

김명배,「일제하 기독교 경제운동에 관한 공공신학적 성찰과 한국회의 과제」,『기독교사회윤리』제23집, 2012.

김정인,「1920년대 전반기 보천교의 부침과 민족운동」, 한국민족운동사학회,『한국민족운동사연구』29, 2001.

박찬승,「1920년대 국내 민족주의 세력의 동향」,『한국사』49, 2003.

방기중,「1920, 30년대 조선물산장려회 연구-재건과정과 주도층 분석을 중심으로-」, 국사편찬위원회,『국사관논총』67, 1996.

_____,「1930년대 물산장려운동과 민족·자본주의 경제사상」,『동방학지』115, 2002.

_____,「일제하 물산장려운동과 민족주의 경제사상」,『근대 한국의 민족주의 경제사상』, 서울: 연세대학교 출판부, 2010.

안후상,「보천교와 물산장려운동」, 한국민족운동사학회,『한국민족운동사연구』19, 1996.

윤해동,「일제하 물산장려운동의 배경과 그 이념」,『한국사론』27권, 1992.

임옥,「고등학교 역사교과서의 '물산장려운동' 서술 비교 분석」, 경희대 석사논문, 2014.

전상숙,「물산장려논쟁을 통해서 본 민족주의세력의 이념적 편차」,『역사와 현실』47, 2003.

조기준,「조선물산장려운동의 전개과정과 그 역사적 성격」,『한국근대사론』Ⅲ, 서울: 지식산업사, 1977.

홍성찬,「한국 근현대 이순탁의 정치경제사상 연구」,『역사문제연구』창간호, 1996.

3. 자료

《동아일보》, 1923년 5월 27일자 사설.

원불교의 평화운동과 교단변혁 / 원영상

1. 원전

『대산법어』.

『대종경』.

『道德經』.

『明心寶鑑』.

『복음의 기쁨(Evangelii Gaudium)』, 서울: 한국천주교주교회의, 2014.

『史記』.

『원불교교사』.

『자성(自省)과 쇄신(刷新)결사지침서: 본말사 배포용』, 서울: 대한불교조계종, 2011.

『정산종사법어』.

『정전』.

2. 단행본

Norberg-Hodge, 『오래된 미래: 라다크로부터 배우다』, 중앙북스, 2012.

Peter Hunermann, 『제2차 바티칸공의회 문헌 신학 주석1 교회에 관한 교의 헌장 『인류의 빛』, 신정훈 역, 가톨릭대학교출판부, 2015.

가라타니 고진(柄谷行人) 지음, 『제국의 구조: 중심 · 주변 · 아주변제국주의』, 조영일 옮김, 도서출판 b, 2016.

강대인 역 · 한국천주교중앙협의회 편, 『제2차 바티칸공의회 문헌』, 한국천주교중앙협의회.

고영대, 『사드 배치 거짓과 진실』, 나무와 숲, 2017.

김태창 구술 · 야규 마코토 기록, 『공공철학(公共哲學)이야기』, 정지욱 옮김, 서울: 모시는 사람들, 2012.

막스 베버(Max Weber) 지음, 『직업으로서의 정치』, 전성우 옮김, 서울: 나남출판, 2007.

베네딕트 엔더슨(Benedict Anderson) 지음, 『상상의 공동체: 민족주의의 기원과 전파에 대한 성찰』, 윤형숙 역, 나남출판, 2002.

부르디외, 피에르(Bourdieu, Pierre), 『사회자본-이론과 쟁점』, 이충한 · 김선미 역, 서울: 그린, 2007.

애덤 스미스 지음, 『도덕감정론』, 김광수 옮김, 한길사, 2016.

에밀 뒤르켐(Emile Durkheim), 『종교생활의 원초적 형태』, 노치준 · 민혜숙 옮김, 서울: 민영사, 1992.

유발 하라리(Yuval N. Harari) 지음, 『사피엔스: 유인원에서 사이보그까지, 인간 역사의 대담하고 위대한 질문』, 조현욱 옮김, 서울: 김영사, 2015.

장 자크 루소(Jean Jacques Rousseau), 『사회계약론』, 정영하 옮김, 서울: 산수야, 2005.

정욱식, 『사드의 모든 것』, 서울: 유리창, 2017.

카야노 도시히토(萱野稔人) 지음, 『국가란 무엇인가』, 김은주 옮김, 서울: 산눈, 2010.

피에르 부르디외(Pierre Bourdieu) 지음, 『자본주의의 아비투스』, 최종철 옮김, 서울: 동문선, 2002.

Michael Mann, *The Sources of social power volume I: A history of power from the beginning to A.D. 1760*. London: Cambridge University Press.

Robert N. Bellah, *Religion in Human Evolution: From the Paleolithic to the Axial Age*, Harvard University Press, 2011.

3. 논문류

김선필, 「한국천주교회 지배구조의 형성과 변형: 교회 쇄신을 위한 사회학적 검토」, 제주대 박사논문, 2015.

김제란, 「중국근대 사회진화론 수용에 대한 불교적 비판: 章太炎의 '俱分進化論'을 중심으로」, 『불교학보』49집, 2008.

김태창, 「공공철학이란 무엇인가?」, 『철학과 현실』, 서울: 철학문화연구소, 2007.

김호성, 「결사의 정의에 대한 재검토」, 『普照思想』31호, 2009.

원영상, 「Dharma와 Law의 관점에서 본 법치교단(法治教團)의 과제와 해결방안 연구」, 『원불교사상과 종교문화』55집, 2013.

원영상, 「소태산 박중빈의 불교개혁사상에 나타난 구조고찰」, 『신종교연구』30호, 2014.

원영상, 「원불교의 종교성과 공공성」, 『佛教學報』79집, 2017.

함세웅, 「교회 쇄신을 위한 근원적 성찰-교회 내의 민주화를 지향하며」, 『사목』132, 1990.

출전

* 동학의 토착적 근대성과 생명평화사상 / 안효성
『원불교사상과 종교문화』 81집(2019)에 실린 동명의 논문을 수정한 것이다.

* 최시형의 생태철학과 지구도덕: 동학에서의 철학의 창조와 도덕의 전환 / 조성환
2019년 한국융합학회 · 한림대 생사학연구소 공동주최, '삶과 죽음에 대한 학제적 접근'에서 발표한 「동학의 생사관-해월 최시형의 생태적 인간관을 중심으로」를 발전시킨 것이다.

* 강증산의 신인조화사상과 상생문명 / 허남진
『대순사상논총』 32집(2019)에 실린 「강증산의 개벽과 새로운 문명」을 수정 · 보완한 것이다.

* 홍익인간과 한국정치: 이념과 현실 그리고 국가정체성 / 김석근
〈홍익인간 건국이상과 '국가개조' 과제〉(한국학중앙연구원. 2014년 12월 15일) 학술회의에서 "'인간을 위한 정치'와 국가정체성: 홍익인간과 현대 한국정치의 이념적 초상"이란 제목으로 발표한 기본 구상을 보완, 발전시킨 것이다.

* 천도교의 3 · 1독립운동과 시민적 공공성 / 야규 마코토
『퇴계학논집』 24집(2019)에 실린 「식민지 공공성과 3 · 1운동-의암 손병희를 중심으로」를 수정한 것이다.

* 근대한국 개벽종교의 건국철학과 시민적 공공성: 원불교와 천도교의 『건국론』을 중심으로 / 김봉곤

『종교교육학회』 60집(2019)에 실린 「원불교와 천도교의 '건국론'에 나타난 중도주의와 시민적 공공성」을 수정한 것이다.

* 정산 송규의 계몽운동과 민족운동 / 박맹수

2015년 9월 22일에 원불교사상연구원 제212차 월례연구발표회에서 발표한 「정산 송규 일가의 '민족운동'과 그 성격」을 수정한 것이다.

* 근대한국 종교의 경제자립운동: 1920~30년대 물산장려운동을 중심으로 / 김민영

『한일민족문제연구』 36집(2019)에 게재된 「1920·30년대 물산장려운동의 경과와 종교계」를 일부 수정한 것이다.

* 원불교의 평화운동과 교단변혁 / 원영상

『원불교사상과 종교문화』 80집(2019)에 실린 「종교의 사회적 구제와 민중종교론에 나타난 사회참여-원불교의 평화운동과 교단변혁을 중심으로」를 수정·보완한 것이다.

찾아보기

종교와 공공성 총서 03

근대한국 개벽운동을 다시읽다

등록 1994.7.1 제1-1071
1쇄 발행 2020년 4월 30일

기   획   원광대학교 원불교사상연구원
지은이   안효성 조성환 허남진 이주연 김석근 야규 마코토
            김봉곤 박맹수 김민영 원영상
펴낸이   박길수
편집장   소경희
편   집   조영준
관   리   위현정
디자인   이주향
펴낸곳   도서출판 모시는사람들
            03147 서울시 종로구 삼일대로 457(경운동 88번지) 수운회관 1207호
전   화   02-735-7173, 02-737-7173 / 팩스 02-730-7173
홈페이지   http://www.mosinsaram.com/

인   쇄   (주)성광인쇄(031-942-4814)
배   본   문화유통북스(031-937-6100)

값은 뒤표지에 있습니다.
ISBN 979-11-88765-64-5   94210
세트   979-11-88765-07-2   94210

이 도서의 국립중앙도서관 출판예정도서목록(CIP)은 서지정보유통지원시스
템 홈페이지(http://seoji.nl.go.kr)와 국가자료공동목록시스템(http://www.
nl.go.kr/kolisnet)에서 이용하실 수 있습니다.(CIP제어번호: CIP2020004209)

이 책은 2016년 대한민국 교육부와 한국연구재단의 지원을 받아 발간
되었음(NRF-2016S1A5B8914400)